U0910614

柏林

一个城市的绅士化提升

[德]彼得·施奈德 著
Peter Schneider
庄仲黎 译

中国画报出版社·北京

图书在版编目（CIP）数据

柏林：一个城市的绅士化提升 /（德）彼得·施奈德著；庄仲黎译. -- 北京：中国画报出版社，2022.1
书名原文：BERLIN NOW：The City After the Wall
ISBN 978-7-5146-2044-3

Ⅰ.①柏… Ⅱ.①彼… ②庄… Ⅲ.①城市史—柏林
Ⅳ.①K561.9

中国版本图书馆CIP数据核字(2021)第243293号

著作权合同登记号：图字01-2021-6774

柏林：一个城市的绅士化提升
［德］彼得·施奈德 著　庄仲黎 译

出 版 人：于九涛
责任编辑：李　媛
责任印制：焦　洋
营销编辑：孙小雨

出版发行：中国画报出版社
地　　址：中国北京市海淀区车公庄西路33号　邮编：100048
发 行 部：010-88417438　010-68414683（传真）
总编室兼传真：010-88417359　版权部：010-88417359

开　　本：32 开（880mm×1230mm）
印　　张：10.5
字　　数：254千字
版　　次：2022年1月第1版　　2022年1月第1次印刷
印　　刷：三河市天润建兴印务有限公司
书　　号：ISBN 978-7-5146-2044-3
定　　价：78.00元

目录
CONTENTS

01　柏林，欧洲灰姑娘

柏林这个灰姑娘相对于众公主而言，具有一种无法估量的优点。她让每位到访者都感到自己被接纳并可以在这儿开辟出一片属于自己的天地。

西方最丑的首都

为何柏林在最近这几年会成为全世界最受欢迎的都会之一？要为这个问题寻找答案并不容易，不过，至少我们知道，它吸引人的地方并不在于它的市容。柏林不是一座漂亮的都市，在欧洲各国首都之中，它其实是个灰姑娘。

如果您从柏林一栋建筑物的顶楼眺望远方，并不会像在罗马一样看到建筑的穹顶，像在巴黎一样看到建筑的粉绿色镀锌屋顶，或者像在纽约一样看到摩天大楼林立的水泥丛林。柏林的市容一点儿也不壮丽，而是令人兴味索然，更别提会有那种刺激感。因为，柏林没有位于摩天大楼 73 楼的游泳池；没有修建在令人眩晕的高处，洋溢着热带风情的棕榈花园；更没有位于摩天大楼顶楼的高级赌场，让无法忍受在赌局中惨输的赌客快意地从高空的露台纵身跃下，一了百了。柏林那些高度止于 5~7 层的建筑物显得如此单调划一，从前的楼顶大多是红色斜式屋顶，仍未改建成目前的高级顶楼公寓和休闲造景露台。仅仅在 30 多年前，就在柏林墙倒塌的前几年，西柏林人的起居喜好突然出现一些转变，他们发现在栗子树与菩提树上方的城市居家生活，明显地优于在它们的树荫底下，于是他们开始尝试在屋顶处开出一扇扇窗户，并利用空间打造休闲露台。比起周遭那些看起来像立着的鞋盒一般的办公大楼和饭店，顶楼的公寓现在只处在一个普通的高度。

放眼望向西边，我们可以看见那座造型类似巴黎埃菲尔铁塔的西柏林广播塔（Funkturm）突出于一片建筑群中；往东边望去，第一眼则会瞧见 368 米高的东柏林电视塔（Fernsehturm），它钢骨结构的球形平台在午后阳光照耀下，会反射出十字架形状的亮光。

由于柏林的米特区[①]（Mitte）大部分曾隶属于东柏林，那些生活在此区的市民必须等到两德统一，即东西柏林合并后，才有机会打造他们的顶楼公寓。不可否认，较高处的住宅可以拥有较佳的视野，这些住户只要朝窗外一望，就可以看到一些代表性的柏林地标：位于哈克市场（Hackescher Markt）旁那座已重建完成的犹太会堂的镀金穹顶；英国建筑师诺曼·福斯特爵士（Sir Norman Foster）为德国国会大厦（Reichstag）增建的玻璃穹顶——这个透光的设计不只减轻了这栋历史建筑的沉重感，也让室内空间采光充足；勃兰登堡门（Brandenburger Tor）上方那组由胜利女神驾着 4 匹战马的雕像已经修复过，就连民主德国时期所积累的尘埃也被清得一干二净；在较远处的波茨坦广场（Potsdamer Platz）旁有一座“马戏团帐篷”，那是毕业于慕尼黑科技大学、

① 米特区是柏林的历史核心区，这个行政区囊括了柏林最重要的景点，如勃兰登堡门、德国国会大厦、菩提树下大街（unter den Linden）、博物馆岛（Museumsinsel）、洪堡大学（Humboldt-Universität）等。——译者注

26 岁移民美国的德国建筑师赫尔穆特·雅恩（Helmut Jahn）设计的索尼中心（Sony Center），此外，意大利建筑师伦佐·皮亚诺（Renzo Piano）打造的德比斯大楼（debis-Haus）〔现在已更名为“中庭塔”（Atrium Tower）〕以及德国建筑师汉斯·柯尔霍夫（Hans Kollhoff）的作品—— 101 米高的柯尔霍夫大楼（Kollhoff-Tower）也在此矗立。

波茨坦广场在“二战”期间遭战火彻底摧毁，后来又有柏林墙穿越，一时之间成了柏林名气最响亮的荒地，直到柏林墙倒塌后，这座广场才经由许多建筑计划和公共建设的实施，而逐步恢复从前作为柏林交通枢纽和商业中心的地位。波茨坦广场在柏林墙倒塌后，曾是欧洲最大的建筑工地，也是世界各地建筑师竞技的舞台；然而，至今仍没有攀登摩天大楼的极限运动家想征服波茨坦广场中这些设计新颖，高度却明显不足的高楼，也没有像法国知名高空绳索表演者菲利普·珀蒂（Philippe Petit）这样的人物想在波茨坦广场的办公大楼之间系上一条缆绳，在上头来回穿梭地作秀。没错，尽管瓦尔多夫·阿斯托利亚饭店（Hotel Waldorf Astoria）这栋高 119 米的新建筑已经刷新了柏林建筑物的高度，但吸引知名的极限运动家前来一展身手又是另一回事。与曼哈顿、芝加哥，甚至法兰克福的天际线相比较，柏林新出现的天际线看起来仍然像是地区型城市。总的来说，柏林在整体上仍欠缺成为一个欧美大都会所应有的“标准配备”：它没有纽约或伦敦的金融区，没有科隆或巴黎那些古老而又庄严的大教堂，也没有像港都汉堡有着声名狼藉的红灯区，甚至柏林的“埃菲尔铁塔”——即前面提到的广播塔——也只有巴黎原版高度的一半！

罗马作家爱德华多·阿比那提（Edoardo Albinati）是我的好

友，他曾告诉我第一次到柏林时的观感。他在20世纪90年代首次拜访柏林时，德国已经统一。他在柏林动物园站（Bahnhof Zoologischer Garten）——柏林分裂期间西柏林最主要的火车站——下车，当他走出车站并环顾四周时，看到前方阴沉沉的车站广场旁有几个货币兑换亭和点心摊，还有威廉皇帝纪念教堂（Kaiser-Wilhelm-Gedächtniskirche）那座被“二战”摧毁却刻意不修复的残破塔楼，曾被认为建筑风格前卫、外观以平行斜线交错成菱形几何图案的毕尔卡百货公司（Bilka-Kaufhaus），以及动物园皇宫电影院（Zoopalast），它的正面当时挂着某部美国动作片的超大型宣传海报，海报色彩相当鲜艳。他发现，在柏林这个重要的火车站周边，竟没有什么建筑物能吸引他的注意，没有大圆顶、没有教堂的塔楼、没有拱门，也没有雕琢装饰的房屋立面，能让他那意大利审美的目光停驻流连。这个广场带给他的视觉冲击，让他把心思转回自己身上，他开始自我检讨，或许当下唯一值得注意的事物是自己的价值判断。随后那几天，他在柏林的几个地方走动过之后，看法已不像火车站广场留给他的第一印象那么负面，不过也谈不上有什么好感。总之，他带着礼貌性的微笑向我坦承，柏林显然是他所见过的西方最丑的首都。

事隔20年，柏林现在每年接待意大利游客的人数已多达数万，这些意大利人成群结队地造访柏林各个景点，让这个北方都会的街道时常充溢着悦耳的意大利语调。由于罗马禁止燃放烟火，因此每当元旦前夕，就会有一大群意大利观光客不畏寒冷地聚集在柏林勃兰登堡门，和群众一起等候跨年的倒计时，在柏林著名的烟火下迎接新年的到来。此时柏林的户外温度通常在–10℃左右，许多柏林市民反而喜欢窝在家里，坐在电视机前观看庆祝跨年的烟火转播。每当纽约、特拉维夫或罗马等地的人问我从哪里来时，听到我回答“柏林”，他们的眼神立刻显露出好奇和兴奋。许多人会接着告诉我，他们最近曾到过柏林，或即将造访柏林，不过，他们却无法明确地告诉我，为何他们偏偏喜爱这座我的意大利友人心目中的“西方最丑的首都”。他们会习惯性地提到“漂亮”（schön）这个字眼，不过我知道，这并不是柏林真正吸引他们的原因，因为当他们听到人们提起那些比柏林漂亮得多的欧洲城市时并没有这么热烈的情绪反应。

戏剧化的历史转变

如果“漂亮”不是柏林的魅力所在，那到底什么才是？当我用这个问题询问一位 20 岁的外国年轻人，并且不考虑对方的国籍背景时，答案就浮现了。柏林是唯一一个警方不会强制规定娱乐场所夜间时段打烊的大都市，只要花费 10~20 欧元，你就可以在柏林的酒吧里饮酒作乐、喝得烂醉，在凌晨三四点时，还可以搭乘地铁电车转往另一家酒吧继续狂欢。然而，真的只有这个原因吗？也不完全是。柏林的迷人之处似乎有一部分来自它的历史，不论正面或负面：柏林曾是 20 世纪 20 年代的国际大都会，当时这座城市聚集着许多来自世界各地的文艺青年；柏林曾是邪恶的第三帝国首都，孕育了 20 世纪最恶名昭彰的集体犯罪行为；柏林在冷战时期曾是一座“围墙城市”（Mauerstadt），全长将近 160 千米的柏林墙硬生生地把这个都会一分为二，在经过 29 年的分裂之后，终于重新合而为一。在过去这 100 年，世界上几乎没有一座城市像柏林一样经历过如此激烈、如此戏剧性的变化。

令人讶异的是，柏林墙倒塌后，柏林市政府的官员并没有及时警觉到，柏林墙虽然危害柏林近 30 年，却也是重要的历史遗迹，因此，当时政府并没有采取相关措施，为后代子孙保留一段至少 30 米长、双层结构中设有警戒瞭望塔、警犬巡逻区、布满地雷的“恐怖地带”的柏林墙。毕竟，前往柏林的观光客通常不会听柏林爱乐交响乐团的音乐会，或参观博物馆岛的佩加蒙博物馆（Pergamonmuseum），但是他们一定会去看看柏林墙。柏林墙是美苏冷战和德国分裂的象征，它已经成为柏林最著名的建筑物，几乎相当于纽约的自由女神像！

柏林墙于 1989 年 11 月 9 日倒塌，随后那几天现场一片混乱。我想，仅仅要保留一段至少 30 米长的围墙也可能是一项困难的冒险行动。因此，人们还是必须原谅政府高层在处理这个现代史遗迹时出现的疏忽。围墙倒塌后的那几个星期，数万名柏林人以及从世界各地涌来的访客，拿着铁锤和凿子敲击这个长条状的大怪物。如果柏林警方奉命保护古迹而对某一段围墙布下封锁线，这些拿着工具敲敲打打的民众将作何感想？国际媒体将会刊登什么样的照片画面？为这个头条新闻定什么标题？大概会这么写吧：民主德国边防部队已经弃守——围墙现在由西柏林警方接管保护！

柏林观光产业的经理人在这期间已经有所领会：一些与纳粹历史罪行有关的纪念碑、碉堡、防空壕及柏林地下世界（Berliner Unterwelten），正是游客感兴趣的柏林景点。位于勃兰登堡门南面的欧洲被害犹太人纪念碑〔Denkmal für die ermordeten Juden Europas，亦称浩劫纪念碑（Holocaust Mahnmal）〕自 2005 年落成以来，每年入园参观的访客超过 100 万人次；位于柏努尔街（Bernauer Straße）的柏林墙纪念馆（Gedenkstätte Berliner Mauer）自从 2011 年扩建完成后，一年内的参观人数也已破 65 万；由前民主德国国家安全部〔Staatssicherheitsdienst 或 Ministerium für Staatssicherheit，通称为“斯塔西”（Stasi）〕专属的霍恩施豪森监狱转型而成的霍恩施豪森监狱纪念馆（Gedenkstätte Berlin-Hohenschönhausen），每年大约接待 34 万名观光客，馆方特地聘用从前被关押在此的民主德国犯人担任导览员，导览员会为游客们现身说法，讲述他们当年在这座斯塔西监狱里的监禁岁月。此外，许多柏林的观光客还会报名参加两小时的柏林地下世界导览行程，导览人员带着参访的游客穿越柏林从前的地下设施，如防空洞、隧道、地下碉堡，以及纳粹奴工劳动的工厂。出发之前，导览员还会贴心地提醒患有幽闭恐惧症的访客放弃这个地下参观行程。柏林地下世界协会①（Der Verein Berliner Unterwelten）目前对于柏林地下建筑所进行的观光开发才刚起步，该协会的一位导览员曾跟我打包票说，目前可以让观光客游览的范围其实只占柏林既存地下建筑的百分之一二。由此可见，这个协会在未来还大有可为。

美？还是活力？

柏林的观光客约半数来自国外，而且这些外国观光客的人数每年都在持续增长。目前，柏林每年的过夜旅客已逼近 2500 万人次，因此，曾有专家预测，柏林的观光人数很快就会赶上巴黎（过夜旅客达 3700 万人次），荣登欧洲第二大观光城市，仅次于伦敦。不管柏林的观光业者是否喜欢，这个城市过去的黑暗面已成为它魅力的一部分。

① 柏林地下世界协会成立于 1997 年，致力于研究和记录柏林地面下那些已被人们遗忘、却充满神秘感的各项设施，并促成它们对外开放，让世人了解它们的存在。——译者注

对于元首地下碉堡[①]（Führerbunker）还无法开放参观一事，他们或许应该感到高兴才对，因为这座希特勒碉堡一旦开放参观，尤其是在《帝国毁灭》（*Der Untergang*）这部描述希特勒末日的电影于2004年上映之后，就可能变成柏林最热门的观光景点，而或多或少会影响其他景点的观光潮。苏联红军在“二战”后期虽曾试图炸毁几个进入这座占地2700平方米的地下掩体的入口，却徒劳无功，现在这些地方的上方都已盖满了房子。2006年6月8日，柏林地下世界协会赶在德国主办的世界杯足球赛开幕前一天，在元首地下碉堡的上方地面设置了一块不显眼的解说牌，借此标出这座碉堡的位置。

纳粹错误的政策让柏林旧城区典雅气派的市容遭战火严重摧毁，虽然“二战”后的新建筑为柏林市容带来新气象，但是，直到今天，我们仍可以看出柏林整体的建筑面貌显著地受到“二战”后遗症的影响。可喜的是，柏林不够漂亮的市容丝毫没有减弱来自世界各地的造访者对于这座浴火重生的城市的好奇心。显然，吸引他们前来柏林的因素正是他们在其他美丽的城市所无法看到的：怪诞不经、不合常规、骇人听闻、总是处于未完成的状态，以及伴随这些特质所展现出的活力。德国作家卡尔·舍夫勒（Karl Scheffler）曾在《柏林：一个城市的命运》（*Berlin, ein Stadtschicksal*）这本于1910年发表的争议性著作中写道：“柏林已受到诅咒，它总是想完成什么，却从未完成。”舍夫勒还在该书中指出，柏林整体市容欠缺传统气质，柏林的城市发展因基本上缺乏有机成长的结构而受到限制。

舍夫勒虽然揭示了柏林的基因密码，然而他过于低估了柏林本身

① 元首地下碉堡是纳粹在柏林总理府东北方所兴建的两层地下掩体，内部一共有30个房间。希特勒从1945年1月至4月30日自杀前，都守在这座碉堡里。——译者注

所具有的吸引力。不完美、未完成，甚至可以说难看的硬件环境，却往往是内在自由的保证，这是一些其他美轮美奂的城市无法提供的。年轻人对于一座漂亮、修复完美而且消费昂贵的城市会觉得有所隔阂，他们在环顾四周后，便已明白：这里的每个空间都被占据，已没有他们的容身之处。柏林这个灰姑娘相对于众公主而言，具有一种无法估量的优点。她让每位到访者都感到自己被接纳并可以在这儿开辟出一片属于自己的天地。这就是柏林的特质，柏林也因为这种特质而跃升为全球文创产业的重镇。

20 年前，就在围墙倒塌后不久，我撰写了一系列文章，探讨东西合一后的柏林以及它迫在眉睫的改建工程。身为柏林人，我想要知道，那些城市规划专家和建筑师为“我的城市”规划了什么。在我眼里，柏林知名新闻记者兼出版商沃尔夫·约布斯特·西德勒（Wolf Jobst Siedler）是最出色的柏林通，也是我在那个时期最重要的对话伙伴。我还记得，我们当时会沿着选帝侯大街（Kurfürstendamm）一起散步，一路走到列尼纳广场（Lehniner Platz）后，便转入安静的西塞罗街（Cicerostraße），而且一眼就看到 20 世纪 20 年代犹太裔建筑师埃里克·门德尔松（Erich Mendelsohn）设计的沃嘉社区（Woga-Komplex）。这位著名建筑师在住楼的立面平行地建造了几条如波浪起伏的长带，让这个建筑显得很有特色。西德勒对这座兴建于魏玛共和时期的住宅区做了如下的评论：“这确实是柏林最漂亮的住宅区之一。但是如果您再仔细观察，就会发现，不论这个社区里面住了多少年轻人，总是显得了无生气。它没有商店，没有酒吧，公寓外面也没有可以活动的地方，只有那 9 座网球场可以提供居民呼吸的空间。从生活功能来看，它只适合退休老人居住。”

作为交谈的对象，我完全了解西德勒在说什么。那 9 座被高大的白杨树环绕的网球场距离我居住的公寓仅有 5 分钟的脚程，在那里打网球的日子曾是我在柏林生活的一段美好经历。这个由门德尔松打造的住宅区非常宁静，网球场上此起彼伏的击球声听起来就像内战时的枪炮声，经常引起住户的抱怨。如果球友为了某一球是否出界或只是刚好压线而争执起来，那种争吵叫骂声会显得非常刺耳，令人更加难以忍受。

“在柏林，你会发现，自己必须经常在一个地区硬件建设的美观性和人们表现出的生命活力之间做选择。”西德勒谈论着。他曾在几本著作中为人们召唤出柏林已被普遍遗忘，而且未受公正评价的美感，他在这方面所下的力气几乎是其他德国作家无法相比的。

为了深入了解我所居住的柏林，我曾跟许多人交谈过，然而，西德勒这句话却一直深深印刻在我的记忆中。他说得没错，在柏林，市容的美观和居民的活力很少相伴出现。

这就是柏林！

在这里，除了追忆这位已故老友对于柏林的见解之外，我还想讲一个我刚听到的有关柏林的故事：我儿子和他的两位柏林朋友不久前刚搬进柏林新克尔恩区（Berlin-Neukölln）一间房租便宜的顶楼公寓。位处柏林南方的新克尔恩区向来是柏林失业率最高的行政区（17%），直到最近，它仍被视为一个无药可救的城区。最近这几年，新克尔恩区已悄然出现了一些转变，原先住在柏林市中心的年轻人因为没有能力负担日益高涨的房租，而纷纷搬入颓败不堪的新克尔恩区，并尝试在那里创业，我儿子和他的朋友们也跟随这股柏林的青年潮流搬到了那里。移入这一区的年轻人有的利用网络商机做生意，有的选择开设实体店面，比方说，经营有机食品商店、画廊，甚至是素食餐厅。

我儿子朋友的叔叔要送给他们一组旧的三人式皮沙发，让他们在新公寓里使用。他们决定当天把那个庞然大物摆进新家，不过，由于他们东忙西忙，等到他们想租一辆货车搬运那个长沙发时，天色已暗，租车公司也已经打烊。后来，这三个年轻人干脆用自己的土方法：他们三人把那张皮沙发从叔叔的公寓抬出后，把它顶在头上，一路往前经过三个街区，来到一座地铁站。他们在途中曾把这沙发放在一处喷泉旁边，然后坐在上面休息，心满意足地拿出随身携带的小酒瓶，轮流啜饮几口烈酒，向好奇的路人打招呼致意。后来，他们把沙发抬进地铁站并一路走到候车月台。这个过程很顺利，没有任何人前来阻止他们。当电车到站并自动开启车门时，他们把这张沙发扛进了车厢。神奇的是，车门附近未设座位的空间刚好容得下这张沙发。三个年轻人便接着坐在他们的舒适座位上，享受这趟难得的电车之旅。车厢内有几位乘客看到这幕情景，不禁笑了起来，有的乘客还提议要和他们交换位置，最后整车的人都鼓起掌来，其中有一人大叫：“这就是柏林！”（Das ist Berlin!）其他的乘客们便跟着应和：“这就是柏林！”当时整个车厢回响着这个响亮的口号。然而下了车，离开地铁站后，才是这趟搬运最辛苦的一段。这三位好友必须先把这张沙发搬过好几个街区，然后再合力把它抬上位于5楼的公寓。在把沙发搬进狭窄的楼梯间时，转弯处几乎过不去，他们心情相当沮丧，但还是得想办法克服，因为，他们不可能再把沙发还给叔叔。他们后来终于完成了这项工作，因为他们必须完成。好不容易把这个大怪物弄进公寓之后，他们情不自禁地从他们琳琅满目的酒柜里拿出酒来庆祝一番！他们首先敬自己，接着举杯敬柏林，然后就在沙发上睡着了。

02　大觉醒

柏林墙倒塌后，柏林市民一时间还无法调整自己的步调以适应这突如其来的转变。对我来说，似乎没有比驾驶着汽车从柏林的西边沿直线开往东边更困难的事了。

唤醒柏林的倒塌围墙

1989 年 11 月 9 日晚间到 10 日凌晨，那一夜柏林墙开放的景象已经被写入编年史中。通过现场的实况转播，世界各地的人们第一次看到一大群德国人兴高采烈地欢庆和狂舞，他们在电视机前跟着德国人一起庆祝柏林墙的倒塌。然而，相较于围墙倒塌在国际造成的轰动，世人对于东、西柏林在这个历史时刻之后数月，甚至数年间逐渐整合为一的影像和文献资料却显得缺乏兴趣。

围墙的开放对于这座分裂城市的东半边而言，就好像从昏睡中苏醒过来。柏林这座城市的血管及肢体曾因美苏冷战而被切断，然而当柏林墙倒塌后，分裂的柏林以令人震惊的速度重新融合在一起。西柏林的街道突然可以延伸到东柏林，虽然，一开始它们必须和东半边那些不熟悉的街道名称共存。位于东、西柏林边界地区那些已被封锁了 28 年的地铁站又重新加入柏林市的公共交通系统。被柏林墙一分为二的桥梁、广场及土地，也因为重新寻回它们的另一半而终于变得完整。流经市中心的施普雷河（Spree River）和运河里的水似乎流动得更顺畅了。自从湖面上那些由从前的武装警察守卫的边界浮标被撤除之后，湖泊面积好像扩大了一般。而天空，是的，甚至是柏林上方的天空也仿佛突然间变得碧蓝如洗，即使下雨也不再显得那么灰暗。柏林以前的空气也相当著名，20 世纪 20 年代曾有一位奸巧的商人把柏林的空气装罐出售，然而在柏林墙倒塌后，柏林人能因此更自在地呼吸吗？当然，这只是一种错觉，在 20 世纪 80 年代，柏林的空气污染非常严重，严重的空气污染主要是因为工厂排放了大量未经处理的废气，且东柏林的暖气系统以褐煤为主要燃料。德国统一后，导致空气严重污染的工厂纷纷被关闭或安装废气过滤设备，忽然间，柏林的空气散发出一股迷幻气息。

柏林墙倒塌后，柏林市民一时间还无法调整自己的步调以适应这突如其来的转变。以我自己为例，我还记得，即使在围墙倒塌许多年后，我还是不太敢尝试走新的、直通的道路到从前的东柏林城区。在柏林分裂时期，我内在的罗盘便已形成，即使柏林已合为一体，如果我要去东半边的城区，它还是会自动地引领我和我的车子绕道，经过从前柏林墙的过境检查站。我发现自己一次又一次地走上迂回的老路，这使我非常恼火。对我来说，似乎没有比驾驶着汽车从柏林的西边沿直线开往东边更困难的事了。

我后来无意间观看了一部由拜恩电视公司制作的纪录片后，才终于谅解自己对于撤除边防的迟钝反应。这部影片主要在呈现与探讨拜恩州（Bayern, Land）和捷克（Czech Republic）交界地区的赤鹿身上出现的一种令人困惑的行为。在 20 世纪 90 年代，一些鹿类动物在到达边境的交界处时，总会停止前进并本能地掉头，甚至在边界的带刺铁丝网已经移除很久以后，仍继续保有这种行为。根据影片旁白者的叙述，最令人称奇的是，即使幼兽们从未见过边界带刺的围篱，却仍然出现和它们父母相同的行为。该影片还试着提出一些问题：这种经过学习的反应是否会从上一代传递到下一代？父母的边境经验是否会继续传给下一代，甚至再下一代？

柏林的地下艺术生活

柏林经常被拿来和纽约做比较——柏林人喜欢这种比较，纽约客则认为这样的比较让纽约降了一格。很明显，这两个城市只能从生活形态上做比较，而不能及于它们的外在面貌。谈到柏林的生活方式，这容易令人联想到 20 世纪 90 年代纽约市市长鲁迪·朱利亚尼（Judy Giuliani）上任之前，那个颓败堕落的纽约。

另外，还有一座美国城市和柏林存在着许多共同点，只不过这种比较并不像跟纽约的比较那般，令柏林人觉得受到恭维，它就是底特律。2012 年年初，“底特律的毁灭”（*The Ruins of Detroit*）这场令造访者印象深刻的摄影展在柏林举行。没错！在刚从萧条荒芜中重新苏醒的柏林市中心举办一场关于美国先驱城市崩落的展览。两位年轻的法国摄影家罗曼·梅弗尔（Romain Meffre）与伊夫·马尔尚（Yves Marchand）用一些超大幅的照片呈现底特律破败的影像：已停用的密歇根中央车站[①]（Michigan Central Station）的候车大厅；曾为底特律汽车制造商生产车体的一家已废弃的工厂；由好莱坞默片巨星查利·卓别林（Charlie Chaplin）和友人共同创办的联合艺术家剧院（United Artists Theatre）演艺厅，虽然富丽堂皇，却空无一人；

① 建于 1912—1913 年，为当时全世界最高的火车站建筑。此车站自 1988 年 1 月 6 日美国国家铁路客运公司（Amtrak）的最后一班列车开出后，便荒废至今。——译者注

国家剧院（National Theatre）有着华丽气派的内部装潢，然而自从20世纪70年代中期不再上演戏剧后，便专门放映成人电影；这其中，只有华美富丽、饰有缠绕交错线条的阿拉伯风格的穹顶还在抵挡这座城市的崩坏。在这些摄影画面里，那些已崩坏场所的尘埃和瓦砾，还可以让观众感受到这座汽车城市创建者原初的梦想和意志力，以及千千万万在那里工作的人的汗水与热切的期盼。这些影像历历显示，底特律虽然曾是工业化时代孕育出的城市，曾是美国国力与荣耀的象征，现在却无可挽回地陷入崩毁、被弃置，以及“木乃伊化”的状态。由此可见，人类所创造的城市远比人类本身更脆弱、更朝生暮死。在一个人的一生当中，城市可能会发生无法让人再度辨认的一些改变，有的城市甚至出现多次大变动。自从我在柏林定居后，便亲身经历过这座城市两大剧烈的转变——柏林墙的兴筑和倒塌。我一直努力地回想，50多年前，我从联邦德国地区刚到西柏林自由大学就读时，所看到的柏林面貌。

然而，这些底特律摄影画面也只有在柏林的一个相当特殊的展览空间里，才能充分彰显它们的诗意。这场摄影展在一栋9层楼高、靠近三角铁路地铁站（Gleisdreieck）的砖造建筑物里举行。这座建筑物有100多年的历史，是柏林市第一座冷藏仓库，曾专以低温储存市民所需的肉类和蔬菜。在20世纪70年代一些企业纷纷不再将自己的货品送到这里寄存时，这座仓库便开始荒废。后来接手这栋建筑物的经营团队找到一些愿意支持他们新营运计划的投资人，于是便把这座冷藏仓库改建成悠闲的、适合柏林年轻人聚会的场所：下层是交谊厅，中层是画廊和舞厅，上层是一座剧场。他们大幅更改这栋大型建筑物内部原先各楼层区内隔出许多大小冷藏室的格局，并拆掉某些楼层的墙壁和天花板，以符合这个全新空间对于采光、通风、挑高及宽阔度的要求。在经过大幅翻修和改造的展厅的壁面上，悬挂着一些呈现底特律凄凉晚景的摄影作品，这项摄影展的展厅空间和展出内容由于精神风格相符而让彼此相得益彰。越来越多的年轻人涌入这座在这场摄影展开幕前一直默默无闻的冷藏库，现场的气氛由一位 DJ 主导，他用电子音乐轰击在场的观众和展出的影像。没过多久，前来参观摄影展的年轻人便开始随着 DJ 播放的舞曲，在这些悲哀的底特律照片之间摇摆他们的身体，表达他们的生存意志。

看完展厅的摄影作品后，我下楼走出这栋冷藏仓储塔，此时记忆中的城市突然映入眼帘：新开张的国际连锁旅馆美居饭店（Mercure Hotel）刺眼的霓虹灯划破了黑暗，这家饭店的西侧是一面没有窗户的防火墙，上头的涂鸦都是壁画画家在 20 世纪 80 年代喜爱创作的主题：丛林的深处出现一个黝黑、半裸的部落孩童，背景是大都市的天际线，上面画着一个超大型的卡尔・马克思（Karl Marx）肖像，这位社会主义思想家的眼睛正在鸟瞰下方的一切。这面防火墙底下是一处废弃的停车场，停车场的另一端还有一面防火墙，左侧立着高架铁轨，一列地铁电车正奔驰而过。1 月的夜空似乎因为低温缩小了，我在头顶上方无垠的穹苍里，辨认出两颗光芒微弱的星体。对我来说，柏林上空的星斗似乎总是比在其他城市看到的还要远上数十亿千米，而且它们在 1 月的冷天里显得特别遥远。

这座冷藏仓储塔是柏林吸引世界各地年轻人前来聚集的新场所之一，不过，它并没有像博物馆岛、柏林爱乐乐团（Berliner Philharmonie）、勃兰登堡门等旅游名胜一样，被纳入旅游指南，观光巴士的热门路线会经过因柏林墙倒塌而再度灿烂耀眼的腓特烈大街（Friedrichstraße）和波茨坦广场，却不会经过这座昔日的冷藏仓储塔。观光客如果想游历气派的林荫大道，欧洲每个大城市其实都有这种场景，甚至比柏林更有看头。柏林具有吸引力的秘密景点其实是那些废弃的旧仓库和厂房，柏林市政府也从这些地方着手，为柏林擘画新的都市蓝图。毋庸置疑，过去这 15 年以来，全世界最优秀的建筑师都曾在柏林大显身手，而且有时——更确切地说是相当罕见——还会出现杰出的作品。不过这些大型建筑却和那些从闲置的荒地所滋长的柏林新动能，与被撕裂的灵魂，没有真正的关联。柏林真正具有代表性的地标是从前的煤气槽、水塔、各种仓库、已停止运营的医院和机场、河岸边的旧船坞、已废弃的火车站和美国中央情报局（CIA）的监视设施、充满霉味的地下碉堡和隧道，还有已转型为监狱博物馆的前斯塔西专属监狱。这些场所都是柏林新生活生根发芽的地方。总而言之，那些 30 米高、无窗户的涂鸦防火墙，铺上石块、路面不平整的人行道，过度密集的铁路线，已停用的烟囱——夜间，耸入云霄的顶端还会亮起红色的警示灯——以及种着一棵栗子树的狭窄后院等，都是这座城市的标记。不，柏林暂时不会、将来也不想成为一个中规中矩的首都城市。或许正因为这样，柏林才如此受欢迎吧！

柏林还能叛逆多久？那些通过搭乘直升机来到这里或搜寻谷歌地图和街景而决定房地产交易的国际投资人，早已把柏林具有文创发展价值的地道、坑穴和宫殿列入采购名单中。我们可以预期，在 10 年或 15 年内，柏林房地产价格会被炒得跟纽约或伦敦一样昂贵。银行家和避险基金经理人将会迁入柏林的煤气槽、水塔、仓库、冷藏库内。开创新柏林的那些年轻人靠着偷来的木板和梁架，二手的水龙头和门把手，老旧的暖气装置和偷接的电表，好不容易把这些场所改装成适合生活起居的环境。新的所有权人却会在未来把住在里面的这些文青赶走，并开始翻修这些老建筑。他们会在里面安装大理石浴缸、保险柜，打造电子调控的厨房，并设置私人健身房和游泳池，楼顶还可以改建为直升机停机坪。然后，柏林会变得如此华丽、昂贵，同时也如此乏味，就像现在大部分西方国家的首都一样。柏林的主政者们几乎无法阻止这样的发展，他们因为受到庞大的财政赤字压力，以及高额税收的吸引，而无法施展自己的城市治理想法。对于世界各地的艺术家而言，柏林目前仍是一座世界知名的“秘密基地”。不过，如果到头来只剩下银行家、股市经纪人，以及经常搭乘飞机穿梭于国际间的富豪们才能负担得起柏林的房价时，这些来自曼哈顿、旧金山、洛杉矶、香港、东京与首尔的艺术家就会选择离开这座城市。我认为，在未来10~15年内，会有大批艺术家和文创工作者搬离柏林，转而在萨拉热窝（Sarajevo）和布加勒斯特（Bucharest）落脚。

自由派倾向的《每日镜报》（*Der Tagesspiegel*）虽是柏林发行量第三大的报纸——次于《柏林日报》（*Berliner Zeitung*）和《柏林晨报》（*Berliner Morgenpost*）——然而它在我的眼中是柏林唯一的报纸，具有近乎“首都报纸”的地位。根据这份报纸的报道，目前大约有2.1万名艺术家在柏林活动。身为该报忠实的读者，我倒认为这个数字被低估了，因为大多数艺术家无法靠创作的收益养活自己，他们通常得从事其他工作以支付生活的开销，因此往往不会以艺术家自居。柏林有为数众多的艺术家，每一位在艺术方面有基本素养的柏林人，其交友圈里都会有一两位从事艺术创作的朋友，他们却很少碰到可以靠创作谋生的“职业艺术家”。虽然在柏林生活的艺术工作者不容易靠作品挣钱，每年却仍有许多来自世界各国的艺术家选择在此发展，画廊和收藏家也就跟随这些艺术家的脚步涌入柏林。从事艺术交易的商人早就不再集中于普伦茨劳贝格区（Prenzlauer Berg）和哈克市场（Hackescher Markt）周边历史悠久的谷仓区（Scheunenviertel），而是当机立断地转往邻近的新地点，比方查理检查站（Checkpoint

Charlie）一带和雅诺维慈桥（Jannowitzbrücke）附近，最近，这些艺术经纪人甚至转移阵地到西柏林的旧娱乐区——波茨坦大街（Potsdamer Straße）。

德国每年有 6000 场艺术展，柏林就占了 3000 场。柏林在这期间已拥有 400 间画廊，是欧洲最大的画廊集中地。然而，从人们估算的 2 亿欧元（2010 年）的年度销售额来看，柏林并不是欧洲最大的艺术都市。柏林艺术家的困境并不只是差强人意的艺术销售额，还有房租高涨的问题，如果柏林的房租持续上涨，许多长期定居在克罗伊茨贝格区（Kreuzberg）的土耳其人和新来的艺术家很可能要被迫搬离该区，往城市的边缘地带迁移。

03 建筑师之争

围墙倒塌及清除之后，一下子出现了许多荒凉的空地，它们在冷战时期是两个对立的城区及政治实体的边陲地带，在冷战突然结束后，竟被期许成为柏林这个国际城市的心脏地带。

这是空前绝后的重建挑战

那些熟悉围墙时期的柏林人如果在 20 世纪 90 年代开车经过波茨坦广场而脑子里还保留着这座城市的旧图像，他们恐怕会无法忍受某种突如其来的眩晕感。被围墙贯穿的柏林市中心，因为 1989 年 11 月围墙的倒塌，出现了新的发展契机，市中心的新建设就是这场撼动全世界的剧变所必然导致的结果。从前因为围墙穿越其中而任其荒废的土地，在开始施工之后，一栋栋新的建筑物以每隔几星期，甚至每隔几天的节奏快速地从地面冒出。旧城市里冒出一座围着鹰架的新城市，人们只能从工地产生的噪声和反光中，隐约地做些揣测，并没有人知道，鹰架布后面的东西将会带来什么新转变。难道这不是柏林历来的特征？柏林不也一直处于过渡状态？不也是一座它的过去与未来比当下更重要的城市？

柏林市民淡定地看着这场轰轰烈烈的城市改造，这种冷眼旁观的态度似乎跟情感的麻木没什么两样。他们对于城市的新建设并没有什么热情，反而表现得比较像足球迷碰到支持的球队输球时的那样神经质。

柏林墙刚倒塌不久时，曾有一些荒谬的建议被提出来讨论。德国绿党对于围墙拆除后留下的空地，更倾向于规划为休闲场地。事实上，当德国有城市出现可以利用的空地时，绿党总认为该土地应该供市民从事休闲活动。这帮人希望在柏林墙的所在地，为单车骑士、慢跑者，以及推着婴儿车的父母们设置一个带状绿地。市民还可以每周在这块绿地上举办大型市集，旁边还可以设置一座有摩天轮的流动式游乐园，入园玩乐的人们甚至会误以为自己身在城市郊区的游乐园里。然而，实现绿党的想法就如同在纽约世贸中心的双子星大楼原址植树盖公园，而不是重建新的摩天大楼。

打造柏林市中心对于城市规划者和建筑师来说，是一项空前绝后的挑战，因为，世界上没有一个国家的首都需要重新规划占地广大的都会心脏地带。然而令人大失所望的是，当时那些齐聚柏林的专家对这座城市的未来所进行的辩论采取的竟然是政治斗争的方式。他们缺乏好奇的本能、创新的冲动及冒险的意识。人们对于一些影响深远的决定，其实可以通过相互尊重的方式表达不同的看法。然而，这些投入柏林市中心改建的专家却经常在讨论中以政治中伤对方，或用为对方贴负面标签的方式相互攻击。德国的知识分子就是这样：美食家兴奋地烹调一道美味菜肴时，只有添入法西斯的食材或调味料，这些知识分子才会争论这道菜的做法。

聚集在柏林的建筑师们在真正展开行动之前，对于新的市中心应该采取何种建筑风格的讨论，竟陷于指责对手有无法西斯主义嫌疑的深渊中。市中心的建设是应该使用较轻的玻璃，还是较重的石材作为建材？应该建造带状排列式的建筑物，还是块状结构的建筑物？在那时，任何的设计主张都会被贴上意识形态的标签，讨论已沦为表态大会，与会的建筑师们只能表示支持或反对，并没有进一步表达意见的可能性。

举例来说，柏林建筑师汉斯·柯尔霍夫刚一质疑现代主义的优点，并表明希望把石材作为新市中心的主要建材后，法兰克福的德意志建筑博物馆（Deutsches Architekturmuseum）前馆长海因里希·克洛茨（Heinrich Klotz）便立即指责柯尔霍夫为亚历山大广场（Alexanderplatz）设计的草图僵硬呆滞，其中还有6座高度完全一样的摩天大楼，简直就是“呼应法西斯主义的建筑设计”。美国犹太裔建筑师丹尼尔·利贝斯金德（Daniel Liebeskind）刚刚开始在柏林建造他那座备受瞩目的犹太博物馆，他对于亚历山大广场的竞图败给柯尔霍夫一事感到相当失望，针对柯尔霍夫那几栋等高的摩天大楼的建筑设计，他曾不屑地表示：“我要抵制这种极权主义的空间规划，难道这种想法还能在20世纪末被采用？”柏林的建筑师们在意见冲突中使用了“法西斯主义”“极权主义”这类字眼相互指责，因而在国际间引起了注意，世界各大报纸的文化版面纷纷报道和讨论柏林的新建设。一些关于柏林市中心的建筑计划书、设计平面图和模型突然间具有了新闻价值，它们当时的媒体曝光度甚至压过新纳粹分子纵火攻击外国人的事件。而当大众传媒也加入这场争论时，复杂的建筑设计则已经荒谬可笑地成为简单的二分法：玻璃、钢筋及铝窗象征多元文化及民主，石头、块状结构的建筑物及用木条做镶边的室内装潢则代表着反动思想与刻板僵硬的集体社会结构。依照这种二分法，人们好像无法用石头建造轻结构建筑；而使用玻璃和钢筋等材料就能避免建筑物的笨重臃肿，从而赋予建筑物新的设计创意。我们都知道，不该以选举时的承诺来评判一位政治人物，只有他的实际行动才真正算数；然而，在建筑师身上，大家似乎就忘记了这个规则，因而把建筑师发表的意见和他们打造出的建筑物混为一谈。此时“新历史主义”（Neuer Historismus）与“第二现代”[①]（Zweite Moderne）之间的信念战争已经展开，这两大阵营的主角们提出设计蓝图的态度，就像使用标枪在戳对手一般。

没有一个地方像柏林新的市中心一样，为了让硬件建设充分展现城市的精神而发生如此激烈的争执。贯穿整个首都的柏林墙在1989年倒塌之前，其西侧一块长50千米、宽度从30米至500米不等的场地一片荒芜萧索，只有老鼠和田鼠穿梭其间。原本被围墙贯穿的米特区，在围墙倒塌及清除之后，一下子出现了许多荒凉的空地，它们在冷战时期是两个对立的城区及政治实体的边陲地带，在冷战突然结束后，竟被期许成为柏林这个国际城市的心脏地带。

水都柏林?

工地里直冲天际的起重机和深不见底的大洞，是柏林在围墙倒塌后的新标志。这些在工地上挖出的深坑让许多柏林人明白，原来柏林的市中心是在一片沙地和沼泽上修建起来的，它的地面和地下水层之间只隔着一层薄薄的沙层，人们在老城区只要往地下钻探几米，就会冒出水来。几世纪以前，柏林城内一些中等高度的住宅及商店建筑的地基确实浸泡在水中。现在的建筑工人在维修保存下来的大型建筑物或重建已损毁的大型建筑物时——例如，整修西柏林的德意志歌

---

① 第二现代由德国社会学者乌尔里希·贝克（Ulrich Beck）提出，与后现代不同，他强调现代化仍在进行，但已脱离工业社会，而必须纳入风险考量。——译者注

剧院[①]（Deutsche Oper）和兴建被炸毁的柏林皇宫（Berliner Schloss）时——总是在地基底下不断发现一些位于地下水层下方，被牢牢地打入下面更坚实的地层中的长达 20 米的古木桩。由此可见，柏林的米特区犹如建在木桩上的威尼斯，而差别只在于，人们无法在柏林看到这些地面下的木桩和地下水罢了。总之，柏林的地质并不适合盖摩天大楼，虽然许多市民殷殷期待能在好不容易赢回的市中心看到高耸参天的大楼矗立着。老一辈的东柏林人都还记得一则和民主德国建筑师黑尔曼·亨泽尔曼（Hermann Henselmann）有关的传言：亨泽尔曼在 20 世纪五六十年代曾为民主德国设计过一些重要的建筑物，其中包括东柏林的电视塔。不过，他后来澄清，自己只画了电视塔的设计图，并没有参与实际的建造工作，而且他还承认，自己从不曾到过电视塔的上面，因为他不确定，塔身会不会刚好在他上去时突然因为地基不稳而倾斜。

柏林不只被许多湖泊环绕着，它的市中心还因为 20 世纪 90 年代波茨坦广场的“造城计划”出现了许多巨大水坑。潜水员是当时这些工地的英雄，他们的任务是潜入这些水坑里，安装地板和墙面，以此阻挡地下水的涌入。接下来，工作人员再把水坑里的地下水抽除，并在地板上铺上混凝土，这样就完成了防水的工程。这些潜水员在水下工作时，上方还有浮式工地起重机，这些操作灵活的机器可以为这些潜水员输送他们需要的建筑材料。

为了充分发挥市中心施工地点的观光价值，波茨坦广场的“戴姆勒 – 奔驰计划”的负责人曼弗雷德·根茨（Manfred Gentz）和柏林

---

① 柏林有 3 座歌剧院，其中之一就是位于西柏林的德意志歌剧院。原建筑体于 1943 年毁于同盟国军队的轰炸，在战后重建之后，于 1961 年重新开幕。——译者注

当时的城市发展议员福尔克尔・哈塞默（Volker Hassemer）想出一个好点子：他们决定在工地旁边搭建一栋四五层的临时楼房，以贩售书报、点心和饮料；并在旁边高高地架起一座附有瞭望台、外观像红色箱子的工地解说中心信息箱，让市民和游客可以在那里观看和追踪波茨坦广场的施工进度，并进一步了解柏林未来发展的新愿景。这个工地参观点开放不久后，便成为比戏剧院、音乐厅和博物馆更热门的旅游景点。这个做法获得如此惊人的成功，完全出乎主事者的意料。

04　波茨坦广场

那是一个充满历史气息的地方。每跨出一步，你都可以察觉到它的历史精神，但是那些只是与你相遇的鬼魂而已，你根本看不到也碰触不到什么。

没有墓碑的建筑坟场

波茨坦广场曾是个充满争议的建筑工地。

这个广场在 20 世纪 20 年代曾是欧洲最繁忙的交通枢纽，它在“二战”后期遭到战火严重损毁，残存的建筑物也随后在冷战时期一一遭到拆除，再加上柏林墙横亘其中，这一带后来就成了柏林米特区最大的一块荒地。“二战”结束后，各国占领军进驻柏林，并纷纷在柏油路面上漆上白线。这些线条自 1948 年 8 月起，便正式成为美、英、法同苏联占领区的分界线，到了 1961 年 8 月 21 日，柏林墙就在波茨坦广场的白线上竖立起来。民主德国政权当时声称每天都面临着西柏林的“帝国主义军队”可能发动的攻击，于是便以保护柏林墙这个西边的界防为借口，拆毁了围墙旁边位于东柏林的波茨坦广场一带那些幸存于战火的建筑物。此外，他们还把艾伯特街（Ebertstraße）和施特雷斯曼街（Stresemannstraße）上的房子以及韦特海姆百货公司（Kaufhaus Wertheim）残留的大楼拆除一空。犹太裔知名建筑师门德尔松设计的 11 层商业办公大楼哥伦布之家（Columbushaus），以及纳粹倒台之前柏林著名的餐饮娱乐场所祖国之家（Haus Vaterland）在民主德国建立初期虽仍在使用，后来却在1953年6月17日东柏林工人发生暴动时被纵火烧毁。

西柏林执政当局希望在战后打造一个适合开车的城市，因此，对于旧建筑的拆除也不遗余力，波茨坦广场本质上已成为一座没有墓碑的建筑坟场，此外，距离该广场不远的沃克斯之家（Voxhaus）、阿尔布雷希特王子宫（Prinz Albrecht Palais）、民族学博物馆，以及安哈特火车站（Anhalter Bahnhof）等建筑物也逐一被拆毁，只有老柏林人尚能凭借回忆，在脑海里召唤这些昔日建筑的灵魂。

直到20世纪90年代初期，柏林墙这个带状大型建筑还矗立在波茨坦广场上，而原先的旧建筑群早已消失殆尽。该广场的西半部属于西柏林，约500米宽，在这块荒地上只有一座被贩售饮食和纪念品的摊位围绕的平台，好奇的观光客可以用平台上的望远镜瞭望柏林墙和民主德国边界的武装岗哨站，而那些岗哨站的卫兵也正从他们的望远镜里目不转睛地观察着西柏林的游客。

胡特酒屋

在冷战时期的拆除狂潮中，波茨坦广场只有胡特酒屋（Weinhaus Huth）这一栋房子留存下来。这栋建筑物所在的土地是20世纪初期，葡萄酒商维利·胡特（Willy Huth）从他祖父那儿取得的。胡特为了让这栋6层楼的房子可以承载大量葡萄酒的重量，以当时相当新颖的钢骨结构建造这座楼房。一楼的店面用来做葡萄酒买卖，二楼则经营提供表演秀的餐厅，三楼以上对外出租，收取租金。后来这栋房子在“二战”末期同盟国军队的轰炸和炮击下能丝毫不受损害，除了感谢幸运之神的眷顾外，还得归功于胡特当时采用钢骨建造这栋楼房的决定。后来，胡特酒屋被划入英军占领区，在数十年的冷战期间，它和被战火损毁的广场大饭店（Hotel Esplanade）的残余建筑就如同弃儿一般，被丢在荒凉的波茨坦广场上。

我从夏洛滕堡区（Charlottenburg）往克罗伊茨贝格区方向开车时，会在途中看到一栋房子，每次都会因为无法相信眼前的景象而禁不住摇头。一间孤寂的屋舍矗立于西柏林市中心的空地上，类似的画面通常只出现于那些在美国亚利桑那州沙漠拍摄的好莱坞西部片里：一栋房屋孤零零地出现在沙漠里，对于路途劳顿、非常口渴的骑行者来说，它宛如海市蜃楼般出现，似乎只要人走进屋里，就可以获得一杯琼浆玉液。柏林市区的荒地上孤立着的房子就像旷野上方一颗位置固定不变的星体，就像一个怪异的方向指引标志。是谁生活在这些发亮透光的窗子后面？是谁愿意待在这个荒僻的地方？这里曾是柏林往昔的市中心，却在围墙建好之后，成为边界。

我们可以从一些书籍和文章的内容中得知，葡萄酒商胡特在柏林墙建好之后，还继续在那栋波茨坦广场上仅存的楼房里经营酒吧多年。虽然，胡特酒屋的铁梁柱已经锈蚀，储存葡萄酒的地窖堆满了瓦砾，他还是无法下定决心卖掉这份祖产。当时，他把办公室设在那间原木装潢的大厅角落——在20世纪20年代，这里曾是许多宾客进出的宴会厅。他每个月会向他楼上的房客收取房租。有时人们会看见他独自一人跑到屋顶凭吊那个曾经极度繁华，拥有世界上第一座指挥交通的红绿灯，如今却已变得空荡荡的波茨坦广场。也许他还看见了那些他在青少年时期曾穿梭其间，现在却已消失无踪的建筑群：从前柏林的交通枢纽波茨坦火车站（Potsdamer Bahnhof），提供表演秀的知名餐厅祖国之家，隔壁可容纳4000名客人的大型餐厅莱茵黄金酒屋

（Weinhaus Rheingold），以及一些啤酒餐厅；另外，他或许还看到了那些在街头讨生活的送报童、擦鞋工和卖花女；也许这位白发苍苍的老人还能听见地面电车、出租车，以及胡特酒屋宴会厅高朋满座的嘈杂声。然而，这些过往的画面和声响，除了他以外，没有人能看见和听见。

据说，柏林墙刚筑起的几年，一位孤单的长号手有时会在这个已沦为废墟的广场上吹奏一些忧伤的曲调，这些令人感伤的旋律除了东、西柏林的边境警察之外，只有胡特一家和他们的房客听过。没人知道这位怪异的长号手是谁，然而当他不再现身吹奏时，人们便纷纷怀念起他的音乐。

除此之外，还有一些与胡特酒屋有关的传闻：一位曾受雇于胡特的酒窖师傅曾协助一位与胡特有生意往来的酒商在民主德国为美国“中情局”从事间谍活动，从而惹祸上身，他后来被民主德国当局逮捕并判处 5 年徒刑。幸运的是，他后来被民主德国特赦，前后只坐了 5 个月的牢。

老胡特在庆祝完他 90 岁的生日后不久，便在自己的屋内寿终正寝，据说，当时这位酒商的讣闻里还不忘强调，葡萄酒是他和他太太保持年轻的秘诀。

然而，对于这栋房子接下来的用途，西柏林执政当局根本就没有想法。1967 年，胡特的遗孀把胡特酒屋连同建筑物所在的土地贱卖给西柏林蒂尔加滕区[①]（Bezirk Tiergarten）区公所。一开始，区公所并不知道该如何处理这栋建筑物，后来一些社会民主党的官员决定把这

① 蒂尔加滕区已于2001年被划入柏林的米特区，目前是该区的一个分区。——译者注

栋建筑物改建为西柏林的社会住宅。相关部门打算把这栋楼优先租给多子女的家庭，却事与愿违。试想，生活在一处未开发、被戒备重重的柏林墙切开的荒地上，多子女的家庭有多么不方便，附近连一家面包店也没有，更别提超市了，也没有学校和幼儿园；最近的巴士站要走上 10 分钟。周遭唯一的响声来自每隔几分钟地面下的一阵震动——那是西柏林地铁列车通过波茨坦广场下方那座已被封闭的幽灵车站的轰隆声。后来入住这栋社会住宅楼的市民主要是一些偏爱特殊居住环境的画家、生活艺术家、隐士，以及一些社会边缘人。1979 年 11 月，这栋波茨坦广场上硕果仅存的建筑被蒂尔加滕区区公所认定为“德意志帝国时期现代商业建筑的最后见证之一”，从而被列入市定保护古迹。

20 世纪 80 年代，紧邻柏林墙的波茨坦广场是前来西柏林访问的西方国家元首和政客们最喜欢造访的地方，因此，当时住在这栋社会住宅楼的租户们，一年有好几次机会目睹不同于往常的景象，听见不一样的声音。他们只要打开窗户或站在阳台上，就可以拥有相当于歌剧院包厢的视野，全程观看一些国际新闻所报道的场面。

生长于东柏林的女作家因卡·巴赫（Inka Bach）在纽约及巴黎生活了十几年后，于 1989 年夏天和刚出生的儿子搬进了胡特酒屋。这位来自民主德国的年轻女子，就这样不知不觉地又回到了东、西柏林的交界处。

巴赫孩子的父亲是一位建筑师，他们全家住在胡特酒屋三楼的一间 74 平方米的公寓里，这间公寓只有一间小卧房，主要充作建筑师的工作室，由于不久之后巴赫的第二个孩子——是个女儿——即将出世，因此，这栋社会住宅楼对他们而言，已不是理想的居所。胡特酒屋外面虽有一大片空地可供孩童玩耍，然而附近却没有其他的孩子可以当玩伴。若要上超市采买或去公交车站等车，都必须辛苦地走一段路。虽然他们一家住在柏林从前的核心区，毕竟柏林不可能出现比波茨坦广场更中心的地点，然而冷战时期生活在这个已被上帝和全世界遗弃的市中心，她总是联想到一些美国地方型城市的边缘地带，而不是她最爱的巴黎或曼哈顿。当时波茨坦广场空荡荡一片，生活很不方便，哪怕是想买一罐牛奶或一支铅笔她都必须开车出门。

然而，这么特殊的生活环境也让住户们享有一些与众不同的好处：巴赫可以把她的小厢型车直接停在住宅旁边，因为胡特酒屋周边人烟稀少，不会有警察来开罚单；而且这里的租金每平方米只要 2.5 马克，相当划算；虽然她需要开车采买日常的生活必需品，但是柏林爱乐乐团、马丁－格罗皮乌斯博物馆[①]（Martin- Gropius-Bau）、国家图书馆（Staatsbibliothek）、新国家美术馆[②]（Neue Nationalgalerie）这些柏林的艺文殿堂，就在她步行便可以到达的范围内。她每天可以散步到这些文化场所，而那些文化狂热者即使住在西柏林市区，也必须搭乘公共交通工具或出租车才能抵达，所以，她经常就近带着孩子们去马丁－格罗皮乌斯博物馆，而不是儿童乐园。由于胡特酒屋矗立于一大片空地之上，从三楼的住宅望见的景致，犹如置身于曼哈顿某栋摩天大楼的 40 层一般，而且，这栋楼房朝外突出的窗台设计让她的视野更加宽广，她可以同时看到两个分裂的柏林！

她的邻居们刚好都不是想拥有孩子的住户。住在她家隔壁的房客

① 马丁－格罗皮乌斯博物馆以其建筑设计者马丁·格罗皮乌斯（Martin Gropius）的姓名命名，他是包豪斯学派的创办人瓦尔特·格罗皮乌斯（Walter Gropius）的叔祖父。——译者注

② 柏林原来的国家美术馆位于东柏林的博物馆岛上，西柏林因而在 1968 年另外成立新国家美术馆。德国统一后，这两座美术馆才合并为国家美术馆。——译者注

是一位来自慕尼黑的皮肤科医师，很喜欢柏林旧式的黄铜门把，即胡特酒屋保留的这种门把，这种门把有一部分是蒂尔加滕区区公所在维修这栋古迹建筑时安装上的。这位医师会从几间无人居住的公寓门上取下这些门把，或把它们装在自己公寓房间的门上，或私自收藏起来。胡特酒屋的住户没有人对他的怪癖感到不满，后来，人们发现他陈尸于他的公寓中。这位医师饮弹自尽，警方在他的公寓里除了发现一堆黄铜门把，还发现了许多纳粹徽章，但这些东西仍不足以证明他在生前处于精神错乱的状态。

胡特酒屋的五楼则住了一位来自民主德国的女演员，当她结束在民主德国的表演工作后，便获得当局的离境许可而移居西柏林，并成为一位神秘主义者。当时胡特酒屋的住户在楼梯间就可以听到她公寓传出的冥想音乐，还能闻到一股远东特有的气味。巴赫有时会请她给自己按摩。德国统一之后，她的名字竟出现在曾与斯塔西合作的告密者名单上。从那时候起，巴赫就不再接受这位神秘主义者的服务。据说，自从她在民主德国时期的“告密者”身份被曝光后，她还喜欢肆无忌惮地用一些言辞挑衅她的朋友们：她从前每星期两次进出斯塔西，而且那儿让她觉得很自在。

胡特酒屋还有一位受瞩目的女房客，她在这栋社会住宅楼已居住多年，并在这栋楼房前面那条杂草丛生的老波茨坦大街上开垦出一块园圃。这条道路曾是柏林市中心的交通动脉，然而在长达几十年的冷战时期没有任何车辆经过。距离这位老妇人开垦的园子不远处，就是19 世纪德国写实主义文学家特奥多尔·冯塔内（Theodor Fontane）的住宅。这位老太太每天在这条著名的老街道上拔除杂草，照顾她的植物，就耗掉了半天的时光。当她忙完，如果碰上晴天，她就会躺在她带来的躺椅上，在园子里晒太阳。只是她后来万万没想到，一家跨国企业想在偏僻萧疏的波茨坦广场和周边大兴土木，她的小园圃因而成了这家企业关注的焦点。

围墙倒塌前的变化

事实上，环绕波茨坦广场的那片荒野在柏林墙倒塌前几个月，就已经出现变化。数十年来，一直都只有兔子和鼹鼠能在这个东、西柏林的边界区自由地来回穿梭。直到 1989 年的夏天，西柏林却突然出现一些偷偷穿越这条边界的波兰走私客。这些波兰人每个周末会带一些东西——手动工具、瓷器、画在木板上的圣母圣婴像等——到西柏林作边境防御之用的兰德韦尔运河（Landwehrkanal）岸边和波茨坦广场四周兜售。然而后来，习惯和土耳其商人打交道的西柏林人发现，他们无法和波兰人讨价还价，要么按照波兰人开出的价格付款，要么空手而回。这些不谙买卖技巧的卖家究竟是如何从东边跨越边界来到西柏林的？这个问题至今仍是未解之谜。当时，这些波兰小贩每星期六早上出现，星期天晚上就自动消失。

经常会有这些偷偷在西柏林兜售货品的波兰人及民主德国青少年和人民警察之间爆发冲突的报道，这加深了我当时的信念：柏林墙即将丧失对民主德国人民的行动约束功能，而无法继续存在。1989 年 6 月 25 日，就在柏林墙倒塌的 4 个多月前，我在美国《时代》（*Time*）杂志发表了《如果柏林墙倒了》（“If the Wall came tumbling down”）一文，并大胆地预测，围墙的倒塌已近在眼前。在该文中，我已不讨论柏林墙是否会倒塌，而是直接分析围墙倒塌后将会发生什么状况。当时我对于没有柏林墙的德国已得出自己的结论：全德人民在一起庆祝完围墙的开放后不久，就会发现他们之间的差异性远多于相似性。“人们可以拆除柏林墙，”我写道，“但是，它并不会就此消失。这道围墙充其量只是让人们天真地相信，这个带状建筑就是造成德国分裂的主要原因。”在这些预言之后，我还写了几行文字，内容虽符合那时的时代风气，却对德国的统一泼了一盆冷水：“围墙倒塌之后，仍然会存在两个德国。”

柏林墙后来果真倒塌。当时我在美国新罕布什尔州的达特茅斯学院（Dartmouth College）担任访问学者，一位美国同事匆匆地走进我的办公室，并问我：“你有没有看到国家广播电视网（NBC）的报道？柏林墙已经倒塌了！”我摇着头，一时还无法相信这个消息。我立刻打了通越洋电话，给一位住在柏林墙附近的土耳其作家朋友阿拉斯·厄伦（Aras Ören），并询问他这项消息是否属实。他的反应跟我一样，认为这是在胡说八道。我在电话中拜托他出门亲自查看一下，他答应了，后来却一直和他联络不上。我猜，这桩举世瞩目的大事让他无法及时回我电话。

现在我们再回头谈谈那位住在胡特酒屋的女作家巴赫。11月9日，柏林墙的界防洞开之后，她日夜不断地听到一批“围墙啄木鸟”[①]，不停地用铁锤和铁锹敲击这座钢筋混凝土围墙，前后长达数月。此时出现在社会住宅附近的陌生人已不是零星的波兰小贩，而是一大群思想激进的“城市印第安人”[②]（Stadtindianer），他们带着帐篷和露营车，准备在波茨坦广场这片荒地上长期抗争。此外，来自世界各地的新闻

---

① “围墙啄木鸟”就是指柏林墙开放后那些主动拿着工具日日夜夜不停地敲下围墙的民众。——译者注

② “城市印第安人”这个名词源于意大利文的Indiani Metropolitani，原指1976—1977年意大利的左派激进人士的抗议活动，参与者以大学生居多。——译者注

记者、试图捕捉柏林墙记忆的文史工作者、凑热闹的群众，以及贩卖各种商品的小贩，也围聚在胡特酒屋的四周，一场类似年度市集的嘉年华，在这围墙旁的不毛之地上热烈展开。

尽管外头一片沸沸扬扬，巴赫仍过着她的生活，继续操持家务，张罗一家四口的日常生活。比较困难的是，她必须应付她那喜欢到处走动的儿子。在围墙倒塌之后，她的儿子率先在围墙的东侧发现了一家幼儿园，对这个小男孩来说，这是一项重大的发现。她的儿子后来一直央求她让他去幼儿园跟小朋友们玩耍，巴赫当时便果决地把她的儿子送到这所东柏林的幼儿园就读，因为她跟这家幼儿园的园长和老师一样都是东柏林人，她熟悉他们的语言词汇和腔调，以及不同于联邦德国的思维方式，而且她有足够的自信，认为自己可以影响他们。除此之外，她的直觉还告诉她，位于三楼的住处可能无法再提供视野辽阔的景观，随着柏林墙倒塌，东、西柏林再度合为一体后，人们势必积极建设已荒废数十年的波茨坦广场。这个西方现代史上的重大事件让她已有心理准备，她知道她的家庭，以及胡特酒屋的其他租户迟早会被赶离这个市中心的精华区，无法久留了。

柏林人最憎恶的建筑计划

波茨坦广场的第一个土地开发商就是赫赫有名的戴姆勒－奔驰集团。在柏林墙倒塌前不久，这个集团的首席执行官埃查德·罗伊特（Edzard Reuter）便已捷足先登，顺利地向西柏林市政府购得位于波茨坦广场西南角那片 6.1 万平方米的土地。当时这笔交易是一项大胆的投资，因为即使在柏林墙倒塌的那一年，人们也还不敢相信德国的分裂即将结束，更别提苏联的解体。埃查德·罗伊特的父亲恩斯特·罗伊特（Ernst Reuter）是战后西柏林首任民选市长，也是一位颇具传奇性的联邦德国政治人物。埃查德·罗伊特在20世纪80年代末说服戴姆勒－奔驰集团董事会进行这项房地产投资时，主要是基于他对德国的政治愿景而非商业利益，所以，他在柏林从前的心脏区购得大面积的土地，绝非只想盖一座戴姆勒－奔驰集团的全球营运中心，而是打算建造一个新城区，以便有朝一日柏林墙不存在时，可以迅速地将该区域和东柏林的城区联结在一起。一位集团的首席执行官能如此先知先觉地做出正确的决定，实在相当罕见——当时许多德国企业界人士嘲笑罗伊特这项房地产开发案。就在戴姆勒－奔驰集团顺利取得这一大片土地后没几个月，柏林墙竟然就倒塌了，连罗伊特自己也感到很意外，他真的没想到这场豪赌这么快就让他尝到胜利的果实。罗伊特在1989年仅以9300万马克，就购得波茨坦广场上那一大块土地，如今这里已是全柏林地价最昂贵的地段。

戴姆勒－奔驰集团在购置大批土地的同时，也必须买下这块土地上唯一的地面建筑——市政府刚花了300万马克整修的胡特酒屋。对于房地产开发商而言，这栋房子是个不得不接受的附属品，它的存在对于任何针对这一大块土地的整体设计而言都是个难题，偏偏它就坐落在“戴姆勒－奔驰计划”的土地上。这栋建筑自1979年11月起便已被列入文化资产保护的名单中，当时不论是罗伊特，还是规划这项“造城计划”的意大利知名建筑师伦佐·皮亚诺都没料到，这栋市定古迹会让他们如此伤脑筋。

对于这项建筑开发案的业主戴姆勒－奔驰集团而言，被列入文化资产保护对象的胡特酒屋的主要问题是巨额的维护费用，以及如何把一栋兴建于19世纪和20世纪之交、外观普通的商用建筑古迹，成功地整合入新的整体建筑计划中。由于柏林米特区原是沼泽地，“戴姆勒－奔驰计划”为了起建一些新的建筑，势必会在胡特酒屋周边开挖40米深的施工坑洞，如果未事先采取防范措施，这栋楼房必然会下沉，甚至倒塌。因此，该建筑计划负责人决定为这栋市定古迹的地基进行加固，在它的下方铺入一组深达18米的桩柱支架。这项工程的费用高达5000万马克，确实令人震撼，意大利人不会花费这样一笔资金保护他们的庞贝城（Pompeii）遗迹，而德国的戴姆勒－奔驰集团却愿意承担这样一笔开销，只为保存一栋柏林酒商兴建于世纪之交、幸存于“二战”战火及后来的拆除行动的楼房。包括巴赫一家在内，所有坚持留到最后一刻的胡特酒屋的租户，最终因为戴姆勒－奔驰集团愿意支付他们一笔高额的补偿费，而搬离这栋社会住宅楼。巴赫不想对补偿费的金额发表意见，不过，这笔钱绝对能和一本畅销书带给她的收益不相上下。为什么只有德国的汽车集团可以从柏林墙的倒塌中捞到好处？胡特酒屋聪明的住户获得财团的金钱补偿难道不是理所当然的事？

波茨坦的“戴姆勒－奔驰计划”刚刚动工便遭到各方的批评和唱衰，毕竟柏林这座城市从来就不缺少“末日预言家”。当时一些不利的预言纷纷指出，施工方在给工地的大水塘抽水时，会连带地把周边区域的地下水抽走，相邻动物园里的树木将会因为缺水而枯死。此外，还有一些技术人员公开表达对于这项大型建筑工程的担忧，他们的话听起来更有说服力。他们的忧虑不是没有道理，比方他们认为在胡特酒屋旁边施工很惊险，屋前的施工水坑中只要有一道隔墙撑不住，里面的水就会灌入后方的地铁隧道内。要排除这类的危险，戴姆勒－奔驰集团当然需要支出一大笔工程费用；然而还有其他棘手的工程难题，且无法经由精进的营造技术彻底解决。

罗伊特指定该集团的高层主管曼弗雷德·根茨担任计划的负责人。根茨曾通过媒体表示，他所执行的计划从一开始就是“柏林人最憎恶的建筑计划”。不只是谙熟大众传媒的东、西柏林建筑师同业公会，还有东柏林的民众——在西柏林人的助威之下——都公开抗议来自斯图加特（Stuttgart）的汽车集团为柏林打造新的市中心的计划。总之，当时一片高涨的反对声浪全冲着“戴姆勒－奔驰计划”而来：为何柏林市能容许将城市的一整块区域交给一个财团，它是否会在夜里把“它的城市区块”的大门锁住？为什么波茨坦广场非要在短短 4 年内将所有建筑物兴建完成？为什么人们不让市中心这一大片尚待开发的土地，用二三十年的时间顺其自然地发展？难道不能空出一小块土地留给后人吗？

柏林人对于这个超大型建筑规划的争议，让一些人想起德国精神分析学家亚历山大·米切利希（Alexander Mitscherlich）在 20 世纪 60 年代出版的一本畅销书。作者在其中一篇颇受欢迎的杂文《城市的冷漠》（“Die Unwirtlichkeit unserer Städte”）里，曾警告人们不宜用生产汽车的方式建造城市。然而这位善意的学者做梦也想不到，在他过世几年后，一个汽车集团真的开始为柏林打造市中心的一整个区域，而且这件事已在波茨坦广场上发生。一个汽车集团打造一个城市？

根茨当时打算通过向大众开放的方式让柏林人最痛恨的“戴姆勒－奔驰计划”成为最受欢迎的计划，把以好奇心强烈闻名的柏林人引入这项建筑计划里，吸引他们经常前来波茨坦广场的工地看热闹，关心这些高楼的建筑进度。根茨还进一步决定，以胡特酒屋作为这种民众与城市建设对话的场所。

从那时起，根茨便定期邀请媒体，以及一群背景差异极大的柏林市民到“戴姆勒－奔驰计划”的新执行总部胡特酒屋参加记者招待会。

若遇上晴天，招待会会在屋顶上举行，宾客们一手端着香槟，一手拿着鲜蟹点心，听建筑师们讲述这项建筑计划的重要进展，并带着些许的战栗，眺望楼下那些由挖土机开凿出的棕色水塘。最后，工地现场还因为一些演出活动而变得更有吸引力。一些登山爱好者从几栋未完成的大楼高墙上攀索而下；来自世界各地的诗人们，在尚未进行装修的建筑物壳体之间，朗读他们创作的诗歌；音乐团体纷纷登上根本不像舞台的“工地舞台”表演。这场盛会已将一个正在施工的大工地，热热闹闹地变成最成功的演出场所。当时主办单位并没有邀请柏林的实验摇滚乐团“倒塌中的新建筑”[①]（Einstürzende Neubauten）参与表演，我想大概是这个音乐团体的名称的缘故。

根茨在接受采访时曾提到，戴姆勒－奔驰集团在斯图加特的那些高层在营建过程中一度担忧，柏林市中心的建筑工地可能会在周末变成某种游乐场所，他们担心这种演变将有损于这个世界知名的高级汽车品牌；活动的花费，以及现场群众和演出人员的安全，也让董事会成员担忧不已，因为一旦发生致命的事故，所有公关方面的努力就会前功尽弃。根茨则向这些集团高层中的质疑者说明，让柏林民众接受“戴姆勒－奔驰计划”和工程在合理支出范围内按时完工同等重要。

根茨的策略奏效了。每个月进行的相关民调结果显示，已有越来越多的柏林人着迷于戴姆勒－奔驰的“工地舞台”。

我曾好几次受邀前往胡特酒屋的屋顶，参加该集团的记者招待会，在记者会尚未开始时常常能看到一些罕见的奇景。人们会看到一

① “倒塌中的新建筑”是 1980 年成立于西柏林的乐团，以废金属及建筑工具作为乐器，表演内容包含噪声。——译者注

大群心情愉快并盛装打扮的宾客聚集在四周架起工地专用的镀锌金属围篱的会场入口，殷切地期盼进场时刻的到来。一些穿着高跟鞋和晚礼服的女士会在途中向建筑工人们问路，这些施工人员会将安全头盔取下，以便听清她们的询问。随后，这些女宾感激地向工人点点头，顺着他们指示的方向，撩起她们昂贵的外套和晚礼服，继续和随行的男伴前进。然而，当他们踩上工地步道的木板时，却无法阻止泥浆的溅起，那些污渍就这样黏附在女士们白皙的小腿肚，以及她们伴侣的西装裤上。好不容易抵达酒屋后，一部分人会搭乘电梯，另一些人则走楼梯，这群好像要赶赴盛宴的人匆忙地到达铺着柏油的楼顶，楼顶的四周环绕着绳索护栏，作为临时的安全保护措施。一些已在现场的宾客手里拿着香槟杯，热络地交谈着，另有一些人则随着现场一个德裔新奥尔良乐团演奏的音乐婆娑起舞。

胡特酒屋的屋顶距离地面将近 40 米，当时是波茨坦广场一带的制高点。由于屋顶处经常吹着强风，与会的宾客通常会把大衣的领子翻起并用手紧紧地抓住头上那顶价格昂贵的帽子。我就曾看到一位装扮时髦的女士由于没能及时抓住帽檐，而让她那顶草帽被一阵狂风卷走。帽子华丽的身影在上升气流中完成一段飞翔后翩翩滑落，最后掉在酒屋下方泥泞的工地水塘里。记者会现场的宾客不约而同地盯着这顶在空中翱翔的帽子，当它下落时，女士们为了一探究竟还跑到由绳索拉起的护栏旁，她们的伴侣则在后方拉住她们试图越过绳索围栏的身躯。当这顶草帽最终落在水里时，她们纷纷发出“喔！”“啊哟！”的惊叹。不过，这场表演仍未结束，一台浮式起重机快速地朝这顶帽子移动，一位潜水员受到这台起重机驾驶员的指示，很快从泥水里浮出，用他戴着黑色橡皮手套的手把帽子从水里捞上来，放在支撑那台起重机的浮筏的边缘，随即又潜入水中，他应该没有听到一群人在酒屋屋顶兴奋地为他鼓掌的声音。

我在一次屋顶记者招待会上结识了世界知名的意大利建筑设计师皮亚诺，他当时为“德比斯计划”[①]（Debis-Projekt）提出的建筑设计方案正式被戴姆勒－奔驰集团采用。我会讲意大利语，因此我们很快就聊了起来。那是一场持续至今的对话：我会研究皮亚诺的建筑草图，他则阅读我撰写的那些关于柏林的书籍。身为柏林市中心最重要的建筑计划之一的设计者，他希望能从这些出版物中发掘出柏林的灵魂。他经常在各国间飞来飞去，每次来柏林之前，他都会事先打电话给我，通常是从纽约、伦敦、日本或澳大利亚打来的。抵达柏林后，他会请我去一家贵得吓人的餐厅用餐，我们在那儿继续我们的对话。我也会到他在巴黎及他家乡热那亚（Genua）的工作室拜访他，他会给我看他的一些在建的建筑设计。我们从对谈中发展出友谊，基于这段为期不短的友谊，我可以这么说：皮亚诺是我认识的最谦逊、最有好奇心的人之一，他的单纯和直爽就跟意大利中部阿布鲁佐地区（Abruzzo）的农夫没啥两样。

巴黎的蓬皮杜中心（Centre Pompidou）是皮亚诺早期和他的英国建筑师朋友理查德·罗杰斯（Richard Rogers）共同设计的作品。皮亚诺告诉我，意大利著名小说家伊塔洛·卡尔维诺（Italo Calvino）在参观过蓬皮杜中心后创造了“敏捷洞察力”（intelligenza leggera）一词。我曾问皮亚诺，在普鲁士首都较微弱的北方阳光之下、在那些灰砂岩和红砖头建筑的魔力中，以及面对一个把全力掌控一切未知因

---

① 戴姆勒－奔驰集团在波茨坦广场的建筑计划当时是由它的子公司德比斯股份有限公司（Debis AG）负责，因此“戴姆勒－奔驰计划”又称为“德比斯计划”。该公司的名字“Debis”则取自“Daimler–Benz InterServices”。——译者注

素当作经营哲学的德国汽车集团时，这种“敏捷洞察力”是否还派得上用场。戴姆勒－奔驰集团要求建筑内的持续噪声不得超过 28 分贝，购物中心的温度必须控制在冷热适中的 18℃。简而言之，这个富可敌国的德国财团所崇尚的精神，就是“人们的生活应该臣服于既定的规划”。

皮亚诺承认，他曾经对于波茨坦广场的“德比斯计划”感到相当惶恐。这种惶恐并非建筑师在面对较大型建筑计划时必须承担的更强烈的、从无到有的心理压力，也不是来自“德比斯计划”的超大型规模。他回忆起初次踏入柏林市中心这片已荒废多年的土地时的感受，“那是一个充满历史气息的地方。每跨出一步，你都可以察觉到它的历史精神，但是那些只是与你相遇的鬼魂而已，你根本看不到也碰触不到什么。”

一块未书写的白板

戴姆勒－奔驰集团打算在“一块未书写的白板”（tabura rasa）上创造一个充满活力的市中心城区，这构想一开始曾让皮亚诺不知所措。他觉得自己就像被一个数学家要求解决一个方程式，而且这个方程式不止有一个、两个或三个变量，而是有二十个变量：这一大块荒芜的地皮上，除了胡特酒屋和残余的广场大饭店之外，根本没有任何可供建筑设计参考的东西，所以，它几乎是一个无中生有的大工程。他曾构想，至少把一小段柏林墙整合入这个设计蓝图内，但是围墙已被拆除得无影无踪。德国人如此匆忙地清除柏林墙，难道不是战后的城市规划者对所有战前建设的清理狂潮吗？

皮亚诺说，他并不认为“一块未书写的白板”有什么优越性，“一座城市是一本卷帙浩繁的历史文本，每一页都很重要。而柏林的城市历史则出现严重缺页的情况”。

他从一个有喷水池的广场开始着手规划这块位于波茨坦广场上的荒地，有几条街道如星芒一般从这座广场辐射出去。“人们总是开始于空白，而非盈满的状态，同样，城市的营造也是从空地出发。”他在总体规划中逐渐确立一些局部图像，它们有些是单独存在的结构体，有些纯粹只是建筑物所要表达的精神。他设计的那座剧院表达了对建筑师汉斯·沙龙（Hans Scharoun）设计的位于剧院对街的国家图书馆的敬意。德比斯公司的办公大楼——作为这个城市区域的入口塔楼——意在让人们回想起建筑师路德维希·米斯·凡德罗[①]（Ludwig Mies van der Rohe）留下的一份摩天大楼设计蓝图。碍于当时的建筑技术还无法有效解决重力问题，这栋高楼无法建造。然而这个构想却启发了皮亚诺。他设计的德比斯大楼高达 100 米，犹如一把由玻璃和钢筋构成的战斧插在柏林沙地上。矗立在它对面的，是由德国建筑师柯尔霍夫所打造的柯尔霍夫大楼，这栋建筑物在各方面都和德比斯大楼不同，不过，皮亚诺很欣赏这样的对比。柯尔霍夫大楼是柯尔霍夫完全依照自己的方式所设计的一栋造型优雅的暗红色摩天大楼，它的外部建材看起来就像烧焦的红色砖头，并且与皮亚诺所插立的“战斧”并立，不禁使人追想起 20 世纪 20 年代纽约高楼的建筑景观。“当然，这是一座城堡。”皮亚诺带着亲切而又友善的微笑评论柯尔霍夫的作品。用玻璃和钢材对抗石头，谁说这不可以呢？

柏林最让皮亚诺怀念的特质是一种能量，用他那优美的意大利语

---

① 德国建筑师凡德罗，曾于 1930 年担任当时位于德绍（Dessau）的包豪斯学院院长，在纳粹上台后便逃往美国。——译者注

来说，就是“英雄的热情”（passione eroica）。文艺复兴时期的梦想家，佛罗伦萨市长洛伦佐·德·美第奇（Lorenzo de’Medici）身上，就有这种不可思议的能量。他有办法让他那个时代最杰出的人才聚集在他身边，并在短短几十年内造就出无与伦比的佛罗伦萨。皮亚诺说，要建造一座像佛罗伦萨这样了不起的城市，当然需要拥有许多金钱和权势，不过，最重要的还是人们的热情以及对于创造的意愿。

皮亚诺担忧的是，新的城市实体正以惊人的速度出现。建筑材料永无止境的创新、建筑技术的计算机化、新颖的运输路线，都促成了历史上从未有过的建筑工程的急速爆发，以及建筑的无限可能。他表示，建材的革命会就此阻断城市本身的有机成长：“这是有史以来第一次，人们能在5~10年内兴建出一个城市的城区。这种情况就好像人怀孕两个月就要生产。你将无法知道，谁能为这个新城区注入生命，反正人们只看重立即的成效。你可以利用那些被证明有效的诱惑，塑造某些聚集人气的场所——购物中心、电影院、赌场、剧院、广场、喷泉等——不过，你所创造的空间并不是为了不可预测的生命的节律，而是为了实际的生命。这种通过激进手段赋予生命的方式有时令我感到恐惧。”

我提出质疑：“人们难道无法留下一些未完成的东西？难道不能在每个建筑区域里预留一块空地，让后来的人有机会发挥创意，或修正前人的做法？”对此，皮亚诺答道：“大型建筑计划势必要屈从于本身庞大的财务压力，这是现实的生存问题，所以，业主不会留下空地，让自己吃亏。对建筑师而言，如果他已取得某个建筑的策划资格，却被要求空出一个区域的某个部分，这就是一种苛求。”

此时，这位热那亚建筑师的眼神中闪现着宛如小男孩般不愿妥协的意气用事，对此我并不意外，因为他在成长过程中，一直把航海家克里斯托弗·哥伦布（Christopher Columbus）——热那亚最伟大的城市之子——当成他的榜样。“如果你是一位航海探险家，就会拔锚扬帆出航，如果不这样做，那你不是疯子就是懦夫。当哥伦布启程前往大西洋另一端的西印度群岛时，他自己也不知道会到达什么地方。”皮亚诺这么说。

起重机芭蕾舞

波茨坦广场上的“德比斯计划”，是柏林少数几个能精准在预定时间和费用范围内完成的大型建设计划之一。1996 年 10 月底，为了举办一栋 22 层高楼的上梁典礼——这是“德比斯计划”诸多大型庆祝活动的第一个——该计划的负责人曼弗雷德·根茨，和他的工作伙伴们，便利用这个时机策划了一场别开生面的活动。他们打算说服当时柏林国家歌剧院（Staatsoper unter den Linden in Berlin）的音乐总监丹尼尔·巴伦博伊姆（Daniel Barenboim）为一场不寻常的“芭蕾舞”进行音乐伴奏。19 台施工起重机将在这位音乐大师的指挥下，随着贝多芬（Beethoven）《欢乐颂》（*Ode to joy*）的音乐节奏，舞动它们巨大的钢制吊臂。当时根茨的团队没人敢期待这位国际重量级音乐家会同意参与演出如此另类的音乐会，他们压根儿没有料到，巴伦博伊姆在听完他们的构想后，竟然爽快地答应了，真是令人喜出望外。

根茨后来提到，他在这场“起重机芭蕾舞”正式演出的前一夜，还到工地视察 19 台起重机的彩排练习。当他看到整片工地灯火通明时，内心顿时困惑起来。所有起重机的探照灯都打开了，吊臂也开始摆动着，这些动作完全不同于平常的施工操作，也无关于建筑任务的执行。19 台起重机一整夜就这样舞动着它们的臂膀，看起来好像正在练习飞行的巨大昆虫。一直到某个时候，根茨才了解这个夜里的壮观的表演是怎么运作的：这些起重机驾驶员显然已事先约定好，在进行这场夜间的总排练时，用自己带来的收音机收听贝多芬的《欢乐颂》。

第二天，巴伦博伊姆穿着黑色大衣，头戴白色安全帽，手拿两支小旗子进入工地现场，模样很像道路施工地段拿着旗子指挥交通的工人。他来到施工升降机的护台上，演出开始，他挥舞起左手的小白旗——在乐团中，这本来是示意第一及第二小提琴手开始演奏的动作，最接近升降机指挥台的起重机开始摆动它们的吊臂；接着，他摇动右手的小蓝旗，其他的“钢铁怪兽”也跟着舞动起来——相当于乐队的铜管及打击乐手演奏的乐段。由于起重机驾驶室位置较高，驾驶员虽然愿意配合巴伦博伊姆的指挥，却几乎看不到他在下方摇动的旗子。搭飞机前来参与盛会的美国黑人音乐团体金色福音合唱团（The Golden Gospel Singers）似乎不愿听从大师的指挥，也不在乎头顶上晃动的钢铁吊臂，这些黑人歌手只管高声歌唱，把歌声传入广阔的建筑工地内。身在现场的根茨面带微笑地注意到，工地起重机的机械转动和驾驶员的操作之间存在时间差，因此，吊臂的摆动并非总是与巴伦博伊姆的音乐同步。

那真是一段疯狂而又美好的时光。每隔几个月，这座重新苏醒的都市就会出现新奇、前所未有的创新建筑，让它的居民及访客惊呼赞叹。就在“起重机芭蕾舞”演出的几个月前，在波茨坦广场另一边，由索尼中心掌控的皇帝大厅（Kaisersaal）才搬迁至开发区内。

皇帝大厅的搬迁

皇帝大厅是广场大饭店（Hotel Esplanade）——老柏林市中心富有传奇色彩的饭店——在“二战”后唯一留存的建筑体。新巴洛克风格的皇帝大厅得名于德意志帝国末代皇帝威廉二世（Wilhelm Ⅱ），这位皇帝会定期邀请贵族和各界重要人士，参加他在这里举办的“绅士晚会”，基于腓特烈大帝（Frederick the Great）歧视女性的普鲁士传统，女士们并不在受邀之列。皇帝的权贵友人们会在用餐过后一起下棋、玩纸牌，开一些政治玩笑。

在威廉二世因于“一战”中战败被迫逊位后，广场大饭店的皇帝大厅在魏玛共和时期便被改为舞会大厅。匈牙利著名的小提琴手鲍尔瑙巴什·冯·盖齐（Barnabás von Géczy）曾为下午茶舞会演奏；知名的犹太裔美国导演兼制片人比利·怀尔德（Billy Wilder）在前往好莱坞发展前，为了赚取 5 马克工资和免费餐食，曾在皇帝大厅担任职业男舞伴，并因此有了些名气。他负责教那些年龄在 20~50 岁的雍容华贵的女士，跳当时美国流行的查尔斯顿舞（Charleston）；而他的女友马尔热里（Margerie）则负责当男宾的舞伴。下午 4 点 30 分到晚上 7 点入场的男士须着深色西装，晚上 9 点 30 分到凌晨 1 点的时段则须穿着更正式的燕尾服。怀尔德当时为了让他衬衫的赛璐珞胸襟和纸质的装饰袖口保持雪白，会用橡皮擦除这些衣服部位的污斑。瑞典女影星葛丽泰·嘉宝（Greta Garbo）以及被纳粹党机关报《人民观察家报》（*Völkischer Beobachter*）嘲讽为“犹太小丑”的默片喜剧明星卓别林都曾下榻过广场大饭店。1944 年 7 月 20 日，密谋者们也是在这家大饭店等待以“女武神”（Walküre）为暗号的刺杀希特勒行动的结果。

原本拥有400间客房及240间卫生间的广场大饭店，在经过“二战”末期同盟国军队的空袭后，只有皇帝大厅以及富丽堂皇的附设化妆间和阅览室完好无损地留存下来。直到20世纪80年代末期，皇帝大厅后方那一大片人迹罕至的空地上，只剩下野兔在蹦蹦跳跳，鼹鼠在挖洞，绵羊在吃草。未受战火波及的皇帝大厅由于尚可用作社交活动场所，或供拍片取景，在围墙时期还能勉强营运，未被西柏林人遗弃。一些著名电影，像《歌厅》（*Cabaret*）、《柏林苍穹下》（*Himmel über Berlin*）、《德国姊妹》（*Die bleierne Zeit*）和《铁十字勋章续集》（*Steiner-Das eiserne Kreuz, 2.Teil*）等，都是在这座大厅里拍摄的。

如果皇帝大厅在柏林墙倒塌后没有被列入市定古迹，那么它在往后的波茨坦广场的大建设中肯定不会被保留下来。皇帝大厅就跟胡特酒屋一样，因为经受住了“二战”和冷战的考验，而突然在围墙倒塌后成为柏林城市史中不可或缺的一部分。没有人会在这些已被尊为市定古迹的建筑物前肃然起敬，尽管如此，我们也该向柏林的古迹维护人员表达由衷的感谢。在老建筑物经过战争的摧毁以及战后的拆除破坏后，人们在柏林必须学会对偶然留存下来的东西——哪怕它再普通或平庸——心存感激。

索尼公司的建筑师们原本并不知道皇帝大厅已被列为文化保护建筑物，本打算将其拆除。他们在突然发现必须面对这项古迹维护的任务后，便开始和市政府交涉。最后双方达成协议，决定把这个正好处于新规划的街道路面上的建筑体移动76米，纳入其设计规划中，这项浩大的搬迁工程足足让索尼公司花费了7500万马克，并需要新技术的支持。他们借助液压杠杆把这个庞然大物抬离地面2.5厘米，在下方垫入气垫，然后进行搬移：工程人员首先要把皇帝大厅往南移动数米，接着再朝西平移76米，才能搬抵预定的地点。为了让好奇的民众能观看这个难得一见的场景，索尼集团还特地为此设置了一座瞭望台。

日本索尼公司邀请曾在波茨坦广场拍摄《柏林苍穹下》的德国电影大师维姆·文德斯（Wim Wenders）在现场做了一个起跑的手势，之后便正式展开搬迁皇帝大厅的行动。这座大厅被液压杠杆逐渐抬起后，便开始往南挪动，楼身不停地摇摆并往前倾斜，后来在转弯处发出一阵嘎吱声后，便停止不前，无法依照预先的计划继续往西迁移。多亏工程团队采用了前民主德国建筑学会开发的一种新技术，在多次中断并重复尝试后，这栋3层楼高的建筑物终于转弯，继续往西移动，并顺利抵达事先规划的新地点。当皇帝大厅好不容易就位后，在附近等待多时的民众立刻报以如雷般的掌声。

1996年皇帝大厅的迁移造成一阵轰动之后，事实却显示，迁移建筑物的过程远比被迁移的建筑体本身更能让柏林市民及游客产生强烈的关切。1999年，索尼中心落成启用后，已整修完成的皇帝大厅也正式对外开放。当它迎来第一批登门的宾客时，这些客人失望的心情随即溢于言表。人们开始质疑，这个带着虚假的华丽，门面装饰经过精心修缮的厅堂，是否真的值得人们花这么多钱，消耗这么多精力来搬迁并保存它。不过，它确实从世界大战的威胁和迁移的折腾中存留下来，这是不争的事实。

撕破脸的两任首席执行官

我们再回头谈谈波茨坦广场另一边的“德比斯计划”。1998年10月3日，即德国统一8周年纪念日前夕，刚与美国克莱斯勒汽车公司合并的戴姆勒－克莱斯勒集团，为“德比斯计划”的建筑群举行落成开幕典礼。新任首席执行官于尔·施伦普（Jürgen Schrempp）那索然无味的致词中，只有一点值得注意：他竟然只字未提在围墙倒塌前购入这一块地产的前任首席执行官罗伊特——“德比斯计划”的大功臣，显然他没有把该集团在柏林这崭新的市中心区域获得的空前成功，和他的前任首席执行官分享。权贵们的致辞之后是建筑用车的庆祝游行，250 位乐手及 1000 名建筑工人参加了游行，队伍的最后是由工地所有的清洁车组成的车队。然而，一支对顺利举行落成开幕庆典最具重要性的队伍却没有出现在游行队伍中——伦佐·皮亚诺的一位工作伙伴对我说，在典礼活动举行之前，有数百位清洁工人夜以继日地清扫了施工期间所积累的建筑垃圾。这些清洁人员来自欧洲的各个国家，说着各种不同的语言，就像一个小联合国。他们清洗了上千个窗户，抹净数百个门厅和走道，就连街道和广场也被打扫得一尘不染。这位知情人士向我透露，这个盛大的、最后的清洁行动是他在“德比斯计划”中所见过的最壮观、最美妙的场面，然而，他们没有出现在开幕典礼的游行队伍中。戴姆勒－克莱斯勒集团把最后的清扫工作转包给几家清洁公司。连日劳累后，这些清洁员在典礼当天不是在各自所属的宿舍里倒头大睡，就是已经踏上归途，正困倦地坐在开往自己国家的火车上。

当天让我最好奇的是，那位目光远大、以低廉的价格为集团购得这一大块地产的前首席执行官罗伊特在落成典礼当天，到底在哪儿。通过一位任职于该集团的人士所提供的内幕消息我才知道，新首席执行官施伦普后来坚持取消了对罗伊特的邀请。心灰意冷的罗伊特只得黯然离开。

施伦普从担任集团首席执行官的那一天起，就断绝了和前任的接触，他无法原谅罗伊特，因为，他在 1995 年从罗伊特手中接下了首席执行官的职务，而罗伊特并未在该年召开的股东大会上提醒他向股东们提出集团的亏损预警，更确切地说，集团已因为罗伊特的不善经营即将出现大额亏损。此外，这两个男人突然疏远彼此，或许还有其他因素。戴姆勒－奔驰集团不只生产高级轿车，还是世界第二大卡车制造商。来自巴登－符腾堡州弗赖堡市的施伦普在初入集团时只是一名卡车机械工程师，后来在罗伊特的支持和提携下，逐渐爬升到集团的领导层。据说，施伦普有一种令人无法抗拒的性格魅力，而且在朋友面前总是表现得很优秀，他那与人为善的特质，让他获得了前辈罗伊特这个个性较保守的柏林知识分子及柏林市长的儿子的信任。罗伊特一直无法理解为何他的朋友施伦普突然不想再与他往来，并拒绝他参加自己一手催生的“德比斯计划”建筑群的落成开幕典礼。

两位首席执行官破裂的友谊已无法再修复。自从他们绝交之后，在面对任何邀约时，两人都会先打听另一人是否打算前往，如果其中一人已表示参加，另一人就会避不见面。

在首席执行官圈内，这类私人的冲突和意见分歧会连带影响整个企业的发展，就柏林而言，甚至会影响柏林一个城区历史的发展。施伦普自从被集团董事会任命为首席执行官后，他的工作目标就相当明确：让波茨坦广场上那个“德比斯计划”的建筑区摆脱他的前任留下的阴影。

2012 年年底，我到根茨位于胡特酒屋的办公室拜访，他是我在“德比斯计划”执行初期认识，也非常敬重的企业经理人。胡特酒屋此时已易名为“胡特之家”（Haus Huth），原来的“酒”字已被删去。这栋楼房位于皮亚诺那栋以温暖的棕色、黄色条纹做建筑立面装饰的高楼旁，房屋整体的状态堪称旧建筑整修的典范，它虽落成于 1912 年，看上去却像一座兴建于德意志帝国刚建国，经济蓬勃发展时期的经典建筑。当我按下大楼入口的门铃后，对讲机中便出现一个声音，询问我这位访客的姓名以及拜访的目的。我走进大门，经过一条走廊并穿过一扇自动门后，便看到一部崭新的电梯。由于我当时没有戴眼镜，无法辨认电梯内镀铜的按钮上那几个深深刻入的数字，一开始还跑错了楼层。

我曾在这栋房子里经历过许多热闹的场面，如今它却显得如此安静，几乎没什么人气，曾因为主持波茨坦广场上的造城计划而一度成为媒体焦点的根茨看起来也很落寞。我问他，戴姆勒集团为何在“德比斯计划”的建筑群完工后没几年，就决定脱手售出。根茨直截了当地回答我，他本人一直认为这桩买卖是个错误，说话的语调里还带着一种旁人难以察觉的忧伤。戴姆勒在 2007 年 5 月和克莱斯勒分道扬镳后，便于年底决定把波茨坦广场上那 19 栋集团所属的建筑物卖出，主要是因为国际资本市场的变动。国际投资圈已改变对于企业经营的评估标准，这迫使许多大型企业必须尽可能降低运营成本，让财务报表呈现出集团有较高的盈利；反之，投入的资金越多，则盈利越少。

戴姆勒集团在波茨坦广场上建造了 19 栋建筑物，花费约 20 亿马克。不可避免地，这项房地产投资让集团头几年的财务报表出现较高的支出，而这需要 10~15 年才能达到收支平衡，并实现盈利。由于集团首席执行官施伦普一向对柏林市中心的“德比斯计划”很反感，一些投资界的银行家们便以降低运营成本的经营理念说服他尽快摆脱波茨坦广场上的房地产。“德比斯计划”的建筑群终于在 2008 年被卖给瑞典北欧斯安银行（Skandinaviska Enskilda Banken，简称 SEB）的房地产基金部门，当时柏林房地产的价格和租金仍处于低点。

根茨并不希望集团出售这些位于柏林精华地段的房地产，也未曾参与这桩交易。他不想或无法向我透露，戴姆勒集团到底在这桩买卖上赚取了多少差价。我认为这桩买卖进行的时机非常不恰当，对此，根茨并未予以反驳。以今天的行情来看，这些房地产算是被贱卖了，就连市定古迹“胡特之家”——戴姆勒集团在柏林的代表处——也已一并售出。试想，如果戴姆勒集团仍拥有这栋房子的话，就不用支付这笔节节高涨的租金了。我在访谈的最后，开玩笑地对根茨说：他花了好几年的时间执行戴姆勒的“德比斯计划”，让波茨坦广场上长出 19 栋建筑物，现在这些资产已出售一空，连他现在办公的胡特之家都已非集团所有，到头来他竟在原本自有的楼房里成了房客。

戴姆勒集团前后两任首席执行官反目成仇，这个戏剧性的故事并没有就此结束：前任首席执行官罗伊特奉行多元化的经营策略，当时的戴姆勒集团突然在许多领域——飞机、房地产及各种服务业——变得很活跃。然而这种做法后来却让集团蒙受了 10 亿马克的亏损，这让接任的施伦普愤怒不已，然而他所引入的经营模式却为戴姆勒集团带来更大的损失。施伦普担任首席执行官后，便把当时国际商业界流行的意识形态奉为圭臬：如果无法在行业内做到前两三名，那结果必然是惨淡收场。1998 年，施伦普为波茨坦广场上的“德比斯计划”举行落成典礼的 5 个月前，曾大肆庆祝由他主导的戴姆勒与克莱斯勒汽车集团的并购，他把这场大型企业并购称为“天作之合”，尽管在决定合并之前，已经有许多专家提出警告。这一场由施伦普主导，颇为世人瞩目的“联姻”，以及后来的好几个并购案都以失败收场，戴姆勒集团的股价因而持续下滑，集团市值一度跌至其原来市值的 24%，然而当他离职的消息一爆出，戴姆勒的股价立刻反弹上升。如果施伦普在卸任首席执行官后，趁着股价上涨，卖掉他所持有的期权，就可以大赚一票。根据 2007 年的一些新闻报道，他当时持有的股票在当时被估计值 5000 万欧元。因为经营不善而下台，之后竟还能赚取暴利，这样的职业在这世界上可不多。

与此同时，日本索尼公司也把索尼中心卖给了摩根士丹利投资银行，后者又转手把它卖出。2010 年，一个韩国退休基金以 5.73 亿欧元取得这份房地产，至于谁在这些房地产交易中获得多少利益，这一点并没有人谈论。曾让索尼集团花费巨资的皇帝大厅在对外开放后，用作咖啡厅、餐厅及特殊活动的休息室，拜建筑体搬迁所引起的社会轰动所赐，这栋市定古迹至今尚能维持不低的人气。然而，矗立在赫尔穆特·雅恩广场旁边，这让皇帝大厅看起来就像一座被错放的殿堂，它似乎还疑惑地自问着：“我怎么会在这儿？我搬到这里后，失去了什么？”

我并不认为波茨坦广场上的新建筑算得上现代城市建筑艺术的大师级作品，这个市中心区域，竟然将一些在利益与精神气质方面无法彼此统合的设计照单全收。为了遵从既定的营建速度以及符合既有的商业运作标准——赌场、购物中心、喷泉等这些标准设施，几乎是立即获得消费大众认可的保证——所产生的压力都严重压缩了这个难得的建筑实验场原本可以发挥的建筑美学创意。

德比斯计划 vs 索尼中心

柏林市中心从前荒废的空地，由于戴姆勒和索尼两大国际企业参与建设，从而形成了两个市容风格完全不同的区域，南北各据一方。它们的共同特征就是与老波茨坦广场没有任何关联性，也就是说，这两大建筑计划和 20 世纪 20 年代的波茨坦广场、战后重建岁月的波茨坦广场，以及柏林墙时期的波茨坦广场都毫不相干。南面由意大利建筑师皮亚诺所主导的“德比斯计划”的建筑风格比较传统，以意大利赭石为主要建材，采用棕、黄色条栏装饰建筑立面，试图在这座普鲁士王都里，传递一种地中海地区轻快而又无常的情调。北面则是由出生于纽伦堡、毕业于慕尼黑科技大学的德裔美国建筑师赫尔穆特·雅恩设计的索尼中心。雅恩用那座令人大开眼界，被戏称为“马戏团帐篷”的主体建筑营造出室内足球场那种喧闹欢腾的氛围，借此与皮亚诺的设计对抗。这个比赛场地没有那么多人造访。建筑物周围不是供民众观看球赛的座位，而是一间间围绕中央大厅的公寓，像观众席的包厢，不过，场上并没有赛事进行。遗憾的是，每个站在“球场”上的人都不得不拉起大衣领子，因为这个“大帐篷”上的 7 个开口让下方几乎每一处都很通风。

可喜的是，建设完工的波茨坦广场已获得广大柏林民众的认同。他们早已接受了这个新城区，对于相关的房地产交易，对于大型企业在这里大兴土木，后来又尝试把这些房地产兜售给世界各地的买家这些事，柏林人并不关心。也许大部分柏林人都没有察觉到，这个广场和周边的新城区可以让东、西柏林人以一种特殊的方式在此相遇，因为，在过去的 60 年，没有人能宣称这片废弃的不毛之地是自己的家。这是柏林米特区唯一一处让当地人以陌生人或外地人的身份相遇的地方。

此外，在寒风刺骨的 2 月，当安吉丽娜·朱莉（Angelina Jolie）、布拉德·皮特（Brad Pitt）、妮娜·霍斯（Nina Hoss）、布鲁诺·甘茨[①]（Bruno Ganz）、乔治·克卢尼（George Clooney）、卡特琳·德纳夫（Catherine Deneuve）、福尔克尔·施伦多夫（Volker Schlöndorff）和维姆·文德斯和乌多·林登贝格（Udo Lindenberg）

① 瑞士影星布鲁诺·甘茨是维姆·文德斯导演的《柏林苍穹下》的男主角，并曾于《帝国的毁灭》这部影片中饰演希特勒。——译者注

等国际巨星在出席柏林电影节，踏上皮亚诺电影院前的红毯时，所有从前对于波茨坦广场造城计划的批评早已烟消云散。

我那位柏林通好友西德勒是怎么说的——“在柏林，你会发现，自己必须经常在一个地区硬件建设的美观性和人们表现出的生命活力之间做选择。”

波茨坦广场周边并没有变成漂亮的城区，却充满活力！这项特质大概得归功于“德比斯计划”早先的负责人根茨和柏林都市发展局局长哈塞默，两人在这片工地旁为好奇的市民和游客设立的“观赏点”（Schaustelle），让他们可以观看正在市中心进行的大建设，而从中产生与这块已被弃置数十年的城区的情感联结！

05 柏林皇宫与共和国宫

柏林皇宫的历史并不会随着它建筑体的消失而结束，它仍会在城市未来的发展中扮演重要的角色。

重建柏林皇宫的初期背景

波茨坦广场崭新的规划与建设虽然千头万绪，但比起整顿前东柏林的老市中心，就显得小巫见大巫了。一些国际顶尖建筑师在波茨坦广场的大片空地上展开造城计划，他们当时只能从零开始，因此，他们不得不面对皮亚诺所说的“面对空白的恐惧”；然而，处理战后被划入东柏林的老市中心，则完全是另一回事。

柏林的明星建筑师如柯尔霍夫和约瑟夫·保罗·克雷赫斯（Josef Paul Kleihues）等人对旧霍亨索伦皇宫（das alte Hohenzollernschloß）的重建计划很感兴趣，不过，人们也担忧，这些专攻现代建筑的建筑师没有能力在市中心的皇宫遗址上重建霍亨索伦王朝的宫殿。当时的城市发展议员哈塞默也认为，建筑界对于城市的建筑艺术已经荒疏。当代建筑师所接受的专业训练，很少触及这个领域，因为一般而言，城市的中心都已被旧建筑占满，建筑师在此设计新的建筑物的机会少之又少。然而在“二战”期间遭到严重破坏的柏林的情况正好相反：这个城市的大部分建筑都被战火摧毁，或是因战后东、西柏林执政者的“白板意识”而被大量拆毁。然而当德国统一之后，建筑界就必须承担社会的期待，重新思考与规划这个新德国首都的城市空间。哈塞默议员当时便问道：“在一个21世纪的欧洲大都会里，如何以符合时代趋势的做法，处理圆顶大教堂、皇室宫殿和广场这些建筑史上的经典建筑？毕竟几个世纪前，建筑师是通过这些建筑设计表现城市的精神的。”

在这场关于如何重新规划柏林市中心的争论中，由贵族出身的德国富商威廉·冯·博迪恩（Wilhelm von Boddien）所创立的“柏林皇宫－洪堡论坛基金会”（Stiftung Berliner Schloss-Humboldtforum）也发表了相关的看法。这个基金会积极展开活动，希望重建从前位于米特区的普鲁士皇宫。不过，在展开这项浩大的皇宫重建工程之前，必须先处理“一个小细节”——拆除占用部分皇宫土地的共和国宫。

共和国宫是民主德国建筑师海因兹·格拉夫顿（Heinz Graffunder）于1973—1976年建造的现代建筑，亦曾是民主德国人民议院（Volkskammer）的所在地。

当重建柏林皇宫和拆除共和国宫的计划曝光后，一些有危机感的东柏林人便围聚在这栋建筑物周围，好像在守护他们仅存的民主德国身份认同一般。自觉受到侮辱的东柏林人认为，西柏林人在1989年柏林墙倒塌时只会观望，如今他们又在盘算什么？统一之后，德国西部地区那些贪得无厌的破产管理人纷纷对前民主德国的企业进行资产清算，现在，他们还想进一步铲除这座象征民主德国历史的建筑物吗？为国家和人民带来不幸的普鲁士皇室传统和那些声名狼藉的“普鲁士美德”——纪律、无条件履行义务，以及至死方休的服从——将借由皇宫的重建而再度复活，难道这是德国统一的结果？德国纳粹不也是借“普鲁士精神”而设置了集中营吗？“不要再有普鲁士！”（Nie wieder Preußen!）的口号后来出现在残存的柏林墙上，并被写成大字报，贴在共和国宫外墙的壁面上。东柏林人喊出这句口号，好像在回应柏林墙刚倒塌时，西柏林那些左派人士以及信仰无政府主义、左翼激进的自治组织（die Autonomen）成员们大声宣传，并用喷漆到处涂写的口号：“不要再有德国！”（Nie wieder Deutschland!）

皇宫 vs 共和国宫

柏林市出现彼此对立的两个派别：柏林皇宫派和共和国宫派。之前从未对共和国宫感兴趣的东柏林人突然爱上了它，甚至表明，他们的生活不能没有共和国宫。他们一方面展开联署活动，呼吁当局保留这栋民主德国时期的重要建筑；另一方面，还自发地排班守护这栋现代建筑；甚至还有传言说会有人在它旁边自焚。

而西柏林人对这个争论并不积极，因为他们中的大部分人从没见过这座皇宫，又如何为它的重建感到振奋呢？因此，那些政治人物以及受过高等教育的“皇宫之友”（Schlossfreunde），越来越积极地争取这些对于此议题仍不置可否的市民，并向他们解释，这座消失的皇宫是柏林文艺复兴和巴洛克时期最重要的建筑，如今却被诋毁成普鲁士、君主政体及法西斯主义的象征，这实在有失公允。

这场辩论持续越久，两派的阵线也就越模糊。辩论已不再是从前西柏林人与东柏林人的叫阵和对抗。比方说，柏林建筑界拥护现代主义的建筑师们采取反普鲁士的立场，一群西柏林的建筑师甚至宣称：“所有在20世纪发生的不幸，都是从普鲁士文化和市中心大而无当的普鲁士皇宫开始的。”与此同时，东柏林也突然出现一些具有社会影响力的人士，表态支持柏林皇宫的重建。

事实上，不论是皇宫还是共和国宫，这两栋建筑物都与德国统一后人们在其身上投注的激情少有关联：普鲁士那几位重视军事发展的“战士国王们”[①]（Soldatenkönige），因为不喜欢市中心的皇宫，在位期间基本不在这里生活起居，而希特勒则从未入住。然而，这座霍亨索伦王朝的皇宫在同盟国军队的轰炸中幸存了下来。虽然皇宫内部被烧毁，但建筑体的立面和内院，以及皇宫的围墙仍完好地留存下来。1950 年，民主德国拆毁了柏林皇宫残留的建筑体，只有那座三楼高的皇宫大花园的门楼（Lustgartenportal）被保留下来。不过民主德国建国 10 年后，它就被搬移并嵌入民主德国国务院（Staatsrat）这栋新建筑内。1918 年 11 月 9 日，德皇威廉二世宣布退位当天，社会民主党和第二国际左派领袖卡尔·李卜克内西（Karl Liebknecht）曾在该门楼的阳台上发动“十一月革命”，不过并没有成功。

其实，共和国宫也与它的新传奇大相径庭。东柏林人并不认同这栋灯火辉煌的国会大厦，然而多年以来，他们已习惯了它的存在。共和国宫算是世界上唯一一栋里头除人民议会的议事大厅之外，其余的设施更像一座高级休闲娱乐中心的国会建筑，例如，其中设有一流的保龄球场、一座迪斯科舞厅、一处华丽宽敞的舞池，以及许多美食餐厅。成长于民主德国时期的联邦议会议长沃尔夫冈·蒂尔泽（Wolfgang Thierse）曾有感而发，某些东柏林人对于共和国宫怀有特殊的好感其实只是出于一时兴起的怀旧情结。他尝试向这些东柏林人说明，共和国宫在民主德国时期，实际上是一处只对权贵人士开放的高级场所，一般的东柏林市民根本没有机会进

① 这里指的是 18 世纪带领普鲁士成为军事强国的腓特烈一世、腓特烈·威廉一世及腓特烈二世等国王。——译者注

人。如果有平民涉足这里，那也应该是那些带着外币前来消费的西方观光客。

东、西柏林合并后，当第一个经由全体市民选举产生的柏林市政府，决议拆除共和国宫时，尽管其理由乍听之下似乎可信，这却让市民对于这个议题的争执更加激烈。当时相关专家们在查验共和国宫时，发现建材中致癌的石棉含量过高，会对人体造成危害。过往在民主德国，具有国家代表性的建筑物，总是优先获得建筑材料和设施的供给，共和国宫也是如此。因而在打造这栋现代建筑时，人们既不缺少照明的灯具，也不缺少具有防火功能的石棉建材。共和国宫一共使用了 5000 吨喷涂石棉，这对于这种体积的建筑物而言，已远远超过国际标准。当共和国宫的建筑检验结果公布时，东柏林的“共和国宫之友”们原先对于该建筑的同情转变成了对于外界干预的抗争。

一些“共和国宫之友”将那份建筑检验鉴定报告视为市政府厚颜无耻的花招，他们反问，西柏林的重要建筑物中使用了多少石棉。位于西柏林广播塔旁边的国际会议中心（ICC Berlin）难道没有受到石棉的污染？为何东柏林的共和国宫应该被拆除，而西柏林的国际会议中心却不？当柏林当局声明，国际会议中心的石棉污染不及共和国宫严重时，“共和国宫之友”把这种说法当成纯粹的政治宣传。这件事后来的发展果真印证了这些东柏林人士的看法：西柏林的国际会议中心因为石棉污染而支出的整修费用，从一开始估计的 2.5 亿欧元，追加到 3.2 亿欧元——远远高于共和国宫的拆除与石棉清理的费用。

一种旧约式的报复逻辑似乎正在展开：以眼还眼，以牙还牙——你拿走我的人民议会厅，我就搞一搞你的会议中心。

拆除共和国宫

不过，两派人马的唇枪舌剑只能拖延，却无法阻止共和国宫的拆除。清除共和国宫建材里的石棉前后需要 5 年的时间，工程费用共计 4500 万欧元。当这栋建筑被拆得只剩下一副颜色暗黑的钢骨架时，它看起来就像一副远古时代的恐龙骨架矗立在柏林的市中心。它就这样待了 5 年。柏林每次只要出现什么东西和周遭环境格格不入时，这东西就会吸引柏林人驻足流连，因此，这座钢骨架在越来越多柏林人的心目中占据了一席之地。除此之外，还有一些创意人才也开始呼朋引伴地在这里聚集。很快，这个巨大的钢骨结构体，也就成了各国生活拮据的艺术家们暂时的栖身之地，一位挪威艺术家在它的顶端置放了以霓虹灯管弯折成的 7 个 6 米高的大写字母“ZWEIFEL”（疑惑）。这座共和国宫的遗留钢质骨架的名气已远播海外，它在国际媒体中所引发的热议，相当于之前是否拆除共和国宫的那场论战。当城市规划者和建筑公司为了共和国宫的新用途而争论不休时，这座只剩下钢骨的建筑物已蜕变为摇滚乐手、未被画廊接受的艺术家，以及实验性剧团的表演舞台。对许多人来说，共和国宫再也不会比现在这种精简得无法再精简——仅存一副钢骨——的状态更美了。

2006 年 1 月，联邦议院在接连拒绝 180 份保存共和国宫的请愿书后，决定要彻底拆除这栋建筑物，这项决定也终止了那些不可思议的创意活动。这让这座巨型钢骨架的爱好者们感到很失望，然而他们除了离开，别无选择。由于那期间共和国宫附近闹水灾，他们只能分批搭乘橡皮艇，悻悻然地告别这座特殊的展演舞台。

重建柏林皇宫的重要人物

在这种情况下，由于某位人士积极投入柏林皇宫的重建，而改变了整盘棋局。天赋，这个上天所赐予的礼物，就是人们在恰当的时间和地点所展现的才能。出身贵族阶层的威廉·冯·博迪恩就是一位拥有天赋的人。他成长于汉堡郊区的奥米勒（Aumühle）。1961 年 8 月，在他高中毕业前不久，因一个偶然的机会造访已分治十几年的柏林。因为博迪恩拥有一辆轻型机车——对于那个时代的高中生来说这还是奢侈品——他的班级派他前往柏林，为学校墙报做一个以“分裂的柏林”为主题的报道。他骑行了将近 280 千米的路程抵达柏林后，意外地成为一件国际大事——柏林墙的兴建——的见证人。8 月 13 日，他在贝瑙尔大街（Bernauer Straβe）上看见民主德国“工人阶级战斗队”①（Kampfgruppen der Arbeiterklasse）的成员们，如何把成捆的铁丝网摊开，如何把水泥砖层层地叠砌起来。这位暑假骑着轻型机车来到柏林的高中生那时并不知道，自己已经找到了人生课题，并且会在数十年之后，对这座城市的发展产生重大的影响。

两个月后，即 1961 年 10 月，冯·博迪恩再度来到东柏林，这次他选择搭乘火车。他在民主德国的腓特烈大街火车站（Bahnhof Friedrichstraβe）下车后，漫无目的地在附近的街区闲逛。他漫不经心地散步到曾经拥有宏伟景观的菩提树下大街，接着走到马克思－恩格斯广场（Marx-Engels-Forum），广场上一座巨大的观礼台引起了他的注意。每逢“五一”劳动节，及其他具有政治意涵的节日里，民主

① “工人阶级战斗队”是一个准军事组织，成员最多达 40 万人，修建柏林墙就是这个组织曾执行过的最重大的任务。——译者注

德国的领导人都会站在这座观礼台上主持盛大的阅兵典礼，向挥舞着小旗子、扎着领巾的少年先锋队挥手致意。这位即将毕业的高中生思索着，这片占地辽阔，位于民主德国国务院及卡尔·李卜克内西大街（Karl-Liebknecht-Straße）之间的阅兵场，在第二次世界大战之前是什么样子呢？他后来很幸运地碰到一位较年长的路人，便主动上前和他攀谈并请教他，这里这么空阔，二三十年前这儿是否有什么建筑物。

“喔，皇宫。”长者以浓厚的柏林口音回答着，之后便匆忙地离开了。

一回到汉堡，冯·博迪恩就开始研究柏林皇宫的历史。他在图书馆里搜寻那些附插图的书籍，以了解那座消失的建筑原先的模样。除了几张黑白照片和两三篇报纸上的文章外，他并没有找到很多资料。但是这位即将毕业的高中生并不就此罢休，仍在往后的岁月里继续这方面的探求。不知何故，他觉得自己就像 19 世纪德国业余考古学家谢里曼（Heinrich Schliemann）痴狂地坚持着年少时的梦想，而终于挖掘出深埋地底的特洛伊城。最终，他为学校所制作的墙报并未以“分裂的柏林”为主题，而是“消失的柏林皇宫”。

冯·博迪恩经年累月地研究已消失的柏林皇宫，所有关于这座皇宫的信息，他都没有错过。20 世纪 70 年代末，他偶然地发现，夏洛滕堡宫[①]（Schloss Charlottenburg）收藏着一份有关柏林皇宫的重要档案，在那儿，冯·博迪恩认识了几位专家学者，他们当时已掌握丰富的相关文献资料，并已发表一部关于柏林皇宫的专题论著。其中，建筑史学家格尔德·培胥肯（Goerd Peschken）及艺术史学家莉泽洛特·维

① 夏洛滕堡宫是腓特烈一世的王后夏洛特委托设计建造的宫殿。当这位王后于 1705 年去世时，腓特烈一世为了纪念爱妻，便将这座皇宫更名为“夏洛滕堡宫”。——译者注

辛格尔（Liselotte Wiesinger）曾对他多有教导，战后西柏林首位皇宫管理处处长玛格丽特·屈恩（Margarete Kühn）也曾在夏洛滕堡宫和这些学者共事。培胥肯和汉斯·维尔纳·克鲁纳（Hans Werner Klünner）等人合著的那本关于已被拆毁的柏林皇宫的著作直到1982 年才出版，不过，博迪恩凭借和作者们的私人交情，早在其出版前几年就已经仔细拜读过里面的内容。很快，他对于这座占地面积相当于 3 个足球场大小的巨型宫殿了如指掌，那些厅堂、楼梯间、楼层和内院……仿佛无论从哪个入口走进那座已不存在的皇宫，无论走在庭园的哪条路上，他总能知道自己身处何方，而不至迷失方向。他曾被《时代周报》（*Die Zeit*）的一位建筑评论家嘲讽为“皇宫幽灵”，事实上，他更像是个没有皇宫的幽灵，努力地把自己喜欢游荡其中的建筑物建造出来。在围墙倒塌的几十年前，年轻的冯·博迪恩从未真的相信柏林皇宫会被重建，他只是认为，柏林皇宫的历史并不会随着它建筑体的消失而结束，它仍会在城市未来的发展中扮演重要的角色。

孤独梦想终获认同

随着围墙的倒塌，冯·博迪恩重建柏林皇宫的孤独梦想终于逐渐获得外界的认同，特别是两位柏林西部的著名专栏作家。第一位是《法兰克福汇报》（*Frankfurter Allgemeine Zeitung*）副刊主编约阿希姆·费斯特（Joachim Fest）。

第二位专栏作家则是被我称为柏林通的西德勒，他曾于 1991 年在旅游杂志《梅里安》（*Menan*）发表一篇文章，以具有历史纵深性的城市史观点，大力支持柏林皇宫的重建。西德勒在该文中阐明，与其他的欧洲城市不同，柏林并非在皇宫存在之前就已形成，而是因为皇宫的兴建与存在，才逐渐在其周边发展起来的。事实上，兴建于 1443 年，之后仍不断扩建的柏林皇宫，就是柏林建城的起始点：中世纪末期拥有 6000 名居民的双子城柏林和科恩（Cölln）则是在皇宫建造完成后，才开始聚集人群，从而形成柏林老城的。换句话说，在皇宫建造之前，柏林并不存在，因此，从前如果没有柏林皇宫，柏林就不可能存在。“皇宫并不位于柏林城”，西德勒如此带出他的论证的核心思想，“因为，柏林城起初就是皇宫本身”。

冯·博迪恩和他的朋友们大受鼓舞，他们于 1992 年创立了具有重要影响力的“柏林皇宫促进协会”（Förderverein Berliner Schloss e.V.）。该团体于草创之初，曾以较笨拙的方法推广重建柏林皇宫的想法。他们会派人站在马克思 – 恩格斯广场上，把印有柏林皇宫黑白照片的明信片塞到受邀前来的新闻记者，及那些匆忙赶路的行人手中。后来在一些报纸的副刊上，很快就有人撰文嘲讽这种支持柏林皇宫重建的行为。立场“左倾”的《每日新闻》（*Die Tageszeitung*）曾有一位记者宣称，他知道为何冯·博迪恩要重建这座普鲁士王朝的皇宫：因为冯·博迪恩的名字叫威廉，他企图成为退位德皇威廉二世的继任者威廉三世。不过，在当前的时代里，想开开心心地当皇帝是很不容易的。

然而，柏林的艺术品交易商贝恩德·舒尔茨（Bernd Schultz）一个突如其来的想法，为重建计划带来了决定性的转变。舒尔兹宣布：“拒绝倾听的人，就必须去看一看。”舒尔茨的意思就是在原来皇宫的北面和西面，也就是 1943 年同盟国军队轰炸之前，那些吸引从勃兰登堡门往皇宫方向接近的行人与汽车驾驶人目光的皇宫立面，用能经受日晒雨淋的材料搭起两片 1 ∶ 1 的拟真绘图，以复制皇宫外观，并用巨大的鹰架固定住。这个想法跟重建皇宫的构想一样，疯狂且昂贵。不过冯·博迪恩一听到这个建议，就认为这是很有意义的做法，哪怕它并不容易实现。然而，当这个消息传出后，立刻便有人在媒体上抗议道：人们怎么可以冒险重建“所有普鲁士皇宫里‘最普鲁士’的宫殿？”德皇威廉二世不就是在它的阳台上，宣告德国参加第一次世界大战的吗？如果没有在“一战”中战败，德国又怎会引发更具毁灭性的“二战”？又怎会让希特勒如此重创20世纪的德国？

几天之后，冯·博迪恩刚好有机会到巴黎，他便顺道到协和广场（Place de la Concorde）附近的马德兰教堂（Church of the Madeleine）一探究竟。当时这座教堂正在整修，为了维护市容的美观，它那神殿似的著名门廊被以实际的大小完整地临摹在防水帆布上，并固定在翻修时临时搭起的建筑鹰架外围。看着眼前这幅描摹完美的超大型画作，冯·博迪恩便立刻明白，该把如实摹绘柏林皇宫的超级任务委托给谁——他朝这幅帆布画走近，并抄下留在上面的巴黎大尺寸作品女画家卡特琳·费芙（Catherine Feff）的名字及电话号码。

超级艺术计划

通过朋友们的帮助，冯·博迪恩成功说服一些赞助者支持这项不寻常的艺术计划。绘制面积近1万平方米的帆布油画、架设大型鹰架，以及开办相关展览所需要的经费，估计需要数百万欧元。不过，他们仍勇于行动，不畏艰难，在找到足够的经费后，一切便正式展开。在费芙的带领下，50位巴黎的艺术系学生在一间废弃的雷诺车厂房里展开了这项超级艺术计划。他们的任务不只是描绘柏林皇宫的建筑立面，还必须利用巴洛克时期在意大利及法国发展出的光影技巧，让柏林皇宫的巨幅油画呈现出三维立体的效果。绘制完成时，冯·博迪恩和他所主持的“柏林皇宫促进协会”对这幅 1 万平方米的帆布油画感到很满意，这些法国艺术家们果真没有辜负德国人的委托。

他们在执行这项委托任务的过程中碰到过一个难题：确定皇宫建筑的颜色。由于留下的只有黑白照片，人们无法得知墙上泥灰原本的色调，充其量只能通过巴洛克时期的油画来还原其墙壁的颜色。然而，这些画家的调色真的没有误差吗？幸好，前柏林皇宫管理处处长屈恩女士曾从被炸毁的夏洛滕堡宫的瓦砾堆中，捡出一片建于 18 世纪初期的宫墙的残块，并慎重地保存下来，这才让专家们得以解开这道谜题。老城区的柏林皇宫的建筑色调跟所有重要的普鲁士皇宫一样，采用了巴洛克时期意大利建筑流行的赭石色调。

为了让画布不随风飘动，工作人员们使用了具有伸缩性的橡皮绳把它牢牢地绑在鹰架上，画布被撑开后，乍看之下，许多路过的民众还以为柏林皇宫在一夕之间重建完成了。对冯・博迪恩而言，超大幅的拟真皇宫绘图展现在原址上，实现了他一个疯狂的梦想，然而，当时不只是他有这种感受。只要在 1993 年春天开车经过国家歌剧院和洪堡大学（Humboldt University），都会在接下来的左转弯处，看到 43 年前被炸毁的巴洛克宫殿像幽灵一般微微颤动，仿佛时刻准备逃跑。第一次看到这种景象的人，都会不由得想拧一下手臂，以确定自己不是在做梦。挺立于街道右侧的皇宫立面，是巴洛克时期由雕塑家暨建筑师安德烈亚斯・施吕特（Andreas Schlüter），和宫殿营造师艾欧山德・冯・哥德（Eosander von Göthe）合力完成的建筑作品。它的华美，让突出于后方的东柏林电视塔显得老旧不堪。当半圆的月亮高挂夜空，皇宫依风向的不同，时而朝外鼓胀，时而向内压缩，显得特别浪漫。这样的视觉重现，让一些憎恶普鲁士的人都不得不承认：柏林皇宫并不像他们所想象的那般丑陋。总的来说，它的建筑外观，无论如何都比德国统一之后，那些出现在波茨坦广场和旧城区之间的现代建筑要漂亮许多。

我本人也曾折服于这大幅画布所展现的视觉魅力，特别是那浓厚的赭色，令我深深着迷。这种颜色来自南欧的意大利，德国的建筑物甚少采用这种色调。在北方的普鲁士，那黄澄澄的皇宫不也在公开证明，这种带有地中海风情的颜色，在柏林阴沉的天空下照样能发光发热？也许呈现于超大帆布上的“拟真视觉假象”艺术，有助于人们对于实体物的理想化，再加上风的吹拂造成画面轻微地晃动，更让这座浮夸的皇宫散发出一种原本的建筑所无法带给人们的轻盈感。谁若曾赞叹霍亨索伦家族在他们位于德国南部的起源地霍亨斯陶芬（Hohenstaufen）所建造的城堡，就不会讶异于这个王朝把他们的柏林皇宫修建得如此庞大宏伟，这种刻意营造人们敬畏之感的建筑规划早已超越了美感的呈现。像我这种从未见识过柏林皇宫的新柏林人反而暗自期待，这座规模惊人的普鲁士皇宫最好一直停留在眼前这种以帆布油画展现的状态，而不要真的在市中心“复活”，这样，人们还能对于消失的皇宫怀有美丽的遐想。

这场皇宫的拟真绘图展示活动在柏林获得巨大的成功。数十万名柏林人，不论住在城东还是城西，突然发现自己爱上了这座已消失数十年的普鲁士皇宫。博迪恩还出乎民众意料地把这场“皇宫秀”成功地延期两次，因为，在即将来临的冬天里，这座赭石色调的虚拟皇宫应该为生活在阴寒里的柏林市民提供抚慰和疗愈，而且在接下来的春、夏两季里，柏林也还需要这个观光卖点来吸引外地游客。当时的柏林市长埃伯哈德·迪普根（Eberhard Diepgen）从一开始就很欣赏这场“皇宫秀”，并全力支持延长这幅大型皇宫绘图的展示期。这组超大型布景总共在柏林皇宫的原址上展示了 15 个月（直到 1994 年 9 月），主办单位也圆满地达成预定的公关目标。冯·博迪恩后来欣慰地发现，他这项大胆的行动已经获得社会的反馈。一些相关的问卷调查结果显示，柏林市民对于皇宫的重建一事已出现明显的意见转变，这个民意的逆转对柏林皇宫的重建计划相当有利。

2003 年，德国联邦议院以三分之二的多数票通过重建柏林皇宫的提案，并拨款 6 亿欧元，博迪恩终于达成阶段性目标。然而，2008 年秋天，他却差点终止整个重建计划。两个反对皇宫重建的团体聘请律师，以“背信”和“洗钱”的罪名指控他侵吞了一笔来自瑞士的 75 万欧元的匿名捐款。“那笔巨额捐款到哪儿去了？”当时的德国报纸曾以此为题报道了这件事。关于保护共和国宫和重建柏林皇宫的争论激起了强烈的情绪，支持重建柏林皇宫的一方占了上风，因而也就遭遇更激烈的阻碍，冯·博迪恩几乎为此放弃他毕生的梦想。他说，当他和家人的声誉受到损害时，他彻底丧失了重建皇宫的热情。他的朋友们鼓励他要有信心，如果他在此时退却，只会加深外界对他的质疑，让民众更相信那些针对他的诽谤之辞。经过一番调查，并没有发现任何冯·博迪恩犯罪的证据，因此，检察官在该年年底便对这起案件予以撤诉。

老建筑，新用途

我们知道，柏林皇宫有一部分不会依照原来的样子重建，那么这座“新的历史建筑”在柏林老城区的原址上兴建完成后应该作什么用途？这座长 180 米、宽 120 米的巨型建筑又应该彰显出什么精神？长期以来，相关人士针对皇宫空间利用的讨论一直聚焦于一种多元的使用方式，更具体地说，重建的皇宫应该兼具商业和文化两方面的用途。一些商展的主办单位、博物馆和画廊都曾表达过进驻皇宫场地的意愿和兴趣；此外，还有人提议，皇宫的下方应该建造一个高容量的巨型地下停车场，以便让可观的停车费收入减轻皇宫营运的财务负担。关于皇宫的讨论沸沸扬扬，最后，一个比较简单的想法胜出：依据博物学家亚历山大・冯・洪堡（Alexander von Humboldt）这位伟大的柏林之子的思想，人们主张让柏林皇宫成为全世界各种文化相互接触与交流的场所，应该为已栖身于老霍亨索伦皇宫的精神及人文传统服务。19 世纪初，刚从海外返国的博物学家洪堡就是在这座皇宫的茶叙沙龙里，向普鲁士国王以及受邀的贵族和学者们讲述他在美洲各地的所见所闻，皇宫的档案馆里还收藏了他带回的部分有关民族学和植物学的标本。人们除了准备在新皇宫内成立洪堡论坛外，隶属于普鲁士文化遗产基金会（Stiftung Preußischer Kulturbesitz）的民族学博物馆（Das Ethnologische Museum）及亚洲艺术博物馆（Das Museum für Asiatische Kunst），洪堡大学的科学史收藏馆，以及柏林市立图书馆都将把它们极具价值的收藏品，送到皇宫的展厅里展出。柏林皇宫作为柏林的中心点应该以这种方式展现来自世界各地的艺术及文化，洪堡论坛应该呈现世界所有的文明，并且让它们能通过这个论坛取得相互对话的机会，这正如洪堡所说：“最危险的世界观就是那些从未见识过世界的人的世界观。”

建筑工地前那座开放民众参观的信息中心，曾针对未来这些崇高的计划进行说明，不过看起来却没有什么活力。总之，这个项目直到现在仍缺乏那种驱动洪堡进行探索与研究的紧迫感、激情和疯狂。将洪堡对于多元领域知识的渴望和他的身心之间脆弱关系的冲突融入这个庞大的场所中并不容易。我们可以在洪堡 20 岁时写的一封书信里，找到这么一个令人惊讶的句子：“严肃的工作，特别是对于大自然的研究将使我远离感性的生活！”

现在柏林皇宫这个大型的文化计划仍处于初期阶段，我们衷心希望，洪堡论坛于 2019 年正式开幕时，人们能在它昂贵的硬件设施之外，发现一些具有说服力、令人振奋的内容。如此一来，这座被重建的皇宫就能够，也必将成为带动这个新兴大都会的一颗持续搏动的心脏。

国家宝藏争夺战

2012 年 6 月，人们开始为柏林皇宫的重建整地。一些工人在皇宫的旧地基中，发现了 3000 根松木与橡木材质的桩柱，由于地基是在密不透气的沼泽上搭建起来的，所以这些深入沼泽的木桩，虽已在水中浸泡了 300 年之久，仍相当完好。从前只要在这些木桩上再放置一块纵横交错的格栏，柏林皇宫的地基就算完成了。不过为了采用现代的营造技术重新修建皇宫地基，建造者就必须出动一种特别的起重机，把这些木桩像拔牙似的一根根从沼泽中抽拔出来。

这 3000 根有着 300 年历史的木桩是一批难得的宝藏，消息一出，它们立刻招致许多人的觊觎。柏林市早已定下一项特别严格的法律——任何人无论在地下寻获什么有价值的物品，都不可以据为己有，该物品的所有权自动归属于市政府。然而这项法令并没有震慑到古物的捡拾和挖掘行为；相反，人们在寻获了宝物后几乎都不会向柏林当局主动申报。至于皇宫遗址下方这些有 300 年历史的木桩究竟应该归谁所有，当时柏林皇宫基金会（Stiftung Berliner Schloss，这项庞大皇宫重建工程的业主）主席曾对媒体表示：“这些古木料的所有权将自动转移给承包整地与竖井工程的建筑公司。”然而，这家公司愚蠢地把拔出与后续处理木桩的工作转包给另一家公司，因此，这家实际负责相关工程的公司便有权获得这批“古董木材”的所有权。

不管谁取得这批木桩，都必须先对其进行除沙和干燥处理，但接下来又该如何对其加以利用？记者托马斯·洛伊（Thomas Loy）曾在《每日镜报》撰文提议，把这些木料用作皇宫的地板，或开发一种冠上“霍亨索伦皇宫”出处证明的顶级家具；或者，如冯·博迪恩的想法，使用部分木料装潢洪堡论坛的一个厅室；又或者，把这些“经过时间酝酿”的木材制成小提琴或大提琴——根据行家们的看法，用这种经过处理的特殊木料制成的弦乐器，可以发出一种如琥珀色泽般温润明亮的音色。

有鉴于柏林的其他大型建设不断追加预算，完工日期一再延后，柏林人都不相信，重建柏林皇宫所需要的花费会仅止于目前所估算的5.9亿欧元，他们也不相信，这项建筑工程可以在2018年如期完成。每当大型公共建设陷入胶着状态时，有经验的柏林人已经可以预知其最终的结果：把计划的工程费用乘以2，并把预计完工的时间延长3年。反对者认为，柏林皇宫的重建是柏林“最多余”的计划，偏偏这项建筑工程直到目前，仍顺利地依照既定施工进度进行，这让市民颇感意外。社会民主党的联邦德国前总理赫尔穆特·施密特（Helmut Schmidt）曾在2013年2月公开对皇宫重建计划放话，“如果由我主政，我不会重建这座皇宫！”他说，“毕竟它是霍亨索伦王朝的主皇宫，德国人没有理由让普鲁士复活……我觉得特别怪异的是，重建柏林皇宫的经费竟不是由柏林市政府买单，而是联邦政府……把全国纳税人缴纳的税金花在柏林，这种现象并不寻常！”

面对这位出身汉堡市，已经95岁高龄的前总理施密特的严厉批评，反对重建皇宫的柏林人如同获得大力的支援，很快又聚集在皇宫工地的周围示威抗议。这位老总理掀起的波澜还未平息，“开放式柏林皇宫协会”（Bürgerinitiative Offenes Schloss Berlin）为支持德国建筑师斯特凡·布劳恩费尔斯（Stephan Braunfels）的一项构想，对皇宫的重建工程也提出异议：更改佛朗哥·斯泰拉（Franco Stella）的设计草图，也就是废弃这位意大利建筑师以现代派的格线风格（Rasterstil）所规划的皇宫东侧建筑，让其变成一处与市区发生有机联结的开放式空间。依据布劳恩费尔斯的建议，这项建筑计划应该放弃重建皇宫东侧的建筑，把这块原本封闭的空间向市中心敞开。

布劳恩费尔斯的新提案获得柏林市民热烈的回应，《柏林日报》曾针对这项议题进行民意调查，并根据调查结果写下了这样的新闻标题：“95% 的柏林人赞成更改皇宫的建筑设计”。至于为何这项高人气的重建计划未被采用，包括我在内的许多柏林人至今无法理解。然而，以博迪恩为首的“皇宫之友”则提出反对，理由是整个工程早已开始进行，此时变更建筑设计为时已晚。在我看来，唯一让市民感到欣慰的是，柏林皇宫的重建工程算是柏林的大型建设中寥寥可数的模范之一，它的施工严格遵守预定的进度规划，至少到目前为止还是如此。

只要柏林皇宫的洪堡论坛尚未开幕启用，一些相关的争论和冲突就会持续下去。撇开这些争辩和立场不谈，冯·博迪恩此时几乎已经实现了他的人生梦想。当初那位在柏林墙刚筑起时，亲睹皇宫废址的小伙子，转眼间已是七十几岁的老人。或许他没法看到屋顶落成，但在有生之年，他至少可以在皇宫的坊间、大厅及庭院之间穿行，而在此之前，他只能在脑海里神游。这位曾单枪匹马，把这座消失的普鲁士皇宫从世人的遗忘中唤回的贵族，现在已功成身退，总算可以轻松地仰靠在他的摇椅上了。他说，无论如何，在洪堡论坛的开幕典礼上，他打算坐在比较后面的位子——大概是第 27 排。

06　工业化与现代主义建筑

19世纪后半叶的快速工业化对柏林产生了深远的影响，并决定了现今柏林市的面貌与格局，也连带促成一种令人惊异的新建筑种类的出现，进而影响部分城市面貌。

19 世纪的工业城柏林

19 世纪后半叶的快速工业化对柏林产生了深远的影响，并决定了现今柏林市的面貌与格局。1850—1871 年，柏林的人口总数翻了一番，增长到 80 万。30 年后，已有 200 万人在这个城市生活与工作。在德意志帝国建立后的经济繁荣年代（Gründerzeit），被奉为典范的住宅设计开始普及，直到今天，这种建筑风格还影响着未受“二战”炮火严重损毁的城区市容：楼房一般是 6~7 层高，包含一层地下室；临街的一楼用作商店或餐厅，二楼的住户通常是房屋所有人及管理人，更上面的楼层往往住着一些公务员及白领；后面不临街的房舍的住客大多是退休老人及工人。这种最初由建筑师及政府建筑官员詹姆斯·霍布雷希特（James Hobrecht）所做的住商混合建筑规划因为无法跟上城市的急速发展，而被大幅修改，以满足高度工业化的柏林市的需求。尽管如此，当时的建筑业者仍必须遵循 22 米的“屋檐高度”规范，这个建筑高度的普遍规定在 100 年后，也就是柏林墙倒塌后，仍然约束着前来一展身手的国际建筑师们。

至于临街楼房后方的建筑布局，柏林的建筑业者在19世纪仍享有高度的自主权。为了在最短的时间内为数十万名涌入柏林的工人提供居住空间，他们在第一座后院楼屋的后方密集加盖六七座楼屋，特别是在劳动阶层聚集的城区里。这些至今仍声名狼藉的简陋出租公寓，就像一排排的兵营一般，楼屋之间距离狭窄，并且有通道贯穿其中。根据19世纪的柏林建筑法规，这些建筑物内院——楼舍之间的距离——只需要符合一项条件：不得少于17.5英尺（约为5.34米），以便在火灾发生时，消防水管可以在里面调转。在这座快速发展的普鲁士大都会里，住屋的采光、通风，及不受阻碍的视野都不受重视。规划这种封闭式块状住宅群的城市规划专家霍布雷希特后来不满地批评那些像监狱般的内院楼舍："如果我们要让不临街的公寓采光及通风足够，就算把这些建筑内院的空间扩大4倍都不够。"

然而，这些为下层人民发声的言论终究是徒劳的，毕竟建筑业者及商家的利益依旧强过一切，这些拥挤的内院楼舍就这样出现在柏林。1983年，我在《跨越围墙的人》（*Der Mauerspringer*）一书中，曾如此描写道："市中心这些看起来像军事要塞的简陋出租公寓颇为醒目，它们大部分都是正方框状，中间有一个正方形内院，院内通常种着一棵栗子树。当栗子树的顶端被风轻柔地吹动时，这些住户便已经知道，外头的风力已经达到6~8级，狂风正扫刮着街道。"

英国著名记者、小说家克里斯托弗·伊舍伍德（Christopher Isherwood），曾在魏玛共和时期客居于柏林诺伦朵夫广场（Nollendorfplatz）附近，在那里写下一些关于柏林的著名小说，并且在20世纪30年代初，便已在柏林亲自见识过这些粗陋黯淡的后院公寓。在他的长篇小说《诺里斯先生换火车》（*Mr. Norris Changes Trains*）里，小说的叙事者，在寻找他那位失踪的朋友阿瑟·诺里斯（Arthur

Norris）时，去到他经常拜访的邻居奥尔加（Olga）的住处：

> 我毫不费力地找到那间屋子，穿过拱门进入庭院，中庭狭窄幽深，像座直立的棺材。棺材的头端置于地面，因为楼面微微向内倾斜。楼面间有巨大的木质横梁支撑，跨过缺口，高悬于上，顶着灰色的方块天空。而在底部，阳光从来无法穿透之处，形成了深邃的薄暮，像是高山峡谷中的微光。庭院有三面附有窗户；第四面则是无窗的巨大墙面，约80英尺高，涂在墙面表面的泥灰因风吹日晒而鼓起并裂开，留下裸露、乌黑的疤痕。在这可怕的绝壁脚边，立着一间古怪的小屋，大概是一间户外厕所。旁边有一台只剩一个轮子的废弃手推车，还有一张现在几乎难以辨识的印刷公告，说明公寓住户们在哪些时刻可以拍打清理地毯。

直到今天，在克罗伊茨贝格区、韦丁区（Wedding）、新克尔恩区，甚至在柏林米特区的哈克市场附近，我们仍可以看到伊舍伍德所描述的这些房屋，包括那些用巨大的横梁支撑着周围略微倾斜壁墙的后院。

柏林大部分于1890—1910年这20年间兴建的宽敞市民公寓——“柏林公寓”（Berliner Zimmer）——每层楼高约为3.5米，每户都规划有一大间贯通到底的客厅，在德国其他地方几乎找不到这种格局的寓所。面临街道的楼房立面装饰繁复，采光通风良好，各楼层是6~8居室的公寓，住户大多是在帝国时期致富的家庭。不临街的楼屋则住着这些富裕人家的仆役或职工，它的内部挑高与临街的楼房相同，部分以拼花实木地板装潢，其他部分只是配以一般地板。我的住处是一间不临街的公寓，位于一条与选帝侯大街平行的街道上。这栋楼房的门厅里，仍挂着一个哈马赫尔暨佩措尔德公司（Hammacher & Pätzold）的设备，管理员可以经由上头显示的信号，知道前栋临街的楼房里，有哪间公寓需要他的服务。特别是夏洛滕堡区那些建于经济繁荣的 19 世纪 70 年代的公寓楼房，至今仍是柏林保留下来的最华丽的帝国时期民宅。

柏林少部分的中产阶级以及有一定财力的知识分子，在经历与包豪斯学派和现代主义建筑的短暂蜜月期后，纷纷搬入这些大部分已花大笔金钱修复，建于经济繁荣年代的老公寓里。在 20 世纪七八十年代，这些老公寓的屋主如果要去掉木门上粗涂的油漆，用经典的柏林黄铜门把手替换掉敷衍了事的五金店门把手，或自行把天花板涂上亮丽的金色或红色油漆，而不是以素朴的白色泥灰粉刷，还得为自己的装修方式辩护一番。因为一些柏林老公寓的爱好者可能会出言批评他们：“我竟然不知道你这么没文化！”然而，从前喜欢批评这些老公寓住户的人士，现在却已开始艳羡地关注这些翻修过的百年公寓——它们有挑高的天花板，对开的两扇式房门，以及天花板与墙壁间、手掌般宽的素色装潢线板——并私下打听它们的租金和售价。

20 世纪柏林的现代主义建筑

柏林跃升为欧洲大陆最大的工业城市后，也连带促成一种令人惊异的新建筑种类的出现，进而影响部分城市面貌。20 世纪初期，一些柏林的工业巨子决定投入巨资，建造他们那些现代化的生产场所，并聘请那个时代最著名的建筑师来做相关设计工作，因此这座城市的许多大型工厂和办公大楼，都是由现代主义的建筑先锋们所打造的。被誉为“德国现代设计之父”的建筑师暨工业设计家彼得·贝伦斯

（Peter Behrens）为德国通用电器公司（AEG）设计的厂房，是全世界工业建筑物的先驱，该厂房使用的玻璃、钢筋与砖块等这些主要建材，也成了那个新时代的象征。20 世纪 30 年代初期，德国建筑师埃米尔·法伦卡姆普（Emil Fahrenkamp）为英国壳牌石油公司设计的主要以玻璃及石灰华建造大楼立面的那栋办公大楼（das Shell-Haus）——后来成为柏林市立电力公司（BEWAG）及柏林煤气天然气公司（GASAG）的总部，2000 年被维泰拉商业房地产公司买下——直到今天，柏林人如果开车从克罗伊茨贝格区沿着兰德韦尔运河，往夏洛滕堡区的方向行驶，路经这栋外观如汹涌波浪的大型建筑时，眼睛仍会为之一亮。后来的德国建筑师们，开始把大型工业建筑的设计概念，运用于为一般大众所建造的平价住宅上，因此这些能快速大量兴建的"标准尺寸建筑"，就成为柏林附近卫星城市的主流住宅。德国工业界还为这种新式住屋，预先量产建筑组合单元，如平面屋顶、墙壁、阳台、门窗及厨房设备等。

平面屋顶及立方体式建筑体已成为当时所谓未来建筑的模式。美国作家汤姆·沃尔夫（Tom Wolfe）在 1981 年发表的评论性著作《从包豪斯到我们的豪斯》（*From Bauhaus to Our House*）里，以最辛辣而又逗趣的论述，批判了 20 世纪的现代主义革命及其解放思想。这位建筑界的局外人引发的那场精彩笔战，至今仍让建筑界那些固守现代主义思维的保守派人士恼怒不已。

如果沃尔夫是在纳粹时期表达他对现代建筑的愤懑，德国纳粹根本不会认为他的言论是一种嘲笑，因为他们早就用更大的敌意与激烈的手段，中止包豪斯学派继续在柏林及德国其他各地发挥影响力。这些现代主义建筑的先驱因为遭到纳粹的放逐，而把他们前卫的建筑设计移植到他们所流亡的国家，如美国、澳大利亚及巴西。如果我们撇开纳粹为了突显第三帝国首都的恢宏雄伟，而为柏林规划的那些超大型建筑计划不谈，希特勒的城市规划专家当时曾经可笑地尝试在这座普鲁士都会里，为这位领袖营造他于其中成长的阿尔卑斯山区氛围，他们当时以拜恩和奥地利的村庄为典范，在柏林西南方郊区建造帝国亲卫队同志社区（SS-Kameradschaftssiedlung），战后易名为“克鲁默·兰克森林社区”（Waldsiedlung Krumme Lanke）。党卫军领导人海因里希·希姆莱（Heinrich Himmler）当时曾对内指示：“建立一座专属的大型社区，让亲卫队成员的家属们能拥有足够且卫生的居住空间，特别是让他们的家庭可以因此更健全、更茁壮。为了培养亲卫队成员团结友爱的精神，这个社区将被规划成几个分区，每个分区的住宅都围绕着一栋可以让亲卫队举行联谊活动的较大型建筑物。”

克鲁默·兰克森林社区

这个纳粹亲卫队专属的社区兴建于1937—1939年，总共有600个住宅单元，其中单户的独栋房屋提供给亲卫队较高阶的成员入住，双户的独栋房屋及连栋式公寓住宅则提供给位阶较低者使用，而希姆莱所设想的那几栋可供亲卫队举办聚会活动的社区建筑从未出现，它们甚至没有出现在该社区的建筑设计图中。这座由纳粹党卫军领导人委托建造的湖畔社区至今还能维持它的原貌，而且还有许多住户维持着社区的人气与活力，社区甚至还成为柏林最抢手的住宅区，这些成果都得归功于柏林的文化资产保护。虽然那些依照希姆莱的指示架设在社区中的木制路牌，因为带有纳粹意识形态的色彩，如“值勤路”（Dienstweg）、“忠诚小径”（Treuepfad）、“飞行中队路”（Staffelweg）、“新娘小径”（Brautpfad）、“胜利街”（Siegstrasse）、“先人巷”（Ahnenzeile）

等，在战后因为政治不正确而被移除，不过还是有几个无关痛痒的路牌被留了下来，比方说，“儿童之地”（im Kinderland）、“通天步道”（Himmelssteig）等。但是这个处所仍然充满着创立者的思想。这座大型社区紧邻“汤姆叔叔的小屋”（Onkel Toms Hütte）及克鲁默和兰克这两个地铁站，交通相当便利；然而它却强烈地表达着都市居民对于回归自然及尚未工业化的前现代社会的渴望。他们向往在大城市的森林里生活，以彻底摆脱街道、高速公路，以及其他交通设施的噪声干扰。

纳粹在柏林郊区兴建的这些一两层高且占地面积不大的住屋，再加上小型格子窗、或红或绿的百叶窗，及陡斜屋顶等式样，这种建筑风格等于是向现代主义宣战。斜倾的屋顶在积雪期较长的拜恩、奥地利以及黑森林地区（Schwarzwald）的乡间山区比较具有功能上的意义，因为这种设计有助于冬天屋顶积雪滑落。但是，柏林的积雪期远短于这些地区，积雪量也不大，因此这种倾斜式屋顶在柏林显得很奇怪。不过话说回来，那些柏林常见的平面式屋顶对于纳粹而言，却是一种犹太-布尔什维克式的谬误！事实上，克鲁默·兰克森林社区的建筑设计抄袭了当时一个慕尼黑住宅区的得奖设计，而慕尼黑正是纳粹党的大本营。在纳粹眼中，只有这种以倾斜的屋顶，及突出于屋顶的老虎窗为特色的“家乡风格”（Heimatstil）的住宅，才足够安全、舒适并有与大自然相互交融的乐趣。

2012年8月一个工作日的下午，当我参观这个社区时，纳粹在兴建之初所高举的团结精神只留下一种少有的宁静与不真实的舒适感。我看到一位退休老人穿着泳裤，小跑着朝我而来——他大概是刚在附近的克鲁默·兰克湖完成日常例行的游泳活动——不过，他并没有跟我打招呼。而在房屋前、后方的花园里，我看见了许多儿童秋千、儿童泳池和乒乓球桌，但没有看到小孩的身影。也许这些房客的孙儿们只有在周末时才会来这些花园里逗留。那些高耸的松树树梢因为风的吹拂而沙沙作响，此时远方的联邦高速公路及阿根廷大道（Argentinische Allee）传出的车流声，才又提醒着我，我仍置身于城市里。

在这个静谧的环境里，大部分的路径都是步道，只供路人行走。我很难想象，竟有住户会在狭窄的室内空间，及低矮的天花板下放置大型液晶电视，更别说那些高档的音响设备，它们能让摇滚乐从房子的一头传到另一头，乃至影响整个社区。然而令人不解的是，那些停在房前的大型 SUV（运动型实用汽车），是如何通过那些撒满松针的小径到达那里的。那些参天的松树在这世外桃源里投下它们的树影，是不需要人们的争论和质疑的。这个社区最初的居住者住进这里时，是否会怀念奥地利和拜恩阿尔卑斯山区的橡树和冷杉？这里的松树是否让他们感到很陌生？

07 西柏林 vs 东柏林

尽管东柏林与西柏林的规划者对于“什么是进步”的想法非常相近，然而这两个彼此对立的半城，却把兴建新建筑当成政治斗争的工具。

铲平柏林！

柏林人有一句辛辣的评价：“柏林被摧毁了两次，第一次毁于同盟国军队的空袭，第二次毁于柏林城市规划者的拆除，而且第二次的摧毁行动可能比第一次更加彻底。”这句玩笑话其实很有道理，并且适用于全柏林——这座城市虽然曾经分裂为社会制度及意识形态相互不同的两半，但它们在都市建设思维方面却有惊人的相似性。不论是东柏林还是西柏林的城市规划者都在“二战”过后致力于兴建宽敞的高速公路，以便打造一个“适宜行车的都市”，而且还为了其他的新建设，大范围地拆除旧有的建筑与设施。当西半城以洛杉矶为榜样，希望能通过新建设，变身为一座“摩登城市”和“世界之都”时，东半城则以莫斯科为典范，开始辟设广阔的阅兵广场，以及新的国家级建筑物，企图把柏林的老市中心变成民主德国的国家中枢所在。为了让东柏林可以成为“以工人为主体”的国家首都，这些专家以及其他政府官员甚至远赴苏联的莫斯科，以寻求建设的指引与灵感。皇宫周边人口稠密的老城区，自帝国时期便居住着许多高阶官员、出版商、作家、建筑师和律师等。他们让人想起饱受唾弃的普鲁士传统，因此这块区域必须被夷为平地。

相较于东柏林的规划者对于新建设的热衷，西柏林的主事者们也不遑多让。“二战”后，他们把波茨坦广场到威廉皇帝纪念教堂旁的布赖特沙伊德广场（Breitscheidplatz）之间的土地全部整平，这一带曾是“一战”后美国现代主义者活跃的舞台。柏林的文艺青年经常出入这里的沙龙、商店、咖啡厅与夜总会，其中伟大幻想咖啡厅（Café Größenwahn）和罗马咖啡厅（Romanisches Café）曾是20世纪20年代前卫艺术家聚集的场所。1965年，布赖特沙伊德广场旁的那块已被清空的建地上，矗立起一座大型的住商综合大楼“欧洲中心”（Europa-Center）。这一整个区域在20世纪20年代住着柏林的文化精英和富豪，西柏林当局不仅没有加以保存，反而执意进行所谓的“现代化”；然而这个词汇在分裂的两个柏林都意味着“铲平”。还有，西柏林市政府曾一度打算在当时的主车站——柏林动物园站附近盖一座专供商务旅客使用的机场，幸亏这项疯狂的计划没有付诸实施。在西柏林艺术学院建筑系曾有一句荒谬的格言，充分彰显这种“根除过去”的思维：“跟老柏林人一样，在建筑立面上粉刷泥灰就如同把尘土留在人们的脑袋里。”因此，必须去除从前的一切。20世纪60年代，沃尔夫·约布斯特·西德勒被西柏林艺术学院开除，只因为当时他在《被谋杀的城市》（*Die gemordete Stadt*）这本经典著作中，缅怀柏林那些已消失的独栋花园住宅，以及它们富于艺术气息的铁艺栅栏。

因此，被“二战”战火摧毁的西柏林无可避免地成为建筑师和城市规划者的试验场，它几乎与其他所有西方重要城市都不同，成为前卫建筑师们的创意与胡搞所主导的建筑博物馆。所幸西柏林并没有再给予较大的空间，让那些坚信必须重新规划整个城市区块的激进建筑革新者，有自由挥洒的机会。

在“二战”后才付诸实践的“根绝过去”思维，其实可以回溯至 20 世纪 20 年代。1929 年，柏林市社会民主党籍的营建参事马丁·瓦格纳（Martin Wagner）曾公开表示：“对于旧事物的敬畏与恐惧，会让我们变得虚弱、瘫痪并走向毁灭……我们希望能像腓特烈大帝一般，通过建设让柏林跃动起来，所以，我们应该致力于打破旧事物，以便使新的事物能获得它们应有的地位。”这样的口号在 20 世纪 20 年代的社会民主党内已能获得同志们的认同，该党于“二战”后在西柏林长期执政，并开始践行这种大破大立的思想。1963 年，联邦德国前总理维利·勃兰特（Willy Brandt）再度当选柏林市长时，曾宣布：“我们将拆除旧城区，并在市郊为劳工们建设几个新城区。”

对于外墙上的泥灰，维利·勃兰特的城市规划主管罗尔夫·施韦德勒（Rolf Schwedler）显然比他东柏林的对手处理得更为成功。东柏林一直有一些岌岌可危的旧建筑物，它们自 1945 年后就未整修过，由于民主德国执政当局没有余力拆除它们，因此它们能幸免于消失的命运，这些房屋残旧的立面和上头的雕塑就这样留存着。显然，比起西柏林，东柏林的普伦茨劳贝格区及腓特烈斯海恩区（Friedrichshain）的建筑物拥有更多阳台及雕像，尽管这些少女和战士的雕塑已随着岁月的流逝而变得残破不堪。直到两德统一后，这些旧建筑的外墙，连同上头的塑像才有机会重新获得修复，而突然亮丽起来。不过这些旧式建筑的翻修成果，却让西柏林人心里很不是滋味。

两德统一后的代理城市规划主管汉斯·史迪曼（Hans Stimmann）是一位坚定的社会民主党人。他曾提醒我注意：“很明显，西柏林最丑的广场和街道，都毫无例外地冠上一些值得赞扬的社会民主党领袖的姓名，恩斯特－罗伊特广场（Ernst-Reuter Platz）、布赖特沙伊德广场、维利·勃兰特大街（Willy–Brandt–Straße）、保罗·勒贝大道（Paul–Löbe–Allee）、瓦尔特·施赖伯广场（Walther–Schreiber–Platz）、弗里茨·埃勒尔大道（Fritz–Erler–Allee）……只要看看广场以谁命名，以及他隶属哪个党派，你就会知道，它会有多糟了。”

的确，在西柏林长期执政的社会民主党秉持着“根绝过去”和把修建高速公路作为城市进步指标的思维，影响着西柏林的现代建筑史与城市规划史前后达30年之久。显然，德国战后一代的建筑师受到时代思潮的感染程度，不亚于政党或教派。我们至今仍不明白，无论属于柏林墙的东边还是西边——这些建筑师是如何屈从于当时的革新意识，而大量拆毁战前旧建筑的。民主德国那些狂热的建筑师深信，平面屋顶及宛如直立放置的鞋盒的高楼，都是进步建筑的根本形式。

冷战对立

尽管东柏林与西柏林的规划者对于“什么是进步”的想法非常相近，然而这两个彼此对立的半城，却把兴建新建筑当成政治斗争的工具。在被围墙穿过的柏林市中心里要盖起什么建筑物，也就成为冷战时期双方阵营必须斟酌与执行的任务之一。联邦德国媒体巨子阿克塞尔·施普林格（Axel Springer）曾带头做了一次戏剧性的示范，如同他自己所承认的，他在20世纪60年代把他媒体王国的柏林总部大楼直接盖在围墙旁边，他的行为就是一个政治性声明。他还在这栋高楼楼顶上架设了一个电子跑马灯，用巨大的文字向东柏林市民传播西方自由世界的新闻。为了限制其影响，民主德国政府很快在莱比锡大街（Leipziger Straße）建造了一排高层住宅大楼，以遮挡施普林格大楼楼顶上的跑马灯，而且这排建筑物朝向施普林格大楼的那一面均没有设置阳台。20 世纪 80 年代，民主德国流传着一则谣言，说英国的滚石乐队策划在施普林格大楼楼顶上为民主德国的年轻人举行一场摇滚音乐会。没有人知道这则消息是如何被传开的，以及最初是由谁传出的。然而这个消息让数十万年轻人从民主德国各地涌向首都，争相前往莱比锡大街一睹这场难得的盛事。民主德国的安全组织早已做好防范，他们在乐迷们搭火车时就开始阻拦，并封锁了莱比锡大街的入口通道。民主德国著名的文学家乌尔里希・普伦茨多夫（Ulrich Plenzdorf）在 1973 年发表的短篇小说《别往下看》（*kein runter kein fern*）里，通过一位有语言障碍的青少年的叙述，呈现了一个围绕着这场从未举行的音乐会发生的故事。

然而，这场冷战时期的建筑较量并不限于柏林墙附近。当柏林墙于 20 世纪 60 年代早期筑起后，两德政府便各自发动扩音宣传车，对围墙另一边的居民进行政治喊话；在接下来的数十年里，两个分裂的市政府为了向对方宣传自身阵营的优点而纷纷兴建企图心十足的新式建筑。当然，埃里克・昂纳克于民主德国末期，在腓特烈大街兴建的那间专门接待外宾的五星级饭店柏林大饭店（Interhotel Grand Hotel Berlin）——两德统一后更名为“威斯汀大饭店”（Westin Grand Hotel）——绝对可以和西柏林那些豪华饭店相抗衡；我们几乎可以把东柏林的共和国宫当成民主德国当局对于巴黎蓬皮杜中心的回应；民主德国当局打造东柏林电视塔，也并不只着眼于这座高塔的实际功能，他们还打算借此让西柏林的广播塔，甚至是巴黎的埃菲尔铁塔相形见绌；同样，如果柏林墙没有倒塌，前戴姆勒 – 奔驰集团首席执行官罗伊特必定会在围墙旁兴建住宅楼群，光鲜亮丽地向围墙的另一侧，展现联邦德国汽车集团雄厚的实力。

08 造福市民的大型工程

住户需要通过公寓门上的刮痕才能辨识自己的住所，这反映了集合住宅空间设计的单调性，及某些新城区低下的生活质量。吸毒雏妓克丽丝蒂安已被当时的联邦德国媒体塑造为冷酷现代建筑的牺牲者。

“糟蹋人类”的象征

“二战”过后，在一派重新出发的新气象中，西柏林的市郊出现了几个新城区，其中一个城区还以一位世界知名的建筑师的姓氏命名，并在 2012 年隆重庆祝其建立 50 周年，它就是位于柏林市南方的格罗皮乌斯城（Gropiusstadt）。我曾和柏林市前城市规划主管史迪曼一起在格罗皮乌斯城骑自行车闲逛。这位城市规划专家曾在德国统一后主持了许多柏林的大型改造项目，因此他显然是格罗皮乌斯城的最佳向导。我和许多同龄的柏林人一样，是通过 1978 年出版的纪实文学著作《动物园火车站的孩子们》（*Wir Kinder vom Bahnhof Zoo*）认识这个新城区的。此书是一位来自格罗皮乌斯城的 14 岁少女的自白，她受同学影响而染上毒瘾，后来还成为雏妓，在柏林动物园站及选帝侯大街一带卖淫。这本国际畅销书在 1981 年被改拍成电影《堕落街》，我特别记得其中两处细节：小克丽丝蒂安放学回家时，由于身高不够，只能借助一柄随身携带的烹饪木勺来按电梯的楼层按钮；当她到达自家公寓的楼层时，还必须靠大门上的刮痕来辨认哪一户才是自己的家，然后拿出钥匙开门进去。

我对于这两个细节印象特别深刻，可能是因为这本书在 1978 年出版时，这两个段落立刻成为媒体疯狂评论的焦点。这个因为吸毒而精神恍惚的女孩用木勺按下电梯按钮的情景，被当时的联邦德国社会视为格罗皮乌斯城及现代集合式公寓“糟蹋人类”的佐证；住户需要通过公寓门上的刮痕才能辨识自己的住所，这反映了集合住宅空间设计的单调性，及某些新城区低下的生活质量。吸毒雏妓克丽丝蒂安已被当时的联邦德国媒体塑造为冷酷现代建筑的牺牲者。然而那些现代建筑设计师们却觉得媒体的评论过于片面，并没有把这波媒体的热潮当一回事。谁说那些住在克罗伊茨贝格区或夏洛滕堡区旧式公寓里的孩子们就不会染上毒瘾？总之，他们还是孜孜不倦地四处打造这种集合式公寓。

格罗皮乌斯曾在魏玛共和时期担任包豪斯学院的校长，1937 年被纳粹驱逐出境。格罗皮乌斯在战后为柏林市政府设计的这个超大型住宅区是他和柏林的建筑师事务所合作的一项超大型建筑项目，包含 18500 间公寓，其中 90% 属于社会住宅。这位名气响亮的建筑师当时只画了这个社区的整体规划图，及其中两栋住宅高楼的设计图。由于他当时住在美国，而且一再修改自己的草图，因此他和他在柏林的工作伙伴们陷入了激烈的争执，后来几经协调才最终拍板。格罗皮乌斯并没有想到，这个新城区会在他过世之后以他的姓氏命名，来纪念他的建筑贡献。而且不只是这个城区的名称，连城区里的中学、药房、购物长廊，甚至中央广场上的咖喱香肠亭，都以他的姓氏命名。

“如果一家咖喱香肠亭会用你的名字命名，” 史迪曼嘲弄地对我说，“你就成功了。这可是一项殊荣啊！”

格罗皮乌斯城位于新克尔恩区南边，与柏林墙旁的无人地带相接邻，在围墙倒塌之前，这里的居民都认为这个住宅区很偏僻。它的另一头就是东柏林的辖区，也是一大片空旷的场地。这个地带对于建筑师和城市规划专家来说是一块相当理想的建筑空间试验场，广大的平地、农田，边缘几个稀稀落落的村庄，必要时还可以迁移村庄，为这里做建筑规划不像在城市里那样受制于有限的空间。史迪曼在担任柏林市城市规划主管时已经察觉到，联邦德国的社会民主党跟民主德国的执政党统一社会党[①]（SED）一样，都信奉同一个教条：人们必须让城市和社会融为一个整体，而且尽可能在同一股势力的主导下，彻底完成它的现代化。在实行私有制的西柏林，主政者几乎难以施行这个构想，不过在偏远的广阔郊区，就可以放手行动。

格罗皮乌斯城占地 260 公顷，一共涵盖 4 座地铁站，我和史迪曼约好，带着自行车到“吴茨基大道”（Wutzkyallee）这一站会合。在我们开启这段骑行旅程之前，他拿出这个城区的街道地图对我说：“这个住宅城竟然是吕贝克（Lübeck）老城区的 4 倍大！”这位出生于吕贝克的城市规划专家，首先为这座柏林郊区的卫星城下了这么一个脚注。这份地图我才看一眼，就发现上面那些肠子一般弯弯曲曲的街道泄露了设计者的某些意图：城区整体的设计避免太过规则，让人们难以快速地掌握它的布局，排除了直线的街道及块状结构的建筑群，避免让商店、学校、教堂、运动场等空间安排，呈现传统城区那种缺乏系统性的规划。

我们骑着自行车前往格罗皮乌斯城最重要的入口街道——弗里

① 1946 年，德国苏联占领区的共产党和社会民主党在苏联的指导下合并为统一社会党。——译者注

茨·埃勒尔大道。沿途会在街角处偶尔看到新开张的甜甜圈摊子或比萨摊子，史迪曼解释，这些小生意虽然可以聚集一些人气，让附近变得比较热闹，但它们只有临时的设摊权利。这些摊位并没有出现在任何规划图纸里，因为它们会破坏原始设计的“纯粹性”，影响整体的市容。我们看到几栋像碉堡一样的停车大楼矗立在这座超大型住宅区的前方。这种空间规划大概是20世纪60年代之前把柏林建设成“适宜行车的城市”这一政策的遗迹。

根据参与这项造城计划的建筑师们的想法，这个新城区被设计成一个马蹄铁的形状。20世纪德国建筑界的先锋布鲁诺·陶特（Bruno Taut）早在20世纪20年代就运用了这种弧线来设计布里茨区（Britz）——位于格罗皮乌斯城的西北方——那座以他的姓氏命名的住宅区。马蹄铁状的社区规划创意源自传统日耳曼部落村庄，它们往往以中心的椭圆形草地广场作为社区的公共空间，U形的两端则是通往外面街道的出入口。专家们认为，这样的社区可以为居民带来安全感，有助于群体的团结友爱。在住宿需求巨大、住房缺乏的时代里，大型建筑计划能为民众提供平价公寓，以及充满朝气的新型社区，这无疑是人类文明的进步。然而这种马蹄铁型社区和现代社会中缺乏安身之所、饱受工作折磨的城市居民的需求究竟有何关联？总之，格罗皮乌斯城的规划可以顺利完成，似乎得归功于陶特没有坚持自己最初的构想。在最终的设计图中，许多社区虽然采用了马蹄铁型的空间规划，但所有街道和其他社区建筑物仍遵守传统的直线排列方式。

如果按照陶特设想的马蹄铁型社区模式来设计格罗皮乌斯城，就会出现这样的结果：主干道弗里茨·埃勒尔大道上分布着许多椭圆形状的社区，社区内的道路随之设计成U形，而U形的两端与弗里茨·埃勒尔大道交接，是各社区的出入口，人们如果想离开一个社区，就得一直走到U形街道的任意一头。每个社区彼此互不相通，U形道路之间也没有小路或巷道串联彼此。如果人们想从一个U形街道去到另一个，就必须先回到主干道上。这种复杂的社区街道会让陌生的造访者无法辨别方位，而这些社区的居民往往会告诉他们："继续沿着这条路走到尽头，到了弗里茨·埃勒尔大道后，再从那条马路拐进您要找的街道！"

城市低度发展的极致

在格罗皮乌斯城的骑行之旅中，我并未在社区内发现任何商店、餐馆及书报摊。史迪曼告诉我，将社区单纯化是建筑师们当初的空间规划目标，他们刻意割裂城市中各种不同的生活功能，严格区分居住、购物、上学、运动与娱乐消遣等活动所用场所，并且把每个单项都集中在特定区域。这使得这座社区的居民无法获得就近提供的生活服务——住户附近没有发廊，没有美甲店，也没有按摩店（因为这可能会带来洗钱等犯罪活动）。居民虽然可以从他们的阳台眺望社区的带状绿地，但显然这些绿地只能让他们观赏，里面既没有长凳可以让人们坐下来休息，也没有桌子可以让大家围聚交谊。所有的学校——职业学校、中小学、文理高中——都集中在社区外的学校专区；所有的商店都聚集在几条格罗皮乌斯城购物长廊里；而且只有地铁站前的广场上，才有酒吧、咖喱香肠摊和社区活动中心。

建筑师们将带状绿地规划为社区居民的公共空间。当我们骑车穿越某个社区的绿地时，迎面而来的大部分是牵着狗散步的老人，没有踩着滑板或溜直排轮的年轻人。或许是因为这些铺了碎石的小径不适合做这类运动吧！在经过绿化地带的中央时，史迪曼停了下来，指着一片翠绿的灌木丛，对我说，柏林的绿党在那儿发现了一处赏鸟乐园，并要求柏林市政府把该区域划为自然保护区。史迪曼当时就表示反对，他甚至打算砍掉部分灌木，以便让居民更清楚地看见那座象征格罗皮乌斯城的建筑物。不过，他的意见并没有获得采纳，而且在环保意识浓厚的德国社会，这样的提议会被视为“政治不正确”。当我们骑车前往这座具有象征意义的建筑物时，只能从那些茂密树叶之间依稀辨认它的轮廓。我们终于看到上头题着“格罗皮乌斯之家”（Gropiushaus）的那幢巨大的半圆形住宅大楼。此外，在一栋不太引人注目的建筑物旁，还有一栋由格罗皮乌斯亲自设计与建造的高楼，它那令人印象深刻的建筑风格和柏林市中心的格罗皮乌斯博物馆一样，让人只要见过一次便无法忘怀。

然而当看到，继格罗皮乌斯之后，几位接手这个造城计划的建筑师——或承袭、或违背格罗皮乌斯的建筑设计理念——在这个现代住宅城盖出的东西，就会觉得自己好像走进一场被一位不知所措的策展人搞得乱七八糟的现代建筑展览，只不过这场建筑展在结束后，仍把全部的展品原封不动地留在会场：在窗户、阳台统一规格的高楼之间，竟夹杂出现几排平房别墅，一条街全是单户独栋住宅，接着又出现一整区都是四五层楼高的住楼。这样的社区规划，就像是把整箱的玩具模型倒出来，让它们随意散落在这 260 公顷的草坪上。

可以确定的是，格罗皮乌斯对这座以他的姓氏命名的卫星城的建筑规划并不满意，人们也不禁怀疑，如果将整座城的设计都交由他一手包办，是否会出现更好的结果。从一个不带偏见的造访者的角度来看，我认为，如果建筑师们只是自以为是地想为 1 万名居民设计一个理想城区，在做空间规划时，却从未询问过住户们的需求，那么他们的设计一定会引发争议。再加上人们的需求有时就像天气一样变化多端又难以预测，因此这种超大型规划设计项目最后往往会变得一团混乱。德国建筑评论家米夏埃尔·莫宁尔（Michael Mönniger）曾公开批评格罗皮乌斯城是“城市低度发展的极致”，这句话现在看来不无道理。

尽管在许多方面让住户们感到不满意，格罗皮乌斯城却仍是一个成功的造城计划。这个市郊卫星城以提供社会住宅为主要建立目的，里面的公寓几乎已经住满人，而且居民对于这个城区已有了某种程度的认同。在柏林墙倒塌后，市政府大力投入建设的柏林－勃兰登堡机场及阿德勒霍夫科学园区（Adlershof），让附近的格罗皮乌斯城因地缘关系而获得新的发展可能性。柏林市议会决定花钱整修这座具有现代建筑史意义的住宅城，希望能进一步吸引新客群入住，例如学生、科学家，以及柏林人才济济的文创界的人士，好为这个城区注入新鲜血液。

格罗皮乌斯城的翻修计划，主要着眼于改善那些令人诟病的原始设计，包括造成居民生活不便的生活功能区相互分离的问题。因此，新的规划必须让城区的居住、购物、教育及休闲等功能巧妙地融合在一起。曾因作风保守而被诟病的前城市规划主管史迪曼已接受市政府委任，负责执行格罗皮乌斯城的改造计划。当我们站在20层楼高的阳台上时，史迪曼用充满斗志的语气问我：“如果为这个城区增设一些艺术家工作室、一间立体电影院，以及一家有国际知名DJ驻场的酒吧，你觉得怎么样？你想想，这些日进斗金的DJ，还可以把他们的私人飞机停放在附近即将完工的柏林－勃兰登堡机场中。而且我敢打赌，在5年内，那些搭乘私人飞机到处旅行的国际富豪，就会齐聚这里的格罗皮乌斯酒吧跳舞！”

东、西柏林合一之后，格罗皮乌斯城比起前东柏林的那些卫星城来说，简直是小巫见大巫。前东柏林市郊的马尔灿区（Marzahn）有民主德国最大的一座集合式住宅城；此外，附近的海勒斯朵夫区（Hellersdorf）及霍恩施豪森区（Hohenschönhausen），也因为大量兴建集合式住宅高楼，而成为景观最丑的城区。而且，连亚历山大广场——东柏林的心脏——后方的那些高楼住宅区，似乎也加入了这场竞赛。要拆除这些难看的现代高楼建筑几乎是不可能的事，市政府的相关单位只能致力于美化它们的外观。美化建筑物是一个介于艺术和建筑之间的专业领域，德国没有一座城市像首都柏林这般，因迫切需要美化市容，而必须尽力修饰既有建筑物。可喜的是，柏林当局针对莱比锡大街旁的那些高楼群所施行的市容美化方案已获得显著的成果。

20 世纪的诗人、剧作家贝托尔特·布雷希特（Bertolt Brecht）曾说："搞坏的建筑物可以再度拆除。"可惜这位文学家不够长寿，无法亲自见证人们如何在柏林合并之后，开始遵循他的想法，大量拆除那些在柏林分裂时期建造的房屋。

09 我在西柏林的早期生活

柏林人远比其他地区的德国人更有包容性，他们会率先取笑自己及自己的城市；当他们要幽默时，说话就会变得很恶毒。

西柏林人的认同危机

“西柏林”这个名称所指涉的城市，如今已不存在。在柏林墙尚存时期，西柏林人有着奇特的生活方式，而现在这已经成为人们回忆和向往的对象。2013年，英国摇滚乐手大卫·鲍伊（David Bowie）的热门金曲《我们现在置身何处？》（*Where Are We Now?*），缅怀年少轻狂的他，在20世纪70年代住在西柏林舍讷贝格区（Schöneberg）的生活，而再度唤起人们对于这座已消失的西半城的怀旧情感。一些杂志封面的标题，例如“西柏林回来了”，或《已消失的半边城市》这样的书名似乎在告诉读者，西柏林已是一个沉没的岛屿。尽管德国社会充斥着这类关于西柏林的信息，然而，在我已居住50年之久的西柏林城区，硬件确确实实还存在着，而且在市容变化上比起东柏林城区要少得多。

我虽不是土生土长的柏林人，然而这50年来，我不断在这城市来来去去，也算得半个柏林人了！至于什么是“柏林人”，只有柏林人最清楚。柏林人如果回溯自我形象的形成轨迹，就会发现，自己在婴孩时期就从母亲的乳汁中一并吸取了一连串柏林人的特质，这些特质是我这种后来移居柏林的人所无法学会的，如口音，据称是本能的求生机智，对于突如其来的生活转变的敏捷反应，以及不敬重权威的习性。我可以从自己的生活经验中，证实一些“真正”柏林人的特质，比方说，我总是能看到，从前那些来自联邦德国的大小明星在西柏林的选帝侯大街走下大礼车时，总期待能有影迷认出他们并前来索取签名，不过，他们这样的期待总是落空。柏林人当然认得他们，不过，他们并不会像慕尼黑人那样围聚在他们身旁。在柏林，即使贵为联邦总理的默克尔也能不受干扰地在超市购物，好像没人认识她似的。其实是因为柏林人会用平常心看待名人，所以遇到他们时，并不会显得大惊小怪。这种刻意的冷漠也表现在柏林人快速的思考与说话习惯上，而这种习惯与纯粹的粗鲁无礼并不容易区分。人们可能会把柏林人的无动于衷归结于他们缺乏好奇心，不过这样的说法并不正确。柏林人的冷漠也绝非地域歧视或缺乏包容性。相反，柏林人远比其他地区的德国人更有包容性，他们会率先取笑自己及自己的城市；当他们要幽默时，说话就会变得很恶毒。在柏林，一本把柏林说得一无是处的书还能成为畅销书，世界上大概不会再有一座城市像柏林这样。

然而当柏林墙倒塌后，西柏林人陷入了一种认同危机，因为他们突然发现，东柏林人竟比他们更能无拘无束地说柏林方言。自从 20 世纪 50 年代以后，西柏林人就已经不再说，也不再能听到那些被东柏林人保留下来的纯正且粗鄙的柏林方言。西柏林人自认为突然间被迫面对另一个不同的柏林族群，这些人正向他们说着几乎已被自己遗忘的本地语言。虽然东柏林人在柏林分裂时期也在他们的语汇中吸收了许多外来的新词汇——例如，英语中的“broiler”（烤鸡）或俄语中的“datscha”（乡间附有花园的房宅），但是他们没有受到联邦德国推行的标准德语的影响。因此，依照语言纯粹度的标准，东柏林人更有资格自视为“正统的柏林人”。

初访柏林

柏林人的心性，不管哪一种特征，都让成长于德国南部的拜恩及巴登地区的我觉得很陌生。因此，当我年轻时第一次抵达西柏林，并越过边界，走访东柏林时，曾非常吃惊。我在柏林的头几年着实领教过这座城市的敌意和恶劣。德国南部人的温和与慢条斯理，和柏林人的急性子与好开玩笑是再强烈不过的对比。也许正是因为我来自德国南部，对于居住地柏林总是有一种距离感，所以希望提笔抒发自己对于柏林的观察和感受。如果我是在柏林出生长大，或许就会把许多柏林的人、事、物视为理所当然，也就不会想写任何一本关于柏林的书了。

1962年夏天，我从德国西南端邻近法国的弗赖堡市搭乘夜班火车，于第二天早晨抵达这座普鲁士的大都会，这段路程是那时人们在联邦德国所能乘坐的最远的火车路段。我和我这一辈的大学生会自愿前往西柏林——如同一座被民主德国包围的孤岛——就读大学，在这里读大学可以免除服兵役的义务，当时在冷战期间选择到“前线城市”求学的大学生，都被联邦德国国防部视为自愿上战场的兵士。

我在柏林动物园站下车，走到站前的广场时，便看到西柏林的市容：动物园皇宫电影院旁边有一幅巨大的广告海报，周边还有建筑外观相当新潮的毕尔卡百货公司，以及威廉皇帝纪念教堂那座毁于战争却刻意不修复的塔楼。我当时最喜欢西柏林的双层巴士，我坐在上层的座位，巴士沿着选帝侯大街行驶，后来我在奥利威尔广场（Olivaer Platz）下车，因为一位女性友人在那儿帮我找到了一个房间。我走到桑腾纳街（Xantener Straße）的咖啡店的户外座位坐下，那是那里唯一一家能让客人坐在外面晒太阳的咖啡店。当时吸引我注意的只是服务员送来的造型漂亮的圣代冰激凌，而不是坐在邻桌的那些老太太，虽然她们在接下来几年很可能成为我的房东。15 分钟之内，我看到对街的书报亭中出现了两位女子，如果可以的话，我倒很想看看她们正面的模样。总之，那是一条很棒的街道，而我将在这里落脚。

我在一栋宽敞的老柏林公寓里租了一个房间，月租金是 80 马克，窗外可以看到我的第一个柏林后院。在我的记忆中，除了一张床头及床尾饰有镀金球体的黑色铜床外，房间空空如也。我喜欢这个房间，因为天花板很高，而且阳光会在上午 8 点 30 分到 11 点 45 分之间照射在床头的两个金球上，金球闪闪发光，令人目眩神迷。直到阳光射入的时间晚了一小时，或是根本不再照进房间时，我就知道，另一个季节已经来临。

住在那里的头几个星期，每天清晨 5 点左右，我都会被一阵类似从喉咙发出的叹息与呻吟声吵醒，那听起来很像楼上或隔壁的病重老人在清理沙哑的喉咙时所发出的呼噜声。我每次被这种声音惊醒时，总要花上片刻的时间，才能确定自己不是在做梦。我决定一探究竟，把耳朵贴到墙上细听，那声音显然是从上头传来的。我走出房间，循着这声响，最后走上了楼顶。当我推开那扇已腐朽的木门时，映入眼帘的是上百只鸽子在那儿咕咕地叫着，庆祝一天的开始。

西柏林的鸽子曾长期让我联想到死亡与衰败。我曾目击它们如何被集体下毒后，在死前惊恐地聚在一起扑翅挣扎，最后安静无声；或者被看不见的疯狂杀手从对面的窗户射中，随后砰的一声坠落在后院，之后它们就这样躺在地上好几天，直到有人把它们捡起来丢进垃圾桶里。鸽群的咕咕声和走道上女房东那非常轻的脚步声，就是我对西柏林最初的印象。每天晚上，当我回去时，都必须经过她和她那位智力有障碍的儿子的身边。他们俩坐在那间柏林老式公寓特有的大客厅里，彼此隔得远远的，女房东做着针线活，儿子则只是呆望着母亲。他整天都坐在门旁一块红色天鹅绒坐垫上。我出入房间都必须经过那扇门，夏天他穿着短裤时，还会伸出他那白皙的双腿挡住我的去路。

后来我又换了几个住处，房东都是老太太，这让我长时间无法摆脱生活中那种趋向死亡的寂静。西柏林的鸽子和“二战”阵亡将士的遗孀都是我最初的写作灵感。我在这座东、西分治的城市的最初几年，就这样陪伴着这些生活孤单的老太太们。我对她们所知甚少，很少和她们说话，因为即使我主动找话题攀谈，之后双方也会陷入令人难以忍受的沉默。

狗屎大战

大量的宠物狗是当时西柏林的另一个奇观。这座城市的狗似乎比小孩还多，而且当它们在人行道上拉屎时，主人们往往习以为常，如果路过的行人因此指责他们，主人和狗反而会反应激烈。有时狗主人还会装作事不关己。当这些“四只脚宝贝”想在路上方便时，它们的主人会快速地继续走几步，然后像被一个伟大的思想牵绊住似的停住，望向天空，直到宠物狗们“解放”后，他们再若无其事地离开。有些西柏林市民不堪路上经常出现的狗粪，要求处罚那些不清理粪便的狗主人，从而引起了一些颇值得深思的辩论，这些激烈的言辞交锋甚至被电视转播。观众看到情绪激动的狗主人们抱着他们的长卷毛狗或哈巴狗主张“狗权”，表示希望能让爱犬可以在西柏林四处活动，不受任何阻碍。事实上，人们对他们所主张的“狗权”毫无异议，这项争论的重点在于如何清除这些狗留下的排泄物。

后来，因为支持街道清洁的律师们未能贯彻他们的运作，再加上爱狗人士的游说集团势力增强，这件事就这样不了了之。直到几年前，观光客都还必须经受西柏林街道上狗粪的考验，当他们不小心踩到时，会立刻检查鞋底，然后一边咒骂，一边走到人行道边沿的镶石上，把这些秽物刮净。而习以为常的西柏林人已经发展出一套应对模式：他们走在路上，就像在野外的采菇者，认真地低头辨识哪些是菩提树的落叶，哪些又是棕色的狗粪。即使他们踩到“软物”，也会装得若无其事，继续坚定地往前走。

20 世纪 90 年代，某个研究团体曾研发出一种狗食，狗在吃进肚后，排出的粪便会和空气中的氧气发生化学作用，发出一种磷光，这么一来，就可向行人指示出狗屎的位置。这个计划虽然很有创意，却无法通过柏林民主程序与机制的考验，例如广泛而又充分的讨论和议会的多数表决，只得以失败告终。

柏林人的习性二三事

直到我开始在这座普鲁士城市生活，我才意识到，弗赖堡的食物有多么好吃，人际的互动有多么友善。我不禁陷入浓浓的乡愁。如果有人在弗赖堡街头问路，当地人通常会操着巴登地区口音详细地解答，有时甚至会陪同问路者前往他们要找的街道；然而，当外地人在柏林问路时，当地人往往会表现出一副受到打扰、不耐烦的样子，即使给予了解答，也不忘责备对方：“怎么，没带地图吗？”而如果问路的人碰巧已经站在自己要找的那条街上，对方则会毫不客气地指着远处的路牌嚷道：“没长眼睛吗？路牌不就在那里？”如果乘客向柏林的公交车司机问路，他们的反应则是最糟糕的。他们不是立刻指着旁边那块写着“禁止与驾驶员攀谈”的告示牌，就是以震耳欲聋的音量嚷嚷。一位同样来自德国南部的朋友告诉我，他曾写信投诉公交车司机对乘客大声咆哮一事，几个月后却收到这样的回复：“考虑到城市里有许多老年人听力不好，因此，公交车司机有必要在讲话时提高音量。”柏林的政府机构竟还愿意以形式上的礼貌，向投诉的民众解释雇员的恶劣态度，这让我这位朋友有些受宠若惊。

此外，有些柏林人喜欢指正别人的错误，这一点也让我疑惑。每次我在社区停车时，社区管理员总会把头探出窗户，监看我是否碰到另一辆车子的保险杠。如果我真的撞到了，难道他会记下我的车牌号吗？如果真的擦撞了，我会立刻大声地告诉他我的车牌号，免得被他揭发。此外，如果有人在流量不大的十字路口闯红灯，后面的行人就会冲他大叫：“现在是红灯！”而且柏林的汽车驾驶员在看到远处有人闯红灯过马路时，反而会踩下油门，加速冲向闯红灯的行人。因为对于这些随时准备拿生命做赌注的柏林驾驶员来说，似乎他们拥有的唯一权利就是在绿灯时优先使用车道。

在柏林，许多公寓大楼门厅的墙上都会钉着一个令人费解的告示牌，上面写着：“基于维护所有住户的利益，小孩及成人一律不准在庭院、门厅、走道及楼梯间游戏及唱歌！”我在德国火车车厢内也读到过类似的警告标语：“行驶中，禁止将身体探出车窗外。”相较之下，法国或意大利的火车对于乘客的提醒就显得比较婉转：“行驶中，将身体探出车窗外是危险的。”此外，我还曾在西柏林的房屋出租中介所里，看到过一块语气相当直接的告示牌："不为学生及外国人提供住房中介服务！"我更在所有西柏林与东柏林的旧电梯里，都发现了一则相当怪异的规定，而且两边使用的文字完全一样："不准搭乘禁止载运人员的电梯。"

柏林"琴"人

弗雷德·里德尔（Fred Riedel）是我在柏林最早认识的几位朋友之一。我第一次碰到他是在柏林自由大学一家仅提供站位的自助式咖啡店，那是大学生可以遇到所有重要与不重要人士的地方。黑发且身材矮小的里德尔相当友善，讲话略带撒克逊口音。当时他在学生之间很出名，关于他的传奇至少有三四种版本。他赢得"阿兹纳武尔"这个绰号并非偶然，我们那时所有人都曾在奥利威尔广场旁的一家名叫"放大镜"（Lupe）的艺术电影院看《枪杀钢琴师》这部电影，里德尔不只长得像男主角夏尔·阿兹纳武尔（Charles Aznavour），而且跟这位钢琴师一样弹得一手好钢琴，只不过他并不唱歌。

他于1954年来到西柏林，在一家叫"蛋壳"（Eierschale）的舞厅演奏低音大提琴。一次，他应一位朋友的邀请去了列尼纳广场旁一家名叫"里奇"（Richie）的高档餐厅，他在用餐时听到隔壁传来一阵演奏不精的钢琴声。他好奇地走过去一探究竟，演奏者正在弹奏一架白色钢琴，钢琴上面懒洋洋地躺着一位衣着单薄的女子。他当时简直不敢相信自己的眼睛，这位金发美女不是别人，正是奥地利女演员芭芭拉·瓦伦丁（Barbara Valentin）。几年后，她开始走红，成为电影界的性感女星，让许多男性观众为之疯狂。

里德尔趁着钢琴师和芭芭拉·瓦伦丁休息时，坐到钢琴前弹了一首混合散拍爵士乐、法国歌曲与美国歌曲的乐曲集锦，他称这种自创的音乐为“电影爵士乐”。当他演奏完毕时，一位穿着白色西装，头上抹了许多发油的男人来到他身后鼓掌喝彩，并对他说：“您可以明天就到我经营的沙龙里弹琴。”这位身着白西装的绅士，就是被德国人称为“柏林最后的花花公子”（letzter Berliner Playboy）的罗尔夫·艾顿（Rolf Eden），他当时是老艾顿沙龙（Old Eden Saloon）的老板。基于这样的因缘际会，里德尔成了老艾顿沙龙的酒吧钢琴师。老艾顿沙龙里面像个迷宫，空间虽小，却是柏林后来闻名国际的酒吧文化的先驱。这里有许多狭窄的隔间，闪烁的光线照射在墙上，还放映着八厘米胶片电影，天花板上画满了奇形怪状的符号，吊着许多乐器，扩音喇叭以高分贝的音量彼此较劲，各自播放世界各地的摇滚及民俗音乐。在这家沙龙的“史普尼克酒吧”里，并没有设置台桌让客人们放置手上的玻璃酒杯，取而代之的是不断在酒吧内穿梭移动、由挂在天花板上的缆绳传送的一些小吊篮，顾客们可以把空酒杯放在里面。对于当时两性关系尚属保守的西柏林年轻人来说，老艾顿沙龙是独一无二的热门约会地点，一个通往隐秘世界的入口。每到凌晨时分，先前还互不认识的男女已经可以拿到对方的电话号码，或手挽着手走出去了。

里德尔在这家沙龙的“地毯酒吧”里弹钢琴，这间酒吧的顾客大多是柏林娱乐圈的电影制片人、明星，以及刚崭露头角的新秀们，他们比较喜欢坐着欣赏音乐的演奏，有时里德尔的平台钢琴旁边甚至围满了酒吧的高脚凳。这位钢琴师每晚可以获得 5 马克的酬劳，以及一份带骨肉排的主餐，并且免费享用饮料。不过，这并不是由老板招待，而是由他的听众们热情地轮番请客，而他必须基于礼貌，一一喝下它们。有一次，艾顿把头探进酒吧里并对他叫着：“多保留一点，里德尔，多保留一点！”他不明白老板这句话究竟是什么意思，于是去请教选帝侯大街一家酒吧的钢琴师：“在我们这个行业里，究竟什么叫作‘保留’？”后来他才明白，酒吧钢琴师通常每晚必须弹奏5个小时，因此，他们必须对这5个小时的演奏做整体布局，在大部分的时段弹奏比较没有分量的过门与和声，为断断续续出现的精彩曲目“保留实力”。

上面提到的那个年代的西柏林酒吧坐落在选帝侯大街、康德大街（Kantstraße）及哈登柏格街（Hardenbergstraße）之间的街区，其中萨维尼广场（Savignyplatz）周边是酒吧密度最高的地区。酒吧主要的消费群往往对于这些酒吧的兴衰有关键性的影响，他们一时的好恶可以决定一家酒吧的存续与否。由于酒吧咖的喜好变化不定，酒吧的经营并不容易。如果某家酒吧经常出现成群的观光客，或性情浮夸、虚伪的人士，而让原先在此聚集的知名艺术家、文学家、音乐家，以及那些无所事事的生活艺术家受到打扰的话，这帮人就会集体转移阵地，到另一家欢迎度已下滑的酒吧另起炉灶。里德尔曾对我提到一家名叫“苏格兰人”（Schotten），或叫“蓝洞”（Blaue Grotte）的酒吧——“反正谁管它叫什么”，他当时补上这么一句——就是从小店发展起来的。它原先的顾客大多是皮条客，因为楼上有一家妓院。后来一群西柏林的知识青年把这家酒吧当成他们主要的聚会地点，没想到当中有许多人后来出人头地，或是有了一番轰轰烈烈的作为，这些人让德国社会谈论至今，例如，作家赖茵哈德·莱陶（Reinhard Lettau），20世纪60年代末期联邦德国学生运动的领导人、革命家克里斯蒂安·泽姆勒（Christian Semler），自由柏林电台（Sender Freies Berlin）的文化部主任汉斯·彼得·克鲁格（Hans Peter Krüger），当然，还有钢琴师里德尔。1963年，我在课堂上听到美国总统约翰·肯尼迪被枪杀的消息后，生气地从柏林自由大学的进阶讨论课中离席，我向大家表示自己实在无法在这种时候讨论青年时期的马克思。当时我离开教室后，就是跑到这家酒吧里打发时间的。

不久之后，苏格兰人酒吧变得过于拥挤，这群人不得不另觅聚会地点了。位于康德大街及歌德街（Goethestraße）路口的赫塔酒馆（Herta），空间大小正好符合他们的需求，而且这个酒馆毫无魅力可言，应该不会吸引非相关人士前来，因此被选为新的聚集点，后来赫塔酒馆也因为这些人的捧场而经营得有声有色。西柏林的知识分子纷纷前往这家酒馆，因为忽然间，人们已认识或想认识的人都会在那儿出现，当然，那位红鬈发、大胸脯的以色列美女玛雅在那里服务也是一大诱因。里德尔还记得，他曾把赫塔酒馆介绍给当时尚未出名的文学家彼得・魏斯（Peter Weiss）。

奥地利人在柏林

在柏林一城两治的时代，奥地利人曾是西柏林酒吧文化的另一股创新力量。前来柏林寻找生活慰藉的奥地利人并不多，但他们却凭着准确的直觉，在西柏林的酒吧行业中占据了有利的发展位置。他们将维也纳典型的幽默、文雅的举止，以及美味的奥地利菜肴引入柏林，打破了这座普鲁士大都会只有配着酸菜的白煮腌猪蹄及咖喱香肠这两种特色餐食的窘境。这些奥地利移民都是在年轻时离开维也纳这座奥地利的帝王之都，来到陌生的普鲁士生活的。后来他们逐渐跟柏林人学会如何辛辣地嘲笑、挖苦柏林，然而，这些讽刺却无法减轻他们对于维也纳的乡愁。他们坚持不受拘束地表现自己的奥地利口音，这种对于自身文化的认同也让他们赢得柏林人的尊敬。

在这群奥地利移民当中，最受人瞩目的是一位维也纳作家兼爵士音乐家奥斯瓦尔德·维纳（Oswald Wiener），他那本极具独创性的长篇小说《中欧的改善》（*Die Verbesserung Mitteleuropas*）曾在德语区造成很大的轰动。后来他和妻子英格丽德（Ingrid）在克罗伊茨贝格区开了一家名为“流亡”（Exil）的酒吧，这家酒吧常常宾客盈门。胖嘟嘟的奥斯瓦尔德站在吧台后面，为客人们斟满啤酒，英格丽德则负责把斟好的啤酒杯端上桌。这对奥地利夫妇之后又相继在夏洛滕堡区开设了几家分店，例如，莱布尼兹街（Leibnizstraße）那间专供夜猫子造访的阿克斯巴克斯（Axbax）酒吧；他们和希腊女子福菲（Fofi）在奥利威尔广场旁合资经营了玛塔拉（Matalla）酒吧，后来这家酒吧几经搬迁，最后成为法沙嫩街（Fasanenstraße）的一家豪华餐厅，并仍沿用原名“玛塔拉”。此外，奥地利人米歇尔（Michel）也是柏林餐饮界的名人。他以优雅的衣着、举止和直指人心的机智与幽默，成为柏林奥地利酒吧业界的佼佼者。他曾担任巴黎酒吧（Paris-Bar）的总经理，为自己在职场上赢得高度声望。他初到柏林时，是在玛塔拉担任侍者起家的。钢琴师里德尔对我说，他从前经常在玛塔拉酒吧和维也纳作家瓦尔德·维纳、前卫抽象画家格哈德·鲁姆（Gerhard Rühm），以及出生于保加利亚的德语作家埃利亚斯·卡内蒂（Elias Canetti）为伴。卡内蒂对于“死亡”这个主题所说的狂热的言论虽然很有说服力，当时却让里德尔听得有些惶恐。

萨维尼广场附近的酒吧淘汰率很高，然而，巴黎酒吧、弗洛里安（Florian）、洋葱鱼（Zwiebelfisch），以及拳击酒吧弗朗茨·迪纳（Franz Diener）这 4 家老牌夜店，几十年来却能稳定经营并持续至今，不只受到老主顾的爱护，还能吸引年轻人。这些老字号酒吧都不约而同地坚守着各自的风格，完全不采用新颖的酒吧空间设计、灯光照明、色彩、流行的瓷器，以及那些造型怪异的餐具。它们并没有采用现在一般夜店的装潢和配置，而是借由不变的菜单、老板和侍者，为顾客们提供怀旧的满足感。一间酒吧或餐馆的魅力，特别取决于主力服务人员是否能在现场，以及是否认得来店的顾客。他们必须善于与客人打交道，懂得把老顾客和新顾客引到适当的餐桌前，或是在没有用餐位置时，知道该如何打点和安顿他们。

西柏林其他的老牌酒吧，如马厩（Tatavla）、第三世界（Terzo Mondo）、黑色咖啡屋（Schwarzes Café），全都位于萨维尼广场附近。它们开业于不同的时期，并反映着当时酒吧客人们戏剧性的消费策略的转变，时至今日，研究城市史的专家们仍未探究出它们存在的意义。威尔默斯多夫区（Wilmersdorf）及夏洛滕堡区的热门夜店看起来就像一间大面积的、对外营业的客厅，人们在这里产生爱情及友谊；然而，当双方一离开酒吧走到街上，就形同陌路，或因为发生激烈的争吵，而结束了彼此的关系。

10 柏林墙哪儿去了？

他们不明白，为什么人们不就地重建这些设施。

柏林墙纪念馆

柏林墙曾是柏林最著名的建筑物。在它倒塌一年后，绝大部分的墙体已经消失，不是被敲碎，就是被卖到全世界。如今的观光客们到从前柏林墙边的查理检查站参观时已看不到围墙，最多只能碰到一些流动商贩在到处兜售民主德国时期人们穿戴的毛帽，佩戴的勋章、防毒面具，以及制式夹克等物品。

后来，人们在围墙所在的贝瑙尔大街上建起了柏林墙纪念馆。在柏林墙倒塌后，但两德尚未统一的那段时间，东柏林的德国史博物馆（Museum für Deutsche Geschichte）和西柏林的德意志历史博物馆（Deutsches Historisches Museum）的馆长曾分别建议两个柏林市政府，把沿贝瑙尔大街兴建的柏林墙墙段列为文化保护资产，但是执政当局的回应却显得相当迟疑。原西柏林德意志历史博物馆修复部门的工作人员赫尔穆特·特罗特诺（Helmut Trotnow）在后来接受媒体采访时说："起初柏林各个政党都对这项保护提议不以为然，基督教民主党那时甚至在贝瑙尔大街所属的韦丁区对居民进行问卷调查，试图用民调结果来阻止这个地区的柏林墙保存计划。虽然这项行动遭到挫败，但是柏林市民已感受到反对把围墙列为古迹的人士所表达的不满。除此之外，还有人建议重建围墙，或把保存下来的围墙作电影拍摄取景之用。另有一些批评和建议则很具体，有一次，我开车去韦丁区参加相关活动，会后我去停车场取车时发现车子的窗玻璃被敲碎；又比如，当东柏林市政府在德国统一的几个星期前，准备把贝瑙尔大街北部的一个柏林墙区段列入文化资产保护名单时，就在预定决议的前一夜，这段柏林墙竟被拆毁。西柏林如此迅速地采取行动，是否在担忧柏林墙纪念馆的设立，可能会损害他们在新柏林未来的心脏地带即将进行的工程？

长久以来，柏林墙纪念馆周边的围墙保留问题一直争议不断。当然，贝瑙尔大街西侧的前西柏林居民有充分的理由反对这座纪念馆的设立：他们已忍受了柏林墙 29 年，不希望有生之年继续活在它的阴影之下。而东侧那些居民提出的反对理由也很有说服力：在民主德国时期，位于围墙旁边的索菲亚教堂（Sophienkirche）的神职人员与教区民众必须忍受戍守边界的士兵们日夜不停地在墓地间来回巡逻，并管控每位造访墓园的人。在柏林墙筑成后的头十年里，东柏林居民只能凭借当局发放的“坟墓证”进入这座墓园，为亲人献花扫墓，而西柏林的居民则完全被禁止前往悼祭埋在这座墓园里的亲友。而且当时为了建造柏林墙，附近一座埋有上千名“二战”阵亡德军将士的集体墓冢还被大费周章地迁移到了新的墓地。

位于贝瑙尔大街的柏林墙纪念馆建于 1998 年，之后经过陆续扩建，它是多方势力经过长期角力后彼此妥协的产物。纪念馆园区内有一段被保存下来的原始双墙结构的柏林墙，缺损的墙段则以一些垂直插立在地，与围墙等高的锈棕色铁柱代替，游客可以从铁柱间的空缝走进里面的“恐怖地带”。这个所谓的“恐怖地带”里面的武装设施早已被清除，现在只有一片草地，并没有重现原来的残酷与血腥。

后来，人们对柏林墙双墙之间，那些民主德国边界警戒装置的基底与残余部分进行了专业的考古挖掘，这些出土的物件给人们带来一种荒谬感。人们虽在地下深处挖掘出照明设备的基座，不过它却不是夜里让周遭变得明亮的照明设备本身；人们看到边界信号栅栏被固定在地面上，可它们已不是有人触动时会自行发出警报的边界信号栅栏；还有被挖出的警卫岗哨的地基，它们也已不属于值勤的边防军所进驻的警卫岗哨。柏林墙下出土的监控设施残留物，对于熟悉它的民众而言，竟显得如此无关紧要。他们不明白，为什么人们不就地重建这些设施。两道锈棕色新墙竖立在这段保留双墙结构的柏林墙南、北两端，它们的高度明显高于柏林墙，远比那些被挖掘出的边界设施的残体更能象征柏林墙对于民主德国人民的不可挑战性。

围墙公园

柏林墙纪念馆最生机勃勃的地方，或许就是围墙公园（Mauerpark），这块绿地正好位于前西柏林的韦丁区与前东柏林的普伦茨劳贝格区之间。在围墙公园里，从前双墙结构的柏林墙现在只剩下一段约 200 米长的东墙（Hinterlandmauer）。自从围墙倒塌后，这段残存的围墙被画满了颜色亮丽的涂鸦彩绘。从前柏林墙双墙之间的“恐怖地带”周边，现已绿化成一大片休闲绿地，吸引年轻人在此群集，这让这座原先充满肃杀气息的建筑展现了新的生命活力。

此外，围墙公园里还设有跳蚤市场、露天剧场、攀岩墙，再加上各类演出，每逢周末就有数千人在这里聚集。残存的柏林墙现在似乎已化身为陪伴民众的幽灵，护卫着那些形形色色、熙来攘往的人潮。从前这片泥泞的草地每过了星期天晚上，便到处都是民众留下的啤酒瓶，自从爱尔兰的卡拉 OK 歌手乔·哈奇班（Joe Hatchiban）开始在露天剧场举办卡拉 OK 派对，并在活动结束时把垃圾袋发放给现场民众后，渐渐地，大家形成一种打扫的共识。围墙公园开始变得干净，草地也显得更有绿意。可以说，围墙公园在这期间已经成为柏林年轻人心目中另一座可供市民休闲的蒂尔加滕公园[①]（Groβer Tiergarten）。每当柏林市在某个地方出现大面积空地时，市民就会对这块土地的用途发生争执。有些民间团体主张，应该把围墙公园的空地规划为市民的休闲娱乐区域，使之成为“城市之肺”；柏林的城市规划专家则关注城市越来越紧缺的公寓，到目前为止，市政府只允许他们在围墙公园的北端建造一个含有 600 户公寓的住宅区。

长度超过 1300 米的东边画廊（East Side Gallery），是柏林墙保存最长的墙段，当然它也属于墙体结构较弱的东墙。在围墙倒塌之后，人们最先开始在这面墙上大肆涂鸦。后来，民主德国国务院还专门委托一些国际知名的涂鸦艺术家在这道长墙上用涂绘或喷漆的方式留下其精彩的画作。与结构坚实的西墙不同，东墙以便宜的建材修筑而成，墙体较容易风化，上面的画作不容易保存下来。因此，柏林当局采取了特殊的保护行动：挖开某几处墙面，露出里面的钢筋后对其进行防蚀处理，然后在这些缺口上填上一种特殊的混凝土，抹平墙面再刷上底漆。墙体修缮完成后，柏林市政府再度邀请原来的涂鸦创作者来修补他们之前留在东边画廊上的那些受损的画作。然而，这些艺术家有些已经过世，有些已失联，还有一些则不愿意配合这项艺术修复计划。

---

① 蒂尔加滕公园是一座位于柏林市中心的大型公园，可媲美纽约曼哈顿的中央公园，从前曾是勃兰登堡选帝侯的狩猎场。——译者注

不过在115位还在世的艺术家当中，还是有87位愿意领取3000欧元的酬劳，依照约定时间抵达柏林，复原他们留在柏林墙上的旧作。

人们也会争论，作品迟早会毁坏是否就是露天画廊的宿命，这些涂鸦艺术家也很清楚，他们的作品只是暂时的，它们不仅置于户外任凭风吹雨打，而且无可避免地，还会被其他同行继续在上面发挥创意，任意涂抹。事实上，不少曾在东边画廊涂鸦的创作者并不认同修复旧作的想法，以及那笔附带的报酬。此外，画作的著作权也引发了不少的争议，某些平面媒体和出版社通过刊载东边画廊上的涂鸦作品或将其制成画册出版营利，却没有事先厘清它们的著作权归属。不过，这些涂鸦真的有著作权吗？到底谁又拥有存留下来的柏林墙的所有权？

在这期间，还有其他艺术家以柏林墙作为艺术创作的场所。2013年夏天，德国摄影家凯伊·维登赫费尔（Kai Wiedenhöfer）在东边画廊举办“墙上墙”（Wall on Wall）系列摄影展，在一段350米长的墙上，展出350张大型全景摄影照片。维登赫费尔原本打算把他在以色列和巴勒斯坦边境拍摄的作品展览出来。许多关心东边画廊的民间团体对于这个摄影展意见不一，在经过一番讨论和协调之后，才把这项摄影展的展现内容改为世界上8处不同国境边界的照片，其中包括朝鲜半岛上位于北纬38度的停战交界线，以及美国为了防止墨西哥的走私活动及非法移民而在美、墨交界处筑起的围墙等。

阿西西柏林墙全景重现展览馆

2012年9月，我在腓特烈大街的查理检查站旁边发现了另一座柏林墙纪念馆——阿西西柏林墙全景重现展览馆（Asisi Panorama Berlin）。

民主德国伊朗裔画家、建筑学教授亚德嘉·阿西西（Yadegar Asisi）在这座圆塔建筑的内壁，画了一幅高 15 米、周长 60 米的大型全景油画，呈现了冷战时期围墙附近彼此分隔的东、西柏林，圆塔展馆的中央则为参观者设置了一个 4 米高的观赏台。这座展览馆一开幕，便让所有围墙纪念碑、纪念馆相形见绌，这种场景重现方式比所有博物馆展出的"真实"展品更趋近"真实"，也更能强烈地呈现"真实"。

阿西西在 20 世纪 80 年代居住于柏林墙附近，他把自己对于那个时代的记忆与情感浓缩成一幅虚拟的图景，并在画面中把许多在时间与空间上没有太大关联的建筑物及事件压缩进了同一个视觉组合里。当人们走进这座圆塔展览馆时，首先映入眼帘的，是呈弧线走向的柏林墙，这种扭曲实体的图像令人感觉很荒谬。阿西西在这幅全景油画中，把 11 月灰暗天色里的晚期柏林墙[①]描绘成一头盘踞并分割着柏林城的巨兽，此外，他还画上了那个众所周知且令人厌恶的写着"您将离开柏林的美军占领区"的警告牌。柏林墙倒塌后，那些收购大面积彩绘的围墙块的商人可能没有想到，应该仔细检查他们所买下的那些既昂贵又笨重的钢筋水泥块。如果他们够幸运的话，很可能会在看得见的涂鸦绘画底下，发现被好几层石灰掩覆的惊人之作。

再回到阿西西的全景油画。这位画家在东、西墙之间，画出那条被路灯冰冷的光束照亮的恐怖地带，一座警戒塔上站着随时准备射击的边防士兵，反坦克的障碍物，供边防士兵的吉普车通行的柏油小路，以及警犬巡逻区。然而，他却无法表现出那些铺设在沙地下面的"暗器"。大概没有人能比阿西西更成功地表达柏林墙的戒备森严和

① 民主德国政府在 1975—1980 年进行了第四次柏林墙的修建工程。——译者注

高度的危险性，此外，这位画家还在他的创作中传达了一个特殊的信息：那些生活在围墙旁边的柏林人对于围墙的阻隔所表现出的惊人的适应力。

阿西西还在柏林墙旁边画了一栋建于19世纪，外观相当破旧的老楼房，房子下方已被围墙挡住，只有较高的楼层还能看到灯光。人们可以在其中一扇亮着灯的窗户里，看到一个女子的身影，不知道她是否正看着围墙的另一边。19世纪和20世纪之交所留下的保存完整的建筑立面装饰物，都被以不可思议的精确程度描绘出来。这座老楼房的左侧有一栋靠近围墙的民主德国新建筑物，再往左边就是几座建于20世纪80年代，长方体形状的高楼建筑物。民主德国政权曾戏称这几栋建筑属于“埃里克·昂纳克时代的晚期哥特式风格”。此外，在画面的中央还有那座感觉很超现实的东柏林电视塔，耸立在灰暗的11月里。

这位民主德国画家也把西柏林位于围墙旁的那片荒凉土地画入这幅油画中：一栋老旧不堪的楼房紧贴在柏林墙的西侧。熟知围墙一带的西柏林人都知道，许多生活没有着落的市民会在这些被废弃的房舍中安家，等着西柏林市政府和警方发布并执行房屋净空的命令。他们在现实生活中已是自顾不暇，他们上街游行时喊出的口号根本不会提到围墙另一边的东柏林人。画面中，那栋老楼房前面还有几位流浪汉正在一辆拖车前生火取暖。这些居民在围墙旁边开出一小块地来种植甜菜，还圈出一小块地，在里面畜养一些从画面上无法判断种类的动物。图中还有破旧的汽车、废弃的壳牌加油站、街角一家不起眼的酒吧，隔壁是土耳其移民经营的蔬果杂货店。左边那条狭窄的街道旁有一排公寓，被柏林墙挡住光线而显得阴晦幽暗；一张被住户淘汰的旧床垫正被抬出一栋公寓楼房，附近的孩子在玩耍，还对着柏林墙踢球。

这些场景不仅反映了 20 世纪 80 年代围墙附近的西柏林城区市民生活的安逸，还隐约透露着一种弥漫人心的无望感。

阿西西柏林墙全景重现展览馆呈现了柏林墙附近分裂的城市街景以及围墙两边居民安适的生活，而完全没有征兆显示出柏林墙的倒塌，这件改变世界历史的重大事件即将发生。这样的视觉意象所呈现出的效果是柏林的城市规划专家，及策划如何纪念柏林墙的市政府官员们从未达到的。

柏林墙的拆除与保存

民主德国开放柏林墙的边防管制后，那道长达 150 多千米的围墙结果如何呢？柏林墙是民主德国最昂贵的建筑体，当局采用了最好的钢筋和混凝土打造这座围墙，完全没有节省任何相关的开支。现在我们还知道当时曾有几家联邦德国与瑞典企业因为供应民主德国建造柏林墙所需要的钢筋、混凝土，以及带刺铁丝网而获得暴利。由此可知，那道预定用于抵挡西方坦克攻击的柏林墙，是不会被几千个“围墙啄木鸟”以区区铁锤和凿子就此搞垮的。一位技术熟练的柏林朋友曾用他手边精良的工具，在围墙上整整敲击了两天，才把几个墙块拆下，他的关节也因此受伤，他只好放弃。在柏林墙倒塌 20 年后，他开始考虑，是否应该继续保存那些摆在地下室的围墙块，或是干脆把它们当成垃圾丢弃。后来他决定把那些沉甸甸的墙块嵌入一座雕像内，那座雕像现今仍摆在他的花园里。由于墙块实在太重，他借由一位墓石专家的协助才得以完成这项计划。

要完全拆除柏林墙，还是需要专业人士和机械的投入，由此看来，大家惯用的“柏林墙倒塌”（Fall der Mauer）一词，其实是夸大其词。

民主德国政府只是在 1989 年 11 月 9 日撤除柏林墙的边境管制，柏林墙并不是在当天或是其后那几天倒塌的，而是后来民主德国边防军以及统一后的联邦国防军相联合，使用大型建筑专用器械一一切下的，然后再请专业公司一块块把它们运走，存放在特定地点或当成建筑废弃物，进而再利用。

经过精挑细选之后，在被分割后的 4.5 万块墙体当中，有 360 块被认定为艺术品，每块的卖价被喊到 4 万马克。1990 年，蔚蓝海岸的蒙地卡罗（Monte Carlo）拍卖了当中的 81 块。其中一位买主是生产法国白兰地的轩尼诗公司的女老板利利亚娜·埃内西（Ljiljana Hennessy），她把购得的那块柏林墙摆在她庄园的花园里。除了美国中央情报局以及世界各地的博物馆之外，德国工业联合会（BDI）前总裁汉斯－奥拉夫·享克尔（Hans-Olaf Henkel）和汤加王国国王陶法阿豪·图普四世（Taufa'ahau Tupou IV）等人，也出价购买。现在，柏林墙已分散在世界各地，人们至少可以在 125 个地点找到柏林墙的踪迹，安娜·卡明斯基（Anna Kaminsky）在于 2009 年出版的《世界上的柏林墙》（*Die Berliner Mauer in der Welt*）这本书里，把柏林墙在五大洲、40 个国家的陈列及收藏地逐一列举出来，比如夏威夷檀香山社区学院（Honolulu Community College）的校园。然而，柏林墙大部分的墙体后来都被回收利用：它们的钢筋被熔化，混凝土被磨成砂状，这些材料被用于铺设统一后德东地区新建设的高速公路。当人们驾车奔驰在德东那几条平整的新高速公路上时，通常不知道这些柏油路面底下都是由柏林墙碾碎而成的土灰呢！只要开车前往柏林舍讷费尔德机场（Flughafen Berlin-Schönefeld）或前往波罗的海的方向，就会走在由柏林墙碾碎而成的沙砾上。这对于柏林墙来说应该算是不错的结局吧！

2013 年 3 月初，许多柏林市民主张完全保存东边画廊，并发动了一场激烈的示威活动。他们在腓特烈斯海恩区的穆伦街（Mühlenstraße）喊出柏林人未曾听闻过的口号：“围墙必须留下。”另一群抗议人士则跟着呼应：“克劳斯·沃韦赖特（Klaus Wowereit）市长，别拆掉这道墙！”这句话不禁让人想起 1987 年，美国前总统里根公开向苏共党中央总书记戈尔巴乔夫呼吁的那句名言：“戈尔巴乔夫先生，请拆掉这道墙！”

这场示威活动的起因，是一位房地产投资者准备拆除东边画廊中 19 米长的墙面，并把拆除后的空地作为旁边那座正要兴建的公寓大楼的入口。这名投资者已根据一份由该区绿党党籍的区长所签署的合同准备拆除这部分东边画廊的墙体。依据既定的迁移计划，东边画廊被拆下的那部分墙体将被移到他处重建。但是，这些参与示威抗议的市民对于东边画廊已产生了深厚的情感——当中有许多人出生于柏林墙倒塌之后——他们一米都不愿意退让。他们理直气壮地指出，柏林市政府刚刚花费数百万欧元整修东边画廊，难道现在这座文化保护建筑竟然必须对一位房地产投资商如此退让吗？这场街头抗议很快扩大为一场 6000 人的示威活动，并吸引许多媒体关注和报道。柏林墙倒塌二十几年后，不只年轻的市民，连较年长的柏林人都想尽力保存那段曾被众人诅咒的柏林墙。集会现场一位 20 多岁的年轻人通过麦克风告诉群众，即使只拆除东边画廊的一小部分，也会破坏柏林墙原先具有的“紧迫及禁锢的感觉”，这是他不愿意失去的东西。一位热心的古迹保护示威者上台表示，柏林是“现代的考古学乐园”，柏林人有义务保护自己过往的文化资产。

柏林市长沃韦赖特于是把这起示威事件列为市政府优先处理的事项。他坚定地表示，东边画廊有理由被完整保留下来，他向大家保证，会尽快和那位商人以及该区区长商议此事。然而，就在第二天清晨，那位建筑商人便已派工程车到东边画廊把一大段墙体拆了下来。抗议人士未派人 24 小时在现场看守，因而没能及时阻止建筑商的奇袭，沃韦赖特市长也对此事感到震惊，看来这场市民与投资客的角力还会再持续一段时间。

不管这段被拆下的围墙能不能重新接回东边画廊，这座围墙仍会被保留下来。柏林人从前一味地向所谓的“进步”看齐，不知拆掉多少珍贵的老建筑，现在，市民却为了区区一面东墙——双墙结构的柏林墙最不重要的设施——发动如此激烈的抗议活动，这在柏林的古迹维护发展中，确实是惊人的，更何况这面东墙上的绘画都是在围墙倒塌之后才画上的。但无论如何，保留一截柏林墙的残段，总强过什么都没有留下。

11 打造柏林的普鲁士建筑师

柏林人选择以低调的方式面对柏林的历史，因此并未把每件帝国时期低级庸俗的事物、每座纳粹时期兴建的办公大楼，以及每栋民主德国当局打造的钢筋混凝土高楼，都列为文化资产保护的对象。

哪里才是市中心？

对于我以及许多与我同辈的西柏林市民来说，在柏林墙倒塌之前，柏林的中心当然在西柏林。相较于东半城，人们在西柏林可以感受到大都会特有的氛围，经常看到漂亮的商店橱窗，以及雅致的建筑设计。例如，选帝侯大街和它两旁的街道巷弄，与选帝侯大街相连接的陶恩沁恩大街（Tauentzienstraße），和街旁那座德国最大的百货商场——卡迪威百货公司，以及萨维尼广场——或许还有诺伦朵夫广场——周边的城区。不起眼的布赖特沙伊德广场和旁边的欧洲中心，以及它的溜冰场、讽刺歌舞剧院、精品店和跨越陶恩沁恩大街的那座行人陆桥，都被我们视为这座半城的现代化核心区——一个“小美国”。当我在意大利和法国时，我才会注意到自己生活的西柏林缺少让市民流连驻足的老广场，以及其他欧洲大城市那些受到保护的古迹群。这些历史建筑物在佛罗伦萨、罗马、里昂与巴黎随处可见，在西柏林却付之阙如。

柏林墙倒塌后，当我们发现一块写着“米特区”的新路标，明确地指向东边时，我们着实吃惊了一阵子。后来我们逐渐发现，老柏林的市中心确实位于柏林墙的东侧，而且，柏林几乎所有气派的建筑物、庄严的教堂与城市广场等，全位于它的东半边。柏林目前所保存的最美的广场，是由普鲁士建筑师、城市规划设计师卡尔·弗里德里希·申克尔（Karl Friedrich Schinkel）一手设计的御林广场（Gendarmenmarkt），广场周边的一些历史性建筑，也是柏林老城区唯一保留的古建筑群，而且与欧洲其他城市所保存的同类建筑相比毫不逊色。法兰西教堂（Französischer Dom）与柏林大教堂（Deutscher Dom）分据御林广场的两端，而等到位于另一侧，于 1817 年烧毁的戏剧院，由申克尔重建完成之后，整座广场才终于恢复往昔的生气与活力。御林广场和它周边的重要建筑曾在“二战”空袭中严重损毁，民主德国当局决定重建这两座大教堂，并把已炸毁的戏剧院改建为音乐厅，虽然民主德国政府重建起御林广场，人们却直到 1987 年，柏林庆祝建城 750 周年时才重新注意到它的存在。

此外，20 世纪初期，那些让柏林获得“现代化首都”美誉的大型建筑也都不在西柏林，而是位于后来被柏林墙贯穿的波茨坦广场周边。这些当时被视为典范的建筑后来大多被炸毁或拆除，人们现在只能在相簿中追忆它们的身影。波茨坦广场周边，虽然在“二战”过后沦为一片荒地，然而，当穿越其中的柏林墙倒塌之后，柏林也尝试通过规划与建设这个核心地带，为自己勾勒出一座国际城市应有的新面貌。

必须被隐藏的石雕

2012 年秋天，我到柏林爱乐乐团的柏林画廊（Gemäldegalerie）参观“申克尔、历史与诗歌”展览。申克尔曾于 19 世纪前半叶，在这座普鲁士都城的心脏地带建造了不少杰出的建筑物，其中大部分都已毁坏，不复存在，只剩下御林广场的戏剧院、菩提树下大街的新岗哨（Neue Wache）、威廉皇帝纪念教堂，以及目前隶属于柏林科技大学的建筑学院（Bauakademie）被保留下来。不过，在我看来，申克尔那些广为人知的建筑设计的艺术性，仍比不上他的铜雕版画及水粉画[①]，后二者充分展现了他对于空间设计的想象力，但画面里的场景却没能在现实世界里被建造出来。

我们可以在他的图画中，看到一位艺术家在他 60 年的人生里，以所学的希腊罗马美学典范为基础，自由地发挥创意。申克尔在完成他的罗马之旅后，曾为马林堡[②]（Schloss Marienburg）的廊柱大厅（Kapitell-Saal），设计了一份相当迷人的草图，把厅内的圆柱设计成一株株顶住天花板的大蘑菇。由于这样的设计并没有空间容下前来上朝的朝臣，因此未被采用。在展出的申克尔的建筑设计中，让我印象最深刻的是，他显然很喜欢把阿尔卑斯山南面特有的建筑形式和所谓的地中海式建筑相融合，也就是双塔的哥特式大教堂。在他的铜雕版画及水粉画中，总是不断表现暴风雨中的中世纪意大利城市，而且每个古城都有一座哥特式大教堂耸立着。不论位于阿尔卑斯山以北还

① 水粉画是以水调和不透明的粉质颜料而绘成的画作，其颜料的覆盖力高于水彩颜料。——译者注

② 马林堡位于汉诺威附近，是汉诺威国王乔治五世的夏宫。由于汉诺威王国在 1866 年被普鲁士吞并，这座宫殿便归普鲁士所有。——译者注

是以南，大教堂在哪儿，城市就在哪儿。在这些画作中，申克尔尝试将地中海边意大利式的花园与别墅，和群树遮掩中的北方哥特式教堂组合在一起。然而，这样的建筑规划与设计却从未在现实中实现，毕竟普鲁士的天空下，欠缺地中海的海湾与意大利的阳光，意大利的海岸边也没有哥特式的教堂。然而申克尔一直坚持自己的空间美学，他只是想把那些令他深感美好的意大利风情引入自己的国家。

申克尔是何等幸运，能在青年时期仿效当时的德国古典主义学者——如大文豪歌德、席勒等，学习古希腊罗马文化的精粹。我还在展场中看见一堆以贵族为主题的大理石雕像，我曾于20世纪80年代，在位于克罗伊茨贝格区哈勒什乌菲尔街（Hallesches Ufer）的石雕展品馆（Lapidarium）里见过它们。“二战”过后，许多普鲁士－德意志历史上的英雄塑像或因受损，或因有违西方占领军政府“去纳粹化”及“去普鲁士化”的原则，而无法公开展出，被临时集中存放在这座石雕庇护所里。这些收藏品尽是一些高大强壮的十字军骑士、穿着铠甲并有结实小腿肚的战士，以及体态较臃肿的普鲁士贵族、国王及皇帝，不过当时并没有发现女性的塑像。当我第一次在石雕展品馆参观这群石制雕像时，不禁为这些好战的老祖宗们被放逐到这间乏人问津的仓库里而感到欣喜不已。

后来，我听说那些摆放在石雕展品馆的雕像，已被搬到位于柏林西边斯潘道区（Spandau）的一座文艺复兴式城堡，即斯潘道城堡（Spandau Zitadelle）。在中世纪晚期的15世纪，意大利的城邦——如米兰、热那亚、威尼斯与佛罗伦萨——与文艺复兴代表艺术家，如多纳泰洛（Donatello）、莱奥纳尔多·达·芬奇（Leonardo da Vinice）和蒂齐亚诺·韦切利奥（Tiziano Vecellio）早已彻底颠覆了中世纪的世界观，然而德意志地区则在100年后，才出现文艺复兴的觉醒，因此，直到16世纪，德国才逐渐展开文艺复兴运动。斯潘道城堡兴建于德国文艺复兴时期，是一座于1559—1594年在旧城堡遗址原地所建造的要塞建筑。不过，这里的展览，几乎未涉及欧洲文艺复兴运动觉醒的人文精神，只是呈现着文艺复兴时期战争武器的手工制作技术及器械铸造技术的进步，让人们看到不同时期加农炮的演进。

这些来自石雕展品馆的普鲁士战士和王侯们被陈列在展场的一个角落，四周还特地围上护栏，护栏上挂着一块告示牌，上面写着："这些大理石雕像曾是德意志帝国开国皇帝威廉一世送给柏林人的'礼物'。"这些石雕作品在19世纪晚期被摆设在"胜利者大道"（Siegesallee）这条美丽的花园大道两旁，并依照人物所在的历史年代排列：从12世纪著名的十字军骑士，首位勃兰登堡侯爵阿尔布雷希特（Albrecht der Bär）的雕像开始，最后一尊雕像则是19世纪后半叶，建立德意志帝国的威廉一世。1938年，这两排人物雕像因为阻碍了第三帝国首席建筑师阿尔贝特·施佩尔（Albert Speer）为伟大的"日耳曼尼亚首都"（Hauptstadt Germania）所规划的南北向城市轴线，而被迁移到附近的星辰大道（Sternallee）两旁。"二战"后，纳粹战败后，柏林当局于1947年在同盟国驻军的命令下，拆除了星辰大道旁这些已被战火毁损的人物雕像，其中有一部分被埋在了被炸毁的夏洛滕堡宫花园里。20世纪50年代，柏林市政府又把这批石雕像挖出，连同其他的石雕像，一起存放在哈勒什乌菲尔街的石雕展品馆内。我第一次在那儿看到这些作品时，馆方只是把它们集中放置在一个拥挤的狭窄空间里，如此草率的处理方式，着实是贬低了这些普鲁士英雄和帝王的历史地位与价值。

二十几年后，我在"申克尔、历史与诗歌"这场展览中，再度和这群雕像相遇。这次，由于每尊雕像相互之间的陈列间距较大，我可以更有耐心地仔细观赏。那位身穿锁子甲的“阿尔布雷希特”，是德意志骑士的原型，他左手高举十字架，目视远方，好像在眺望即将要征服的圣城耶路撒冷。仔细观察之下我发现，这位德意志英雄身上穿戴的锁子甲竟被雕刻得如此细致而又完美，突然间，这尊雕像让我感受到一种脆弱。距离“阿尔布雷希特”稍远处，还有一些勃兰登堡－普鲁士的男性祖先们，他们的体态肥硕笨重，头戴铁盔或王冠，眼睛看向远处，其中有些已经残缺不全，有些人的脚足套着防护的链网，仿佛鳄鱼的脚。越接近巴洛克时期的人物，雕像造型就显得越活泼有趣，其中有一位蓄长发的侯爵戴着羽饰的帽子，穿着及膝短裤，模样相当有趣。我还发现了他们当中唯一的女性——腓特烈·威廉三世的妻子路易丝王后[①]（Luise von Preußen）——她的眼睛端庄地俯视地面，与众男士们完全不同。当时我虽然对于这位普鲁士王后的事迹一无所知，不过，当我从护栏的后方看到她在这群王公显贵当中微微欠身的模样时，却深受感动。

在这群石雕像中，以柏林雕塑学派（Berliner Bildhauerschule）最具代表性的艺术家弗里德里希·德拉克（Friedrich Drake）创作的那尊腓特烈·威廉三世的雕像最富表现力。这位普鲁士国王深具艺术鉴赏力，在位期间曾重用建筑师申克尔，从而为柏林留下了许多重要的建筑物。

然而，这些塑像即使被修复完好，也不会再展示在城市的公共空间，而是被摆在斯潘道城堡中一间尚待整修的营房内。任何想鉴赏这些前普鲁士－勃兰登堡统治者雕像的人，都可以前往参观。

---

① 路易丝王后过世后，仍广受人民爱戴，直到第三帝国时期，她仍是德国妇女的典范。——译者注

每个族群都有其特有的价值观与审美观，每个城市也可以赋予其过往的每个时期轻重不一的重要性。柏林人选择以低调的方式面对柏林的历史，因此并未把每件帝国时期低级庸俗的事物、每座纳粹时期兴建的办公大楼，以及每栋民主德国当局打造的钢筋混凝土高楼，都列为文化资产保护的对象。东、西半城再度合为一体的柏林必须选择自己的观点，让城市的未来发展符合民主制度与程序。实际上，在重建历史性建筑的过程中，柏林人就已在被迫做出选择，以米特区的柏林皇宫为例，人们到底想重建这座超过 400 年历史的宫殿的哪一段时期的样子？是侯爵的文艺复兴式宫殿、选帝侯的巴洛克式宫殿，还是依据申克尔的建筑设计，增添一座圆顶的宫殿？人们打算以哪一种艺术风格来修复皇宫建筑的立面？这些决定不可避免地受制于当前的政治与审美标准，及经费预算。

旅居意大利的申克尔显然更喜欢南欧的愉悦明朗的风情而不太喜欢德国的巴洛克风格①，因此他把柏林皇宫那些原本活泼生动的立面装饰予以简化。申克尔时代的普鲁士即将从农业国家转变为工业国家，因此他希望自己的城市能在双塔大教堂的保护下，拥有地中海式的从容惬意。他的爱国之情来自德意志人民对抗拿破仑统治所发动的民族解放战争（德意志解放战争），也来自腓特烈·威廉三世委托他设计的“铁十字勋章”（das eiserne Kreuz）。起初，这种军事勋章只颁发给在德意志民族解放战争时期立下功劳的人，普鲁士君王也沿袭了这种奖励制度，最后，它被纳粹滥用于表彰他们所发动的一连串对外征服与侵略战争中有军功的人。然而人们不应将纳粹的战争罪行归咎于

① 简而言之，德国的巴洛克风格是结合了意大利的巴洛克风格与日耳曼素有的厚重所形成的一种艺术风格，但在德国南部和北部又有很大的差别。——译者注

“铁十字勋章”的设计者申克尔，这位建筑师骨子里其实是一位民主人士，况且他在纳粹时期所获得的推崇远不及歌剧作曲家瓦格纳。

总的来说，申克尔已把一颗友善、谦逊的心，植入他在普鲁士大都会的建筑作品里。他所打造的御林广场正是为了对抗希特勒及施佩尔“世界首都”（Welthauptstadt）谬想的人文典范。

12　爱在柏林（一）：黄金时代

海明威曾在20世纪20年代初造访柏林，他描述柏林是“一个庸俗的、丑陋的、爱发牢骚的、放纵的城市。在第一次世界大战后，柏林已经沉浸在一片纵情放浪之中，战败的德国人把这种现象称为‘死亡之舞’”。

死亡之舞

18世纪法国启蒙思想家伏尔泰曾应普鲁士国王腓特烈大帝的邀请，到柏林担任普鲁士宫廷的文学侍从，他当时这么评论这座普鲁士王都：“在柏林，人们的精神和阴茎是自由的。”

几年前，当我对成年的儿女们提到，打算写一本关于柏林的新书时，他们的眼神充满了质疑，他们虽没有说出内心的想法，不过我可以猜出他们的心思：如果目标读者为50岁以上的人，那就去写吧，但你要如何描述那些午夜才开始的防空碉堡和隧道派对，以及那些深夜才开张的酒吧？这些才是许多二三十岁的柏林年轻人的生活重心，只要进去，你就可以在那里消磨一整个周末，直到星期一，甚至到星期二下午。

尽管柏林市政府已经债台高筑，每年仍会花费7.5亿欧元作为文化补助经费，不过柏林大多数的年轻游客和移民并不是为了参观博物馆岛而来。吸引他们的，是柏林国际闻名的狂野派对，当夜幕降临时，柏林就会化身为一座举世无双的大型夜总会。年轻人在正式的文化活动场地之外，通过小舞台、音乐咖啡厅、讽刺歌舞剧、非正式的展览和诗歌节表达自己的存在，这些形形色色的、非主流的文艺活动大多属于非定期举行的短期展演，从广义而言，它们虽属于文化活动，但每年所获得的补助只占市政府所有文化经费的 5%～10%。

在魏玛共和时期，20 世纪 20 年代，柏林曾吸引到许多西方各国的文艺青年及前卫艺术家在此聚集，虽然当时他们默默无闻，如今他们却已和柏林这座城市牢牢地连在一起：20 世纪左派剧作家暨诗人布莱希特和他的作曲家友人库尔特·魏尔（Kurt Weill）和汉斯·艾斯勒（Hanns Eisler），致力于戏剧创新的埃尔温·皮斯卡托（Erwin Piscator），作家弗兰克·维德金德（Frank Wedekind）和阿尔弗雷德·德布林（Alfred Döblin），新闻记者约瑟夫·罗特（Joseph Roth）与阿尔弗雷德·克尔（Alfred Kerr），画家奥托·迪克斯（Otto Dix）、马克斯·贝克曼（Max Beckmann）和乔治·格罗斯（George Grosz），以及电影界的先驱导演弗里茨·朗（Fritz Lang）和 F.W. 穆尔瑙（Friedrich Wilhelm Murnau）等人，都被视为 20 世纪黄金 20 年代的柏林文化界代表人物。然而，他们的那些传世之作，却诞生于街头戏剧、讽刺歌舞剧、杂耍表演，以及一些在咖啡馆、酒吧和夜总会等场所的演出，这些表演活动都被当时的德国社会视为难登大雅之堂的粗俗娱乐。尽管如此，如果没有这些流行的娱乐性与抗议性文化，就无法孕育出像剧作家布莱希特和画家贝克曼这样的一批现代文学与艺术的开拓者。从另一方面来看，20 世纪 20 年代，德国由于在“一战”中战败，因此必须支付巨额的战争赔款，国内经济因而萧条不振，大量的失业人口扩大了穷人与富人之间的阶级鸿沟，德国社会已开始分崩离析，接下来的 1929 年又爆发全球经济危机，最后，纳粹党赢得德国国会选举，正式取得政权而终结了文化繁盛的魏玛共和时期。

能歌善演的克莱尔·沃尔多夫（Claire Waldoff）是柏林红极一时的女星，专门从事讽刺歌舞剧的演出。这位来自格森基兴（Gelsenkirchen）——鲁尔工业区的产煤小镇的女孩，原本希望自己可以成为一名女医师，但是经营餐饮店的父母因为必须养育16个孩子，实在没有能力供她上大学，因此沃尔多夫后来决定从事表演工作，她在一个小地方首次登台演出后，便只身前往柏林闯荡。

沃尔多夫在波茨坦大街的罗兰剧院（Theater Roland）穿着英国伊顿公学的黑色男学生制服登台演出，获得热烈的回响，在柏林的娱乐圈一炮而红。自从成名之后，她开始演唱柏林的方言歌曲，这些歌词狂妄放肆的歌谣开始在柏林的大街小巷中流行起来。沃尔多夫演唱的方言歌曲的特点是风格诙谐，以及对于市井小民生活精准而又传神的捕捉。沃尔多夫还会在她的歌曲中大剌剌地咒骂男人，例如“唉，男人真愚蠢”；也会取笑那些接受整形手术的女性，“我不会让医师在我的胸部动手脚，只为了满足艾米尔那种不正经的喜好”。她也会在歌词中描述柏林的园艺爱好者那种简朴而又知足的生活乐趣：“柏林人需要什么才能幸福地过日子？一个园亭、一圈篱笆和一块苗圃。”神气活现的沃尔多夫会在舞台上抽烟，破口大骂，她还演出轻歌剧（Operette）和讽刺歌舞剧，也一度和当时尚未成名的好莱坞女星玛琳·黛德丽（Marlene Dietrich）同台演出。穿着衬衫，系上领带，顶着一头染红的短发——这是沃尔多夫当时的招牌造型。她在柏林登台表演的剧院、夜总会和咖啡厅的名称——史卡拉剧院、黑猫夜总会和多里安·格雷[①]夜总会等——也仿照当时西方各国声色场所流行的名

① 美少年多里安·格雷是爱尔兰文学家王尔德的著名小说《格雷的画像》的主人翁。——译者注

称命名。

当时柏林对于游客最具吸引力的地方是蓬勃的色情业，一如18世纪的威尼斯和19世纪的巴黎。20世纪20年代的柏林有大量娼妓从事性交易工作，并成为嫖客的乐园，然而和“浪漫之都”巴黎不同的是，柏林所提供的廉价与快速的性服务，及各种各样变态的色情活动，让这个城市的性产业显得粗俗不堪。大概没有人会像柏林达达派画家乔治·格罗斯（George Grosz）在讽刺漫画和绘画中，如此直截了当地呈现柏林那种露骨的没有爱情的性场景。他的画作经常呈现半裸的卖春女子与好色的军人或政客交欢时，站在一旁的死亡之神正不怀好意地注视他们的场景。海明威曾在20世纪20年代初造访柏林，1923年12月15日，他在发表在《多伦多明星周报》（*Toronto Star Weekly*）的一篇报道中，描述柏林是“一个庸俗的、丑陋的、爱发牢骚的、放纵的城市。在第一次世界大战后，柏林已经沉浸在一片纵情放浪之中，战败的德国人把这种现象称为‘死亡之舞’”。海明威当时是美国报社驻欧洲的特派记者，平日生活在巴黎，他曾经比较当时德、法两国首都的夜生活：巴黎拥有欧洲最文明的、最具娱乐性的夜生活；相较之下，柏林的夜生活在欧洲各大城市中显得最可鄙、最绝望、最堕落。

连纳粹也束手无策

此外，德国人至今仍普遍抱持一个错误的历史认知：纳粹党取得德国政权后，不仅立即采取恐怖行动对付政治异己，还极力打压柏林恶名昭彰的夜生活。因为对于纳粹来说，柏林不只是共产党员和社会主义者的大本营，它还是一座充满恶习的城市。不过，历史的事实告诉我们，纳粹并没有完全掌控首都败德的阴暗面，他们一方面排斥那些声色场所，一方面又深受其吸引，因此柏林一些爵士夜总会和各类酒吧，得以在纳粹统治时期生存下来。在一些上演歌舞、杂耍或讽刺喜剧的剧院里，有时仍会有一些“放肆的”、公然批判纳粹法西斯主义的滑稽短剧和歌曲的演出。这些娱乐场所的守门人个个都是眼尖的老手，一旦发现入场的顾客可能是纳粹时，便立刻通报舞台上的歌手、舞者和演员，让他们立刻中断原来的表演，转而演出一些政治正确的轻歌剧曲目。

在纳粹执政的第三帝国时期，最知名的色情场所就是凯蒂沙龙（Salon Kitty）。纳粹秘密警察头子赖因哈德·海德里希（Reinhard Heydrich）亲自在位于基瑟布雷希特街（Giesebrechtstraße）11 号的花园大别墅四楼（楼层面积约 340 平方米）成立这家高级妓院，并在每个房间安装麦克风，以便进行窃听。一些放荡却对纳粹忠诚的年轻女子会接受盖世太保[①]（Gestapo）的委托，负责在床上引诱一些知名的纳粹党员和外国外交官说出不利于纳粹的言辞。尽管海德里希做了最周密的布局，然而所获得的情报却相当有限。显然，这家高级妓院的每位客人都知道（或已被事先告知）在房间里会被窃听，因此他们为了反制纳粹的监控，刻意在房里更肆无忌惮。

老板娘凯蒂·施密特（Kitty Schmidt）在“二战”结束那一年过世，凯蒂沙龙便转由她的女儿和儿子接手经营，他们把凯蒂沙龙搬到该栋花园别墅的一楼，并改装成旅馆，以掩饰实质的色情交易，沙龙最后因为获利不足，只好关门歇业。德国刚统一时，柏林市政府原本预定

---

① 盖世太保是德语“秘密警察”（Geheime Staats Polizei）的缩写“Gestapo”的音译。——译者注

把这栋老楼房用作难民收容所，不过因为附近一些收入不错的中产阶级居民抗议，例如律师、会计师、医师和建筑师等，市政府只好作罢。战后一些电影和书籍曾经提到柏林凯蒂沙龙的传奇故事，而让这家纳粹的高级妓院闻名国际，成了世人共同的记忆。因此，现今许多来自世界各国的游客到柏林旅游时，还会走进这栋楼房的四楼按门铃，看看这家早已经过翻修装潢而不复原貌的凯蒂沙龙。

凯蒂沙龙发展不如预期，还彰显了一项事实：纳粹其实无法控管柏林的夜生活。柏林是纳粹第三帝国的首都，纳粹在这里谋划、发动第二次世界大战，并犯下其他可怕的罪行，这是毋庸置疑的史实：希特勒上台 4 周后，便策动德国国会大厦纵火案，监禁共产党员、社会民主党人士，迫害 17 万名柏林的犹太人，并从 1938 年的“水晶之夜”（Kristallnacht）开始公然驱赶犹太人民，夺取他们的财物，并将他们集体送往集中营。当纳粹占领法国后，数十万名柏林市民参与了那场向纳粹致意，且令后人觉得相当难堪的庆祝游行。然而，相较于慕尼黑这座号称“纳粹秘密首都”的拜恩大城，纳粹却从未在文化层面上彻底掌控德国真正的首都。柏林有许多反对纳粹的共产党、社会民主党的基层组织，以及在思想观念上反对法西斯主义的市民，他们非但没有屈从于纳粹的集体疯狂，而且勇敢地为政治受难者及犹太人提供避难的住所。出身新闻界的女作家乌尔苏拉·冯·卡多夫（Ursula von Kardorff）在她的著作《柏林札记》（*Berliner Aufzeichnungen 1942—1945*）中，写了这么一段话：“在柏林的地铁车厢里，一位工人让座给一位衣服上绣着‘犹太之星’[①]（Judenstern）徽章的老

① 在纳粹执政时期，犹太人必须依照当局的规定穿着缝有六个星芒的“犹太之星”黄色徽章的衣服，以利于德国人辨别他们的族群身份。这是德国纳粹针对犹太少数族群所实施的社会排挤、歧视与侮辱的措施。——译者注

妇，并用柏林方言对她说‘你坐这里，老彗星！’（Setz dir hin, olle Sternschnuppe!），旁边一位纳粹党徒却对这位‘无产阶级绅士’不以为然，还告诉他身为德国人应该如何如何，然而这位让座的工人当下却敢回嘴说‘我可以决定自己的屁股要摆哪里’。”冯·卡多夫在她的书中写下这样的评论：“我相信，德国普通老百姓所表现的言行举止，比那些受过高等教育的知识分子更公道、更正派。”

来自俄国的精英移民

一共有 1500 名柏林犹太人因为受到市民的庇护，而在第三帝国时期躲过纳粹的搜捕，其中有不少犹太人还受到过柏林妓女的帮助。犹太裔社会民主党员约阿希姆·利普席茨（Joachim Lipschitz）也曾在“二战”期间受到纳粹的迫害，他在 20 世纪 50 年代末期担任西柏林内政部议员期间，曾表扬一些勇于救助犹太人的西柏林市民。不过当他在颁奖的会场，伸手要和其中几位年老的妓女握手时，神态却显得有些尴尬。

可惜的是，到目前为止电影界还未针对柏林 20 世纪 20 年代的俄国人，拍摄一部类似《歌厅》的歌舞电影。俄国人曾是这个柏林黄金年代最大的移民族群，然而这些为数不少的俄国人，现在几乎已从柏林的城市记忆中消失。从 1917 年俄国的十月革命，到 1923 年德国因为严重的通货膨胀而实施货币改革这几年间，总共有 25 万～36 万名俄国人涌入柏林，或做短期停留或定居，他们和柏林墙倒塌、苏联解体后移居柏林的俄国移民不同，20 世纪 20 年代的俄国移民大多是产业、军事和学术领域的精英，他们不是被驱逐出境，就是选择移居国外。这群流亡的人当中，有许多人原是以法国巴黎为理想的移民目的地，中途在柏林落脚，就此住了下来。此外，比起伦敦、巴黎和罗马，柏林在地理位置上确实距离莫斯科和圣彼得堡比较近，再加上德国"一战"战败，巨额的赔款迫使魏玛共和政府大量印制钞票，引起恶性通货膨胀，致使柏林当时的生活消费低于欧洲其他的城市——情形就跟现在一样——当时大量的俄国移民便直接受益于"一战"后德国马克的严重贬值。

当时这批俄国移民在柏林的东火车站下车后，并没有留在附近的韦丁区、腓特烈斯海恩区或克罗伊茨贝格区这些以工人阶级为主要居民的城区，而是到柏林西边的夏洛滕堡区、威尔默斯多夫区和舍讷贝格区这些相当于他们在莫斯科和圣彼得堡居住的高级城区寻找合适的住处。在 20 世纪 20 年代，柏林曾拥有 185 家俄文出版社，从 1917 年的十月革命，到 1924 年这短短几年的时间，柏林出版界出版的俄文书籍就已超过 2000 本，这似乎是个不可思议的文化现象。除此之外，柏林在这个时期还发行了许多俄文报纸和杂志，许多娱乐场所还以俄语演出讽刺性喜剧和歌舞剧，及许多以演唱、歌舞、朗诵和杂技为内容的小型舞台表演。当时重要的俄国作家几乎都曾在柏林居住过一段时期，比如马克西姆·高尔基（Maxim Gorki）、弗拉基米尔·纳博科夫（Vladimir Nabokov）、安德烈·别雷（Andrej Bely）、伊利亚·爱伦堡（Ilja Ehrenburg）、谢尔盖·叶赛宁（Sergej Yesenin）、弗拉基米尔·马雅可夫斯基（Vladimir Mayakovsky）、阿列克谢·列米佐夫（Alexej Remizov）、阿列克谢·托尔斯泰（Alexej Tolstoi）、维克托·什克洛夫斯基（Viktor shklovsky）和玛丽娜·茨维塔耶娃（Marina Tsvetaeva）。

这批如洪流般涌入的俄国移民 20 世纪 20 年代在柏林落脚，却又在 30 年代初期，几乎全部消失。其中缘由至今仍是人们心中的未解之谜。

在纳粹上台后只有少数俄国人还留在柏林，例如知名的莫斯科女舞蹈家塔季扬娜·格索夫斯基（Tatjana Gsovsky）。她和丈夫维克托·格索夫斯基（Victor Gsovsky）于1924年移民柏林，住在威尔默斯多夫区的法沙嫩街，她在第三帝国时期曾暗中帮助从犹太人集中营逃出的犹太音乐家康拉德·拉特（Konrad Latte）藏身于格罗埃汉堡街（Große Hamburger Strasse），以躲避纳粹的追捕。这位女舞蹈家亲历了纳粹时期的风风雨雨，1945年，第二次世界大战结束后，她出任柏林国家歌剧院芭蕾舞团的首席舞者，后来还在柏林成立了自己的芭蕾舞学校及芭蕾舞团，并在欧洲各地巡回演出，活跃于欧洲舞蹈界数十年。

柏林一向不重视这批因十月革命而流亡的俄国艺术家和文学家在这座城市所留下的文化资产。我会留意这批俄国文人，是因为我曾住过他们从前聚居的夏洛滕堡区和威尔默斯多夫区，我后来还经常造访俄国文学家纳博科夫于20世纪20年代在西塞罗街的工作地点：一座大型网球场。

沃嘉社区的网球场

这座大型网球场是知名犹太裔建筑师门德尔松所设计的沃嘉社区的一部分，这里曾是柏林最高级、地点最好、与周遭环境最相融的网球场之一，目前已被柏林市列为市定古迹。流亡柏林的俄国作家纳博科夫当时在柏林仍默默无闻，曾为了谋生而在这座网球场担任网球教师。2009年，柏林出版的《电影与剧本年鉴》（*Film- und Drehbuch-Almanach*）所介绍的第三部剧本里刊出一张纳博科夫穿着白长裤、黑夹克，手持网球拍和他的未婚妻斯韦特兰娜·西沃特（Svetlana Siewert），及她的妹妹塔季扬娜一起走向网球场的相片（第

180 页）。柏林的电影编剧约享·布鲁诺（Jochen Brunow）自 20 世纪 80 年代起，便是这座网球场的常客，他曾在网球场的围墙边碰到一对美国犹太夫妇。那位老先生告诉他，他年轻时曾在这座网球场当球童，以赚取微薄的生活费。当时柏林的冬天降雪稳定，这座网球场到了冬天就变成一座超大型户外溜冰场，吸引许多人前来滑冰。管理处平日只用留声机通过扩音器播放音乐，假日则有乐队进行现场演出，而这些溜冰的人就随着这些音乐滑行、转身、跳跃。

“二战”结束后，也有一些之后成名的人光顾这座网球场，其中一位客人，就是后来成为联邦德国总理的勃兰特。他们来这里不一定是打球，有时只坐在高耸的白杨树下静听场上击打网球的声响，就会觉得内心很平静，感觉很舒服。奥地利犹太裔畅销书作家约翰内斯·马里奥·西梅尔（Jahannes Mario Simmel）也曾在这座网球场旁的花园酒吧里，坐在硬邦邦的长凳上，完成他的一部长篇小说。

20 世纪 80 年代初期，这座网球场已被白杨树和灌木丛覆盖住，不熟悉这座球场的人，即使已站在球场的入口，也不清楚球场在哪里，只看到户外摆着几张木桌，几位老男人穿着汗衫坐在那里下棋或玩纸牌，旁边还有一小间木头平房。从入口进来的人必须先经过那几张木桌和那群消磨时间的老人，然后才会看到网球场的 9 个场地。这座网球场由尤塔·费尔泽 - 乌特希特（Jutta Felser-Utecht）和她的母亲经营了数十年，前来捧场的球客虽然背景不同，却可以打成一片，实在难得。那些在选帝侯大街经营夜店的老板会把大部分的闲暇时间耗在这里，他们经常围坐在户外那几张木桌旁，有时也会和入场的记者、作家、艺术家，以及西柏林剧院的女舞者共坐一桌。不过，那些女舞者大部分时候都是穿着网球服前来，打完球后便直接离开，不会多作停留。这些经常围聚在木桌旁的绅士们喜欢开跑车到网球场，虽然他们的工作地点距离网球场只有不到 10 分钟的脚程；另一些客人则喜欢搭出租车或骑自行车前来。知识分子阶层的顾客中以心理分析师最多，心理治疗当时在西柏林是少数几个热门行业之一。心理分析师们打球之前总会先预约场地。我还记得，每次我想预约一个比较好的场地时，总是会有心理分析师抢在我前头。我曾认识几位他们的病人，他们每次接受诊疗时，支付 80 马克的诊疗费，因此他们在这里绝不会想和心理分析师打球。

这座网球场能使用的只有第一、第二和第三号场地，不熟悉的客人才会使用后方那 6 个场地。因为网球场旁那几株老白杨树的树根已伸入球场损坏了地面，整座网球场的排水系统也很糟糕，下场打球的人如果碰到突如其来的倾盆大雨，就必须拿着桶、抹布和海绵自行排干地面的积水。对于场地积水问题，球场的老板娘解释说，后面那几块红土球场状况不佳，是因为纳粹在下面盖了一座不透水的地下掩体，地面无法顺利排水。不论这个说法是真是假，我都认为他们应该把这座球场整修一番并重新设置几个硬地球场。

这座网球场只要支付钟点费，就可以进场打球。当时这个网球场已经成为社会各领域个人主义者的聚集地，人们可以在这里获得不一样的体验。冬天的柏林总是笼罩着灰厚的云层，当 3 月的暖阳首次露脸时，就是这座网球场再度开张的时候。等到柏林落下初雪时，球场也该关闭了。我曾在一个冬季的晴天，跑进这座当时处于歇业状态的网球场内，自个儿戴着手套在那些白杨的落叶和已冰冻的沙土上打球。当春天来临，柏林所有户外网球场还关着时，一些年轻的职业网球选手就会到这座位于西塞罗街的网球场打球，在这个网球淡季里，周边的居民甚至能在这座状况不佳的老球场，看到堪比温布尔登网球公开赛或者美国网球公开赛这类顶尖职业水平的比赛。然而这些精彩的网球赛顶多只会持续两个星期，接下来上场的又是那些艺术家、苏联解体后搬来柏林的俄罗斯移民，以及那些在选帝侯大街经营夜店的老板。由于后者是在夜间工作，他们通常到中午时才现身，一起聚在户外那几张木桌旁赌博，主要是玩扑克牌或双陆棋（backgammon），赌注甚至可达数千马克。有时这些赌客会突然起身，为了一个疯狂的赌注振作地拿起球拍走向网球场。人们会看到一些上了年纪的老男人为了一场决定性"战役"，经常膝盖、大腿或手肘上包扎着绷带上场打球。他们已不再是处事冷静的勇士，网球技巧也已生疏，然而为了获胜，他们在球场上费尽心机，毫无风度可言，不过每位熟悉内情的人都知道，那其实攸关一大笔金钱的得失。西柏林德意志歌剧院的那些芭蕾舞者到这座网球场打球时，总是好像精灵一般在场地上迅速地来回移动着，当她们要救起挨着球网落下的小球时，似乎是脚尖向前扑向网边，这些记忆中的景象至今仍令我难忘。从前，我经常和一些作家及电影编剧相约到这座球场打球，打完之后，我们也经常在一起讨论，万一这座球场有一天消失了，我们该如何让它在作品中继续存在。我们当时打算以这座老旧的西柏林网球场为主要背景，编写一部电视连续剧，名称就叫"网球场"，可惜这个剧本只停留在构想的阶段，至今仍没有人动笔编写。

西塞罗街的这座网球场至今存在，不过所有喜爱它的人看到它现在的状况恐怕都会难过。整座球场的红土已长满苔藓和青草，就连从前那三个状况比较好的场地也长出好几株一人高的树。参天的白杨树垂着树枝，好像在思念从纳博科夫开始在这里当网球教练时便已响起的网球声，甚至那些球场旁边不断抱怨吵闹的社区居民，或许现在也会在他们安静的公寓里，默默地怀念从前人们打网球的声音。

几年前，海岸资金（Shore Capital）这家布局全球的英国房地产集团买下这座网球场，后来还以高得离谱的价格，公开为这座网球场招租。熟悉这座网球场情况的柏林市民及房地产投资客从一开始就认为，这家房地产公司开出这种租金，其实根本不打算出租。他们推测，这家公司过度抬高租金可能另有打算：只要球场的红沙地上长出足够多的树，负债累累的柏林市政府就会放弃把这座网球场继续列为文化资产保护的对象。

恐怕这家房地产集团采取的迂回策略最后真的能达成目标。柏林市政府文物资产保护委员会虽然总是对外公开表示，不可能放弃对市定古迹的维护，然而如果迟迟找不到这座网球场的经营者，有些人可能会重提当时建筑师门德尔松在规划这座网球场时的缺失：门德尔松在建造这个社区时，由于开发商没有足够的资金用以执行原先的建筑计划，门德尔松只好把剩余空地设计为耗资较小的网球场。由此可见，修筑这座网球场只是当时迫不得已的权宜之计，根本不是什么了不得的建筑设计，所以不具有文化资产保护的价值。

13　爱在柏林（二）：分裂时期

然而到了1989年，当民主德国突然开放柏林墙的边境管制，这些女人带着孩子们到西柏林找他们的爸爸时，数年来所抱持的幻想大多在一夕之间破灭。

跨越围墙的性产业

柏林人以及后来的西柏林人的那种习以为常的浪漫自由生活，早在同盟国美、英、法、苏四国共同占领柏林时便已形成。

“二战”末期，柏林因为受到同盟军猛烈的空袭，到处都是断垣残壁，整座首都就像一个大废墟。“二战”结束后，许多柏林女人生活无以为继，选帝侯大街上挤满了卖春妇女。当时大部分的柏林娼妓都是德国女人，她们自己接客谈价钱，不靠皮条客拉生意。到了20世纪七八十年代，泰国、苏联、波兰和南斯拉夫等国的女人纷纷来到西柏林卖淫，尽管这些外籍妓女在西柏林性工作者当中仍属少数，但是本地的德国妓女仍受到了竞争的威胁，据传这些外国娼妓受到皮条客和帮派的控制，她们削价竞争导致柏林的买春价格不断滑落。西柏林首批女性主义者曾率先出言反对性交易现象，不过她们一开始便得和态度强悍、靠卖淫维生的妓女们进行激烈的争论。这些处于社会底层的性工作者当时不得不为自己赖以谋生的职业而挣扎，必须为身上那个被污名化的标签——“婊子”（Hure），或多或少争取社会的认同。

然而，另一边的东柏林并没有公开卖淫的站街女郎，也没有合法且正式的妓院存在，不过私下进行的性交易倒很猖獗。当柏林墙隔绝东、西柏林之后，西柏林人如果要到东柏林买春，大多会到东柏林腓特烈大街地铁站附近，或到东柏林专供外籍人士投宿的茵特旅馆（Interhotel）。

由于联邦德国在战后大量引进外籍劳工，这些外籍劳工也让东柏林的性交易更加繁荣。一开始，土耳其劳工只是到东柏林腓特烈大街地铁站附近的茵特商店[①]（Intershop），购买价格低廉的香烟和伏特加，后来因为购买烟酒，而有机会在地铁站周边认识一些民主德国妇女。他们很快发现，只需要一条西方品牌的香烟、一瓶香水或一包500克装的雅各布斯咖啡（Jacobs-Kaffee），就可以和她们上床。20世纪50年代，西柏林最早的一批外籍劳工经常会彼此询问："你有奶奶吗？"这些年轻外籍劳工口中的"奶奶"，就是指西柏林一些富有的寡妇，她们大多独居在大公寓里，乐意和外籍劳工发展男女关系，以排遣生活的孤单和寂寞。到了20世纪60年代，柏林墙筑起之后，这些外籍劳工彼此探问的话已转成："你有莫妮卡吗？"而"莫妮卡"则泛指愿意以一条万宝路香烟作为性交易代价的东柏林年轻小姐。

安德烈亚斯现在是一家柏林希腊餐厅的老板，20世纪60年代他刚从地中海的塞浦路斯来到西柏林工作时，在一家餐厅当服务员。他回忆起当时经过柏林墙的检查站、入境东柏林的情况："虽然我每次只拿20联邦德国马克兑换民主德国马克，不过这个小钱却可以让你

① 依照民主德国政府的规定，人们在茵特商店购买物品时，必须支付外币。——译者注

在东柏林当大爷。你只要走进莫斯科咖啡厅（Café Moskau）或索菲娅旅馆（Hotel Sofia），用打火机点燃香烟，身边就会立刻围上一群年轻漂亮的小姐。”他和他的朋友都持有塞浦路斯护照，由于塞浦路斯是第一个承认民主德国的西方国家，因而被民主德国视为友邦，民主德国的人民警察也对他们特别友善。安德烈亚斯那时经常去东柏林消费，一位熟识的人民警察还热心地告诉他应该把没有花完的民主德国马克存于何处，这样就不用每次都要换回联邦德国马克，他下次再到东柏林时就可以花用。不过，这位人民警察只是给他建议，还是尊重他的习惯和做法。

出身土耳其移民家庭的《每日新闻》编辑德尼兹·于杰尔（Deniz Yücel）曾于2010年10月1日在该报发表了专栏文章《被诅咒的统一》（“Diese verfluchte Einheit”），里面引述了一位西柏林土耳其劳工对于围墙时期的东柏林的回忆：“我们会定期到东柏林消费，在那里喝酒玩乐，很快，我们每个人都在东柏林交了女朋友。你知道吗？联邦德国的女人并不想和我们有瓜葛，不过民主德国的小姐却不一样。或许是因为我们会带万宝路香烟、妙卡巧克力（Milka-Schokolade）和雅各布斯咖啡，就像我们每次回土耳其时，也会带这些东西回去一样。”

当时这些西柏林的外籍劳工往往和民主德国的小姐才认识几个小时，就可能发展出固定的男女关系，有些甚至还生了孩子，在东柏林建立起第二个家庭。当他们向东柏林的情人吹嘘自己在西柏林的工作和职位时可谓是天花乱坠，例如他们会吹牛说，自己在西柏林的选帝侯大街开汽车修理厂、照相馆或地毯店；然而到了1989年，当民主德国突然开放柏林墙的边境管制，这些女人带着孩子们到西柏林找他们的爸爸时，数年来所抱持的幻想大多在一夕之间破灭。他们发现，他们的土耳其爸爸既非在西柏林经营地毯店，也不是餐厅的老板，只是个在街上贩卖土耳其烤肉的小贩，和原来的家庭住在下层阶级聚居的克罗伊茨贝格区，一家四口挤在两室的公寓里。

14 派对之都

由于其刚好位处柏林的克罗伊茨贝格区和腓特烈斯海恩区这两个城区之间，因此它的经营者就以这两个区名的字尾组合为它命名。光是这个名称就带有一种神话式的虚构性，站在波海恩入口的前方，许多人也会不由得想到卡夫卡的长篇小说《城堡》。

在荒地与废墟之间

在柏林墙矗立时期，西柏林虽形同一座孤岛，但它的夜生活却比汉堡和慕尼黑更狂野、更有活力。柏林墙的倒塌，更让柏林的娱乐活动和娱乐场所出现了史无前例的爆发性的发展。夜店的兴起，主要是因为柏林墙被拆除后，市中心突然出现了一大片荒地——这种情况从不曾发生在世界其他国家的首都——一些创意人士已经察觉出，这片空地，特别是柏林墙东侧一些废弃不用的仓库和厂房，正等待人们的重新开发。据老一辈的西柏林夜店老板说，“二战”结束后的头几年，英国占领军的士兵正是活化这些荒废建筑的先驱。他们晚上会在西柏林被炸毁的荒地上到处游荡，然后脱下军服，迅速换上预备好的派对服装，带着啤酒，跑到纳粹第三帝国的地下碉堡和地道内大肆庆祝。

这些位于市中心的荒地所有权归合并后的柏林市，更确切地说，是归柏林的大型企业，例如德国铁路公司或柏林城市清洁公司等。在柏林墙倒塌后，这些公司突然不知该如何处理民主德国时期留下的土地和建筑物。相较之下，柏林那些作风前卫的声色场所的经营者反应就比较敏捷，他们并没有花很多时间思考，便知道该如何在这片荒地和废墟中，扩展自己娱乐事业的版图。当时这一大片被柏林墙划开的市中心空地，在围墙拆除后显得更空旷和荒凉。周边广阔的区域内完全没有酒吧、小吃店、购物商店，甚至是柏油路。不过人们可以步行，或骑自行车到达那片荒地，那里距离最近的地铁站也不远，天色暗下后，也不会有行人迷路。

夜店可以给人们一个不一样的生活，让人们充分享受当下。人们到夜店消费的动机，就是期待能脱离日常生活，进入另一个可以依循自己的规则运作的世界。从前的上班族会在星期六晚上到迪斯科舞厅跳舞，尽情地玩乐一夜，回家后便瘫倒在床上，然而这种下班后的旧型娱乐方式对于现在的夜店咖而言，似乎已经过时，因为他们不只希望在工作之余有一两个夜晚可以尽情狂欢，他们更喜欢一种马拉松式的集体狂欢，夜以继日地纵情作乐，甚至持续半个星期——如果情况允许的话。柏林的夜店有特别的营业时间，它们往往夜晚才会开张。站在入口的服务人员会在顾客付完入场费后，在他们的手腕内侧盖章，这个章可以让他们从星期六晚上待到星期一或星期二中午。

柏林这种独特的延长周末的方式显然可以归因于它的社会环境。再没有一座德国城市像柏林一样拥有这么多工作条件恶劣，或依赖社会救济提供的打工机会生存的年轻人，因此柏林的夜店必须适应大量年轻消费者收入不佳的情况。它们的入场门票价格低于 10 欧元，每杯饮料的价格在 7 欧元左右，比其他城市的夜店收费更加低廉。这种消费水平让许多柏林年轻人可以在一家夜店打发一整个周末，直到星期一中午再姗姗离去。柏林让全世界的年轻人见识到这种混杂着经济拮据和浪漫情怀的新型娱乐形态。在纽约、伦敦或巴黎的电音酒吧，一杯饮料的价钱就可以让人在柏林的夜店欢度一整个周末。柏林的夜店咖来自世界各地，日本、以色列、澳大利亚、意大利、西班牙、葡萄牙……尽管国籍不同，他们的打扮却如出一辙：T 恤衫、蓝色牛仔裤、球鞋，即使上臂有刺青，鼻子和嘴唇挂着穿环，看起来也不醒目。柏林夜店的经营者确实眼光独到：他们店里的顾客来柏林只会想到夜店，而且只光顾夜店。柏林的夜店消费群体年龄在 30 岁以下，他们都不是冲着柏林爱乐乐团的音乐会或博物馆岛的博物馆而来的。

《时代》杂志曾于 2009 年大幅报道柏林的波海恩（Berghain）是全世界最棒的夜店；那些国际知名夜店大概不像波海恩这样，坐落在一个如此不寻常的地点。波海恩午夜才开张，若要使用柏林公共交通系统，只有搭乘那条整夜运营的地铁才能抵达。波海恩位于一大片空地的中央，附近只有几栋废弃的工业建筑、汽车厂、专门贩卖低价食品与民生用品的阿尔迪连锁超市，及远处的 O2 世界室内体育场（O2 World）。有一天晚上，我和女友打算进这家闻名遐迩的夜店开开眼界，我们没有选择搭乘地铁，而是开车前往。当我们在卡尔·马克思大道（Karl-Marx-Allee）把车子停好后，往波海恩的方向走去。我们沿途经过一片黑漆漆的街道，完全看不到人影，两旁的房屋也没有灯光透出。最后，我们终于发现一栋昏暗的大型建筑物矗立在我们的右手边，它就是我们当晚的目的地——波海恩。

如果人们去巴黎或纽约的夜店，通常会遇见大城市的拥挤和塞车，会听到汽车的喇叭声，还有一群群放肆的年轻人兴奋地叽叽喳喳，然而波海恩却像一座兀立在荒地中的黑暗城堡。那天晚上，我和女友停好车后，朝波海恩的方向行走，我们拖着沉重的脚步经过一些漆树——

柏林废墟上生长的一种树，同时还必须小心地避开因为夏季连绵的阴雨而在地上形成的许多水洼。

全世界最棒的夜店

2003 年歇业的电音夜店东方庄园（Ostgut）是波海恩的前身。后来，诺贝特·托尔曼（Norbert Thormann）和米夏埃尔·特费勒（Michael Teufele）这两位老板找到了一个更符合他们经营理念的场所，即位于柏林旧东火车站原址上的那座废弃发电厂。由于他们很喜欢这栋民主德国早期兴建的新古典主义风格的工业建筑，便把它改装成大型夜店，即波海恩。波海恩对顾客会进行入场审查，因此在外面排队的客人，不一定都能顺利入内。光是这一点就为它增添了几分传奇色彩。我对于这家知名夜店很好奇，但我的年龄已远远超出最高年龄的限制。因此我很担心会在进场时被守门人拒绝，于是我事先拜托老板托尔曼把我和女友的名字列入该晚的贵宾名单中。老板给了我们特别礼遇，我们甚至不用在那个专供贵宾进场的入口跟着一起排队，虽然在这个入口排队的客人已比普通入口处少了许多。因为想了解波海恩的客人以及门房筛选客人的标准，我们还是跟着大家一起排队。进入波海恩消费的年轻人显然都已在网络上查过关于波海恩的信息，他们会听从网友的建议：避免穿着抢眼的、古怪的服装。等待入场的客人们都乖乖地、安静地排队，男生大都穿着 T 恤衫、蓝色牛仔裤和运动鞋，女生也是这样的打扮，不过比男生亮丽一些，只有少数几位穿着迷你裙或连身洋装，并没有人脚踩细跟的高跟鞋。一些男生大概已经准备要在里面待上数小时甚至数天，而且知道自己会跟着大家热舞一番，因此只穿着汗衫前来。在暗夜的入口外，大排长龙的男男女女用各种不同语言交谈着，他们的年龄全介于20岁至30岁之间，青春洋溢、无忧无虑，是一群友善、随和的年轻人，他们到波海恩纯粹是为了找乐子，绝不是要挑衅或惹是非。

在远处就可以看到三位站在入口处把关的工作人员，他们各自有着不同的外形，对于外面大排长龙的客人们来说更显得难以捉摸。其中那位令人深怀敬畏的斯文·马夸特（Sven Marquardt）对顾客的入场握有“生杀大权”，他挺着啤酒肚，留着浓密的络腮胡，脑后的灰发绑成马尾，嘴唇上挂着几个发亮的唇环，耳朵上也戴着厚重的大耳环，脖子上挂着一条钢质粗链，这种造型让他看起来更像个老朋克，但并非好斗之人。他如同雕像一般站在入口处，很少走动。每当一组人被放行入场后，队伍前移一截，然后又停下来，真是折磨人。马夸特不发一语地看着下一群客人，从他们的衣着、表情和姿势等，判读他们是否符合入场标准。当然，这些放行的标准外人无法知晓。之后，马夸特打出暗号——可能是用手或头部做指示或只是使个眼色——他的手下就知道该不该让客人进场。

在柏林的夜店圈里，有许多关于马夸特的故事和谣言流传着。我曾听几位波海恩的年轻主顾说，有一次，他们因为不想跟其他顾客一样，在入口处排两个小时队，便自行走到另一个专门给贵宾名单上的客人排队的入口等候，而马夸特竟然没有确认他们是否在贵宾名单上，就这样让他们入场，其中有一位甚至还向马夸特表明自己是雄猫霍次希（KaterHolzig）——波海恩在柏林最主要的竞争对手——的厨师。

排在我们前面的那对情侣被禁止入场，他们不发一语地离开，马夸特随后还朝他们喊着：“祝福你们能有个愉快的夜晚。”我们不禁心生疑问：他们的服装、眼神和气质，到底哪一点没有过关，而必须接受马夸特如此“残忍的”判决？我们自以为，他们一定在某方面没达到审核的标准，不过这只是我们瞎猜的，因为我们站在他们后方，无法看到他们正面的模样。我们从后面只是观察到他们的T恤衫有点儿湿，那位男伴的头发有些黏乱。突然间，已经轮到我和女友接受这几位门房的审核，我立刻中断这个思绪。我的女友穿着一件红色短式皮外套，我则穿了一套麻质黑西装，这样的装扮是否能过关？当时虽然把关的人员对我们充满善意，不过我的年龄已超出进场的年龄限制一大截——30来岁，他们真的会放水让我进去？一切都是废话！我告诉自己，酒吧守门人实际上根本没有评判的标准！那些入场的审查只是一种接受和拒绝的仪式，入场的标准越模糊，这个仪式反而运作得越好。

马夸特是柏林夜店圈里的名人，他接受访谈或上脱口秀的节目时，经常被问到他为酒吧波海恩筛选客人的标准。当然，这位机灵的守门人总是顾左右而言他，坚决地回避这个问题。最趋近事实的推测大概是：马夸特虽然有绝对的权力决定哪些客人可以入场，不过，他自己可能也说不清楚他所依据的标准是什么，或许是他那训练有素的眼力，可以让他凭直觉辨识出哪些人可能会逞凶斗狠、聚众滋事吧。不过，这家国际知名夜店审核顾客的最主要目的，并不是要维持场内秩序，而是刻意要在波海恩这座娱乐殿堂和外面世界之间画出一条区隔彼此的界线。客人在进入这座神秘的、形同黑暗城堡的钢筋水泥建筑之前，必须接受考试，而且还是一场无从准备的考试。由于其刚好位处柏林的克罗伊茨贝格区和腓特烈斯海恩区这两个城区之间，因此它的经营者就以这两个区名的字尾组合为它命名。光是这个名称就带有一种神话式的虚构性，站在波海恩入口的前方，许多人也会不由得想到卡夫卡（Kafka）的长篇小说《城堡》（*Das Schloss*）。对于被拦下的那些光顾者而言，传奇夜店波海恩宛如那座让可怜的主人翁K费尽一切努力、至死也无法进入的城堡，而且他们也跟K一样，始终不知道自己为何不得其门而入。

轮到我们接受“入场面试”时，马夸特专注地看着我的女友，并对她说：“您看起来完全不像每三两天就会跑来波海恩捧场的客人。”我们当下还不知道，他这句话是否带有正面的含意。我的女友则回答他：“没错！不过，我的姓名已经列在你们的贵宾名单上了。”当她说出这句话时，我心里觉得很可惜，因为这么一来我们就无法知道，我们这对老情侣如果不是因为和老板有交情而被列在贵宾名单上，马夸特是否还会同意让我们进场。他朝我看了一下，并没有多做观察便对我们说：“你们可以入场了。”当他对他的手下使眼色示意放行时，我还是畏于他的威严而不敢拍他的肩膀，和他拉近距离。

进场后，我们立刻感受到一种既兴奋又愚蠢的反差情绪。就像每位考生在顺利通过考试后的心情——经过一番考验而终于达到目标的愉悦。突然间，我们不再属于外头大排长龙的人群，那条人龙每隔几分钟就会变得更长，而我们竟已幸运地被这家夜店接纳，顺利地进场！这种胜利的喜悦感似乎也感染了我们身旁那对年轻的情侣，他们就在窗户边，站立的位置比我们高出好几级台阶，正开心地看着窗外在雾气里静待审核的长长队伍。“看！多少人现在还在外面站着，他们至少必须再等两小时才能入场——如果可以入场的话！”

波海恩那相当特殊的室内空间设计，让那些因为通过入场审查而满怀胜利感的客人更加亢奋。那几面没有任何装饰、高二三十米的墙壁，和里面的阶梯及开放式楼层，就可以让人们上升到另一个文明，里面砰砰作响的电子音乐就是这个文明的脉动。电子乐的低音部分从一开始便在寻求与入场者身体内部产生共鸣；在昏暗的灯光中，人们只能隐约看清人或物的轮廓；巨大而又高耸的空间像极了中世纪的哥特式大教堂，只是廊台上没有歌咏上帝的教会唱诗班，而是跳舞、喝鸡尾酒的人。这栋建筑物内高达数十米且透光的窗户更让人们觉得这家夜店很像某个不知名宗教举行仪式的神圣空间。如果人们走上那座钢质楼梯，就会来到另一个设有酒吧、舞池和 DJ 控制台的开放式楼层。上方的楼层通常可以充当下方楼层热舞群众仰头观看的活动舞台，因此舞客们会有置身大型剧院的错觉，每个开放式楼层又可以同时举办各种不同的音乐仪式。这些劲舞的人不只随时可以从活动参与者变身为观赏者，也可以随时从观赏者转换成参与者。除此之外，波海恩的 DJ 们在每个开放式楼层所混音的电子舞曲并不会相互干扰，这也是这座娱乐殿堂在内部建筑结构设计方面相当了不起的地方。

我和女友听从我们已成年的孩子们的建议：携带耳塞前往。不过，波海恩的音乐音量其实还过得去，因此我们在场内并没有使用耳塞。而且我们还发现，波海恩连鸡尾酒的价格也很友善，像杜松子汽水（Ginfiz）或金巴利橙汁（Campari-Orange）这些调酒饮料都很平价，连申请助学贷款的大学生也消费得起。

波海恩有两个舞台的后方连接着一些彼此交错的通道，置身其中，犹如身处迷宫，而且还能感受到室内设计师刻意营造的空间狭隘感。这些窄道的尽头是一些小房间、夹室，以及摆放 L 型沙发组的角落空间。据说清晨时分，波海恩这些迷宫、暗室或一楼大厅，会出现一些放纵荒淫的场面，这个传言就跟入口处的守门人一样，都已成为出名的波海恩神话。其实这类谣传的幻想成分往往远超过实际的情况：纵情狂欢的事只要发生过一次，就足以让这种传言久久不散。我们曾在里面四处闲逛，却怎么也没发现能证实这个波海恩传奇的事情。

我们看到舞池里突然出现一堆年轻人在跳舞，他们随着现场的音乐摆动自己的身体。依我所见，这些在电子混音舞曲和泰克诺音乐

（Techno）伴奏下的动作，根本算不上跳舞，更像是出神地在原地踏步，随着音乐的节奏摆动身体。由于空间拥挤，这些人在现场根本不可能做出恣意的舞姿、大胆的动作和杂耍一般的表演。这些年轻人可能没有察觉，他们所有连贯的动作在闪烁的灯光下，已被切割成一张张速拍的照片。人们的舞动不管是流畅还是笨拙，有没有跟上音乐节奏，都不重要，因为在不停闪动的灯光下的舞池里的人们都成了一系列的连环快照。由于大家数个小时在这片音乐之海中，不断随着节奏摇摆，便逐渐出现了集体迷醉的现象。

在波海恩，几乎没有客人会因为衣着过于怪异，或者行为举止及跳舞风格过于特别而引起他人的侧目。许多女士在跳舞时，会随身背着依贴在臀部的皮包，不然她们该把皮包搁在哪里？一些男人和他们的舞伴在跳舞时，一手拿着香烟，另一手拿着啤酒瓶，如果他们不只穿着汗衫前来，还会把夹克绑在腰间。不过整体而言，波海恩的经营理念并不鼓励顾客突显个人的差异性。

几十年前，我刚落脚柏林时，就不喜欢柏林人严格依照年龄层区隔彼此“代际文化”（Generationen-Kultur）的传统。我在巴黎或纽约的娱乐场所总会碰到男性、女性、第三性以及各个年龄层的顾客，然而柏林却存在许多专供20岁、40岁或50岁的顾客群消费的餐厅、酒吧和舞厅。波海恩把入场客人的年龄限定在20岁至30岁之间，虽然我这个位列贵宾名单的老人在场内并不觉得那些年纪比我小40岁左右的年轻人刻意冷落我或排挤我，不过我确实觉得自己与这家夜店格格不入。

我对女友说：“走吧，我们去跳舞！在这里不应该只在一旁观看、发牢骚，或抗拒和大家打成一片。我们不跟着舞动身体就输了！”我们开始跟着大家跳舞，身心状态的主控权似乎从掌管认知功能的大脑，逐渐转交给感官。要让自己的身体变成群体的一部分需要许多的耐心和时间。总之在某个时候，我们的舞动已经让我们进入一种没有矛盾和冲突的幸福里。我们可以想象，其实自己也可以跟现场的年轻人一样，在原地一连跳个数小时甚至数日。

后来，我们还碰到一件令我们相当意外的事。有一位年纪约30岁的女士试图说服她那位坐在窗边角落的男伴一起跳舞未果，突然间她走过来亲了我的脸颊，并对我说："你是这里最棒的男人！"我一时错愕没有反应过来，接着我女友也被她亲了一下。后来，另一位小姐走过来与她共舞，并在厚重的低音音乐声中对我们喊道："你们是这里最棒的一对，你们在这里真是好极了！"

在波海恩经历了这件事之后，我心想：柏林的"代际文化"是否已经消失，不然，这家酒吧里的年轻人为什么不仅没有排挤较年长的人，甚至还欢迎他们光顾属于自己年龄层的娱乐殿堂?

我和女友在波海恩一夜未眠，天亮后我们便离场去吃早餐，那时已是星期天早晨。我对站在门口的马夸特说："我们现在先出去吃个早餐。"他便在我和女友的手背上盖印，以方便我们再次入场。这个印章的有效期到星期一中午，只不过我们当时并不确定是否还会再次进场。这位大名鼎鼎的夜店守门人当时看我的眼神跟我进场时没什么两样，既没有显出对我的欢迎，也没有表露对我的排斥。他怎么有办法在门口一站就是8个甚至10个小时，而且还要审查入场的客人呢?在离开波海恩前，我告诉马夸特自己正在写一本关于柏林的书，询问他是否愿意接受我的采访。"那你必须先和我的经纪人联络。"他这么回答，还顺便递给我一张他经纪人的名片。在柏林，似乎从事各行各业的人都有机会成为明星！

雄猫霍次希的传奇

雄猫霍次希是柏林另一家人气沸腾的夜店，是千禧年过后柏林的典型产物。最近这几年，雄猫霍次希已跻身柏林的传奇夜店，它的前身就是酒吧 25（Bar 25）——从一辆民主德国生产的纳格图胥牌 68 型（Nagetusch 68）银色露营拖车改装而成的威士忌酒吧。由于这辆露营拖车最高的行进时速为 25 千米，因此两位老板便把这间移动式酒吧命名为“酒吧 25”，专门贩卖他们自己挑选的威士忌，并播放电子合成音乐，以其作为酒吧的背景音乐。由于这家威士忌酒吧生意很好，两个老板后来便开始为他们的移动式酒吧寻找固定的营业地点。他们在施普雷河畔的地铁站雅诺维慈桥站的下方，也就是这条河流的北岸，看上了一大片暂时用围栏圈起的空地。从前，分裂的东、西柏林在这一带以施普雷河的河床中线作为边界，北岸的这块空地当时属于边界的军事区，有重兵防守，不论东柏林人还是西柏林人都不得进入。这块荒地唯一的建筑物立于边缘处，是民主德国水上特种警察所留下的已废弃的车库。

这两位老板在发现这块土地后，便翻过那道临时架起的围栏，开始在附近的树林里搜集木材，亲力亲为地在这块土地上搭起一间美国西部风格的木屋酒吧。从他们动工的第一天开始，一些来自克罗伊茨贝格区和腓特烈斯海恩区的朋友以及认同他们想法的顾客，就纷纷主动前来帮忙建造这栋木屋，起初只有几十名助手，后来迅速增加到 100 多位。2004 年 7 月 24 日，位于施普雷河畔的酒吧 25 举行落成开幕酒会，之后这个酒会竟传奇地演变成一场持续 8 个星期的马拉松式派对。

在这场马拉松式派对结束后，许多派对的客人选择留下来继续开发这块荒地，以打造属于他们自己的酒吧园区。有的人帮忙装潢酒吧所在的大木屋，有的人专门建造散立于周边的住房。虽然酒吧 25 原先并没有增建这些屋舍的计划，不过每个星期都有新的木屋顺利完工。当时每个人都可以依照自己的构想，使用自己带来的或在附近找到的材料，打造属于自己的空间。由于这块地皮的面积很大（大约有 1.2 万平方米），而且有越来越多人自愿投入酒吧 25 的周边建设，因此这个原先的暂时性聚落便很快地发展成一座颇有规模的夜店园区，园区中心就是那座最早盖好且紧邻河畔的木屋酒吧。这个酒吧一开始并不像酒吧，反而比较像售卖食品与民生用品的店铺。这些园区的新住民几乎没有固定工作，很少有人能在职场上闯出什么名堂，从某种角度而言算是失业人口，因此他们都希望自己能够参与并完成对酒吧 25 和它周边的屋舍群落的开发。为了落实并整合这么多人各自的建筑构想，一个小团体起草了一个关于这个园区的整体建筑规划。在头几年里，园区的居民纷纷在这块荒地上建造健身休闲中心、剧院、露天电影院、园区专属的广播无线电发射台，并搭建了一座马戏表演的大帐篷。

随着园区的扩建，前来消费的客人和工作人员都变得跟以前很不一样。为了满足各种演出和餐饮的需求，酒吧 25 后来还增聘了许多专业人士，如 DJ、音乐团体、导演、电影放映员及厨师等。而且它的两位老板确实很有本事，懂得如何把三教九流的人吸引到他们的酒吧消费，其中主要顾客群来自克罗伊茨贝格区和腓特烈斯海恩区。而自从酒吧 25 打响名号后，一些平常穿着深色西装、扎着领带的上班族也会趁着下班时间，慕名前来体验一番。克里斯托夫・克伦赞多夫（Christoph Klenzendorf）是酒吧 25 的两个创办人之一，他在接受我的采访时曾表示，无论是谁，只要来而且愿意体验他所经营的夜店的人，都可以进场玩乐，而且一定会受到他们这群人的生活哲学的吸引：“如果你想做什么，就放手去做！而且还要充满欢喜和热情地做！”

力抗财团的夜店

酒吧 25 的两位老板在创业时虽然口袋空空，不过，他们却知道如何巧妙地把迷醉、兴奋和抗议结合在一起，为顾客提供一种精神与心灵的“能量鸡尾酒”。他们后来耳闻，德国有些财团和相关当事人打算以城市的“绅士化”（Gentrifizierung）——一个源自英格兰社会史的词汇——或“体面化”为号召，在施普雷河岸密集地兴建房屋，因此准备发动一些团体，骚扰并驱赶这个夜店园区的“原住民”。起初，他们以一种惯用的方式对这些外来势力宣战，后来这两位酒吧 25 的经营者选择采取了更机灵也更有效的策略，即把自身具体的利益，融入以公共利益为号召的抗争中。他们公开表示，希望保存施普雷河岸那种充满自然绿意的环境，由于岸边那块原本荒芜的土地是他们率先发现并亲自开垦的，因此他们希望能留在原地继续扩建自己的社区。然而他们和使用“黑块战术”①（black bloc）的激进抗议者的冲突已经无法避免。这些穿着黑色帽衫的抗议人士好几次聚集在河岸旁的夜店门口，摆出阵仗，要求经营者说明他们占用这块土地的意图，以及他们对于周遭及全世界的看法。通常，酒吧 25 的老板会主动招待这些前来滋事的黑块抗议者到店内喝酒，这种方式通常能够安抚他们的不满。

然而，他们和这块土地所有权者——负责柏林市垃圾处理和街道打扫的柏林城市清洁公司的交涉与谈判却显得更为棘手。这家市营企

① “黑块战术”兴起于 20 世纪 80 年代的欧洲社会运动，是一种抗议活动的战术。黑块抗议者的特征是每个人都穿着黑色服装，并经常使用墨镜、防护面罩、围巾和安全帽，以隐藏自己的身份，阻碍当局的搜证、刑事起诉以及执法者的驱离。——译者注

业突然表明，打算把这块位于施普雷河北岸的土地卖给资本雄厚的施普雷媒体集团。施普雷媒体集团计划进行房地产开发，例如兴建河景豪宅、办公大楼和饭店等。这项声明让酒吧 25 的生存受到直接威胁。两位老板为了处理这个难题，立刻积极展开公关活动，他们不只拉拢一些年轻的柏林市议员，还主动向酒吧 25 在世界各国具有影响力的顾客请求声援，由于夜店老板成功的游说活动，预定的驱离行动被不断延后。此外，为了诉诸柏林市的民意，他们还公开出示了一封来自世界各地名人为支持他们这家夜店所签署的抗议信。

酒吧 25 的合伙人之一克伦赞多夫在德国统一后的那几年，曾流连于一些新潮的酒吧与在防空碉堡和地下室举行的派对。他后来在柏林四处用他那座由露营拖车改装的移动式酒吧，举行简易即兴的户外电子音乐会。在那些借由酒精和音乐而陷入迷幻的夜晚里，他内心的期望却很清楚：打造一个崭新而又美妙的夜店。当酒吧 25 在施普雷河畔开张时，他和他的伙伴果真以不可思议的方式实现了这个梦想。然而在 2008 年，当他们第一次收到搬离该土地的通知时，酒吧 25 的两位创办人问自己，也质问柏林市政府：为什么我们要被赶离？为什么偏偏是我们必须离开？我们不是已经成为柏林城市文化的一部分了吗？一家没有受到任何人资助的夜店，后来竟可以为柏林市贡献税收，而且还为柏林创造了“派对之都”的声誉！

经过酒吧 25 的几番抗争之后，柏林城市清洁公司最后提出一个相当有力的理由，让他们无从辩驳：民主德国政府从前曾在酒吧 25 夜店园区的土地上开设了一家硫黄工厂，由于生产过程排出的有毒物质未经妥当的处理，这块土地受到了污染，因此必须尽快进行环保的清理工作。事已至此，酒吧 25 和它周遭的社区自然已经没有留下来的可能性，大家在这 4 年之间所达成的社区营造成果届时将被强制拆除，而且无法求偿。

然而，酒吧 25 的两位创办人在即将失去北岸的营业据点之际，做出一个大胆的搬迁计划，他们环顾四周，碰巧在施普雷河南岸发现了一个合适的营业地点：一座已歇业闲置的肥皂工厂。他们果断向这座工厂的所有权人租赁这座厂房 18 个月，包括它所在的土地。他们最好能在租约到期后重新搬回北岸的老地方，不然这个暂时搬移原营业地点的做法就没有意义。虽然他们认为，重回北岸的机会微乎其微，不过他们已别无选择，只能硬着头皮先把租下的肥皂工厂改造成符合夜店娱乐需求的空间。这两位老板原本都是生活艺术家，一向把为明天的生活预做准备的人生态度视为罪过。然而在面临夜店的生存危机时，他们却突然化身为工作勤奋的投资客和企业家。酒吧 25 的经营团队成功地鼓舞了上百位伙伴一同投入肥皂工厂的改造计划，几经讨论之后，他们决定把夜店的名称改为“雄猫霍次希”。

他们先把这栋工业建筑物的内部清空，翻修它的支撑结构，并在几面大面积的墙壁上开出几十扇窗户，又在顶楼设立了一间美食餐厅，其余的楼层空间则供一些音乐团体和艺术家使用。此外，他们还在岸边不平整的空地上，设置了一座户外休闲园区，里面有酒吧、小吃摊、供客人坐卧的休息区，以及供恋人谈情说爱的隐秘角落。他们一共为施普雷河南岸的这个新夜店投入了 100 万欧元的装修费，然而它却只能存在 18 个月，如果这两个老板不想破产，就必须在这段不稳定的过渡时期把投入的资金全数赚回。后来事实证明，他们确实办到了——一年后，克伦赞多夫骄傲地告诉我，夜店的财务状况已达到盈亏平衡，先前投资的 100 万欧元已经回本了。

当我第一次和我儿子以及他的好友们一起光顾这家由肥皂工厂改造成的夜店时，我觉得自己好像走进了一个未知的国度：它既像一座海盗岛，又像民族学博物馆里的原始部落文化展示区。这家夜店伫立于施普雷河南岸一片广阔的土地上，周围搭着两米高的临时性围篱，上方废弃的工业烟囱高耸入云，和旁边的瑞典大瀑布电力公司两座崭新的高塔建筑共同成为这个地方的地标。这座墙壁上被装了许多不对称排列的窗户的娱乐殿堂，就像一座雄伟的城堡，独自兀立在那儿。天色暗下后，只有当对岸地铁站有电车经过，亮起一长串车厢里的灯光时，我才想起自己仍置身于柏林的米特区。在柏林分裂时期，由于亨利希·海涅大街（Heinrich-Heine-Straße）的边境检查站就在附近，因此我经常在这一带出入，从这个检查站进出东柏林，不过当时我只顾着通关，并没有闲情东张西望，留意四下的景物。

夜店与 DJ

我们在雄猫霍次希露天园区的比萨摊认识了一位在雄猫霍次希担任厨师的年轻人，他曾负责烹调肉类料理，以至于吃得整只手臂都长满肥肉，后来出于健康的考虑而改做副餐的蔬菜料理。他直率地向我们透露他的人生梦想——成为一名大牌 DJ。他当时已经在小型夜店兼职当 DJ，对于自己在不久的将来可以顺利转行当全职 DJ 感到信心满满。就我所知，柏林的大牌 DJ 每场的演出酬劳介于 1 万 ~ 2 万欧元，明星 DJ 每场演出的价码甚至高达 7 万欧元。保罗·卡尔克布伦纳（Paul Kalkbrenner）就是其中一位响当当的人物，他经常搭乘私人飞机赶场，到世界各地进行电子音乐表演。卡尔克布伦纳是民主德国人，青少年时期便很喜欢收听西柏林广播电台 RIAS2（Rundfunk im amerikanischen Sektor 2）的流行音乐节目，还在东柏林电台帮忙剪接音乐录音。15 岁时，他带着 20 张黑胶唱片，在他成长的东柏林利希滕贝格区（Lichtenberg）的青少年俱乐部播放流行音乐。不过，由于他当时还年少，必须遵守母亲定下的门禁时间，工作到晚上 11 点就必须匆匆赶到地铁站，搭乘最后一班电车回家。卡尔克布伦纳在电子音乐界闯出名堂后，开始在足球场和大型音乐厅从事他最擅长的铁克诺舞曲现场表演，而且经常带着他那 20 人的工作团队在世界各地巡回演出。

这位即将成为专业 DJ 的厨师还告诉我，德国音乐著作权保护协会对于一些明星 DJ 出版自己的音乐专辑的行为实在无可奈何，也根本无法阻止它们上市发行。这些 DJ 对既有乐曲的剪接和混音，在某种程度上虽然也属于音乐创作行为，但是他们是用别人原创的音乐作品进行加工，有侵害版权之虞。目前世界知名的 DJ 为了在柏林这个极重要的国际电音舞台曝光，每个月至少会来柏林登台一次。铁克诺舞曲是柏林音乐人的创新，电子音乐则起源于法兰克福。

雄猫霍次希在肥皂工厂的租约即将到期，被迫歇业的日期越来越近。这家夜店的两位经营者仍努力强化和柏林市议员及柏林观光局各个主管的关系，并引导他们针对城市的未来进行公开论辩。他们会试图抛出一些议题，如："20 年后的柏林应该是什么样子？""柏林人是否希望他们的城市变得跟伦敦或纽约的曼哈顿一样，只有银行家、达官贵人和一些非常富有的艺术家才有能力在当地购置房屋？""市政府是否应该把公有地卖给出价最高者？""这种由出价最高者得标的方式，会不会让人们在这些公有土地上只打算兴建饭店、豪宅和办公大楼？""市政府把公有地的产权卖给私人时，是否应该考虑它的社会和文化的价值？"

从酒吧到文化园区

后来，德国媒体和国会也纷纷加入这场辩论。在左派氛围中成长的雄猫霍次希合伙人克伦赞多夫曾跟我提到当时的情况："有趣的是，那些被认为作风保守的基督教民主党政治人物竟然来夜店拜访我们。"柏林市当时由基督教民主党和社会民主党共同执政，年轻的基督教民主党籍市议员感受到，扮演柏林夜店族的代言人是一个可以让他们在政坛崭露头角的机会，于是便和绿党市议员一起在市议会推动讨论这项议题。柏林市民普遍反对建筑商在施普雷河岸兴建豪宅，雄猫霍次希争取留在原地继续营业的立场也因此获得广大民意支持，而且出乎人们意料的是，柏林的左派和右派在这个议题上竟然达成了共识。克伦赞多夫带着些许的自夸对我表示："柏林人当时讨论最多的两个计划，一个是柏林迟迟未完工的国际机场，另一个就是我们'雄猫霍次希'。"

这块土地的持有者柏林城市清洁公司最后迫于民意，只好延迟标售该土地。施普雷媒体集团和其他有意参与该项土地开发计划的投资客也纷纷打起退堂鼓，因为他们已不确定未来即使取得土地，自己是否仍可以在上头进行房地产开发。由于只剩下一些喜爱夜店的嬉皮投资客参与这块土地的竞标，这件土地标案后来以流标收场，而且这些竞标者事后才从报纸得知。该年秋天，柏林市议会终于做出一个跨党派的决议——雄猫霍次希可以拥有这片土地的优先购买权。不过，市议会通过的另一项关于柏林市公有土地的标售条款更有意义。从前柏林市的法令规定，市内的公有土地应卖给出价最高的竞标者，然而在这项条款通过后，市政府未来在出售公有土地时，必须连带考虑相关的社会和文化因素。

然而，在市议会释放善意之后，雄猫霍次希却必须面对另一个问题：如何筹到1000万欧元左右的资金？经营团队曾向柏林市政府提议，以永久租赁的方式使用这块公有地，而且市政府必须保证雄猫霍次希拥有99年的租赁使用权。这项提议遭到市政府的否决，因此，拥有这块土地优先购买权的雄猫霍次希，必须寻找一位愿意把这块土地长期出租给他们的买主。他们后来找上一家由瑞士反核人士所成立的退休保险机构阿本德罗（Abendrot）。当时，这个机构刚好在为他们投保人的资金寻找可靠的投资标的，于是派代表前来柏林实地考察一番。当他们考察过雄猫霍次希这家夜店，及经营者所提出的营运计划时，双方便立刻达成协议。对此，克伦赞多夫语带讽刺地说："我们后来是跟这个瑞士机构承租这块土地，而不是负债累累的柏林市政府。"

位于肥皂工厂的雄猫霍次希已于2013年秋天歇业关闭，并在2014年春天于施普雷河北岸的老地方重新开张。在改装肥皂工厂时，雄猫霍次希的工作团队就知道，迁到这个废弃工厂只是权宜之计，所以他们当时进行装潢布置时，就已考虑到物品和设备在日后的拆除与搬离。因此除了屋顶、墙壁和地板之外，所有的东西都可以搬回北岸的原址。雄猫霍次希搬回原来的地盘后，由13人组成的经营团队有权决定哪里可以盖什么建筑，不过他们的任务仅止于为这个园区提供一个整体规划的基础。一些自主团体可以依循这个规划，在不同区块里发挥自己的建造构想。克伦赞多夫和7位伙伴负责协助园区建造计划的执行，经营团队其余的成员则负责在园区内打造一间拥有120个房间的旅馆。雄猫霍次希的旅馆当然与众不同，比方说，站在旅馆入口的服务员在问候那些追求新鲜感的住客时，会有一只猴子坐在他的肩膀上。

按照整体的建筑规划，园区里不只设有学生村、创办人中心、经营自家品牌的画室和音乐录音室，还有提供物理理疗、美发和商品零售的店面。在园区内，所有建筑物的平面屋顶都必须成为农渔业的生产地，也就是在这些屋顶上进行农耕和鱼类养殖。总而言之，这个夜店园区应该成为米特区一处自给自足的聚落，应该成为作曲家瓦格纳所谓的“整体艺术”（Gesamtkunstwerk），不论在内容还是形式方面，都成功地把属于整体的所有元素整合在一起。

克伦赞多夫对于夜店的损益问题显得有些迟疑。在他的交际圈子里，当然不乏一些受过财务会计训练的专业人士，不过他相信，这些人士也会在下班时间到他的夜店找乐子，而且迟早会领会他的夜店所要传达的生活哲学，就是瑞典经典童话的小主人翁“长袜子皮皮”（Pipi Longstocking）的那句名言：“自己喜欢什么，就做什么，只有这样生活才会变得美好！”

充满独特魅力与自我风格的伙伴巢

柏林还有一家很特别的夜店，营业面积仅 70 平方米，却能提供给人们另一类型的夜生活体验，而且它还有一个令人生畏的名称：伙伴巢（Kumpelnest）。光是它的地点——波茨坦大街这个从前西柏林知名的娱乐街区——就注定它的客人会比其他夜店更复杂且多元。现在波茨坦大街上的娱乐场所——几个街角的老酒馆、几间新赌场以及冬园（Wintergarten）歌舞剧院——已稀稀落落，彼此相隔较远，到了午夜，许多路段甚至空无一人。然而坐落在这一带的伙伴巢，却是柏林目前最具人气和活力的夜店之一。

我们曾听说，这家小型夜店深夜 3 点才开始营业，后来发现这是一则谣传，因为我和女友有一次在所谓开始营业的时间之前到达这家夜店时，却发现里面早已经挤满了人。伙伴巢顾客群涵盖各个年龄层，不像柏林的大多数夜店那样有年龄层的限制，这也是年过70的我喜爱这家夜店的原因。场内的墙面贴着印有淡金色装饰图案的暗色壁纸，由于空间不大，客人们都靠得很近，因此不喜欢和别人有身体接触的人并不适合来这里。如果其他的夜店也这么拥挤，肯定会造成集体的恐慌。入场的客人不用期待有空位可以坐下，吧台的高脚椅或其他的座位往往早就都被坐满。在伙伴巢的生存策略，就是站在原地时仍要记得随着店内播放的铁克诺舞曲摇摆身体。跟波海恩不同的是，伙伴巢并不依靠令人惊艳的内部建筑设计或传奇来吸引顾客，而是依靠顾客超凡的个人魅力。每一位在这么拥挤的空间站立或舞动身体的人，都会打点并表现自己的形象。这家酒吧的客人，不论男女，都会用装扮来表现自我，表达自己的独特性：皮夹克、紧身T恤衫、红色西装上衣、灯笼裤、剪裁大胆的性感背心搭配着闪闪发亮的迷你裙，以及一些服饰配件，如古怪的帽子、设计新异的围巾和前所未见的长袜等。这家夜店的客人只想用服饰传达一个信息：我就是我，和你们不一样。我个人倒觉得，如果波海恩的守门人马夸特在这家夜店工作，可能会在入口处挡下许多在穿着和装扮上不拘一格的客人。

在波海恩和雄猫霍次希，我听到了许多种语言。除了德语，大部分是英语、日语、俄语、意大利语和法语。然而我们在伙伴巢这家柏林传统酒吧所接触的顾客，则主要是以德语交谈，而且大多带有柏林当地口音。虽然从肤色看来，他们应该来自阿富汗、意大利、土耳其和巴勒斯坦等地。这项发现对我而言是一个新的经验，我已经有20年不曾在这种传统酒吧里彻夜跳舞了。虽然那时我也曾在这类场所遇到许多外国人，不过他们当时都自成一圈，当有人过去和他们交谈时，他们只会结结巴巴地说着德语或英语。然而20年后，我却发现这类夜店已出现截然不同的改变：那天我在伙伴巢遇到的 20 岁、30 岁或 50 岁的外国人全都能说德语，而且说得很好。不论这些外国人是否已取得德国护照，他们都已落地生根，成为柏林人，只是肤色不一样罢了。他们以柏林为家，特别是以这家夜店为家，德语则是他们的母语。

在这些顾客当中，还有另一个“少数族群”：女性装扮的第三性。我在这家夜店里发现，她（他）们对这家夜店有宾至如归的感觉，当时有两位年长的“妇人”虽然靠墙坐着，目光却总是在留意有谁刚走进店里。后来其中一位从座位上起身，努力穿过拥挤的人群，到前面的小平台高歌一曲，曲毕还获得了大家适度的掌声。我和女友在里面从凌晨一直跳到天亮。到了清晨时分，店里突然走进两位穿着白色服装，看起来很特别的高挑“女人”，较高的那一位胸部很大，较矮的那一位还比我高出半个头。聚在夜店入口处抽烟的顾客们看到“她们”，显得既讶异又敬畏，立刻空出门口的空间让她们进入。里面的客人也自动让出一条通道，“她们”像女王一般受到大家的瞩目。“她们”在吧台旁坐下，点了两小杯烈酒，喝完之后就付钱走人。酒吧里的客人没等到“她们”走出大门，便又立刻占满了原先为“她们”所腾出的通道，继续紧挨着彼此站立或跳舞。那两位“女王”在夜店外面伸手招出租车，坐进车内时，较高的那一位因为腿太长必须花点儿时间把双腿完全收进车内后，才关上车门离去。

经过通宵达旦的玩乐之后，当我和女友离开伙伴巢时，在这个阴雨不断的夏季里，阳光竟突然穿透灰暗的云层倾泻而下。我们顿时惊觉，在青年时期的迪斯科生活结束数十年后，已进入老年阶段的自己竟还可以再次这么开心地彻夜跳舞，而且事后还没有一丝懊悔。

15 碉堡美术馆

在柏林，似乎所有的东西最后都可能成为艺术品或纪念性文物，不论它们是否能与屠杀犹太人、同盟国军队在“二战”末期的轰炸，以及德国的分裂这些对柏林影响最深远的史实扯上关系。

柏林市中心的阿尔布雷希特大街（Albrechtstraße）上，距离地铁站腓特烈大街站约 5 分钟的路程，有一座 20 米高、外观方正厚实的防空碉堡。这座庞大的建筑物挺立在德国剧院（Deutsches Theater）和高级住宅区之间，墙壁厚达 2 米，可抵挡炮弹攻击，壁面还开有长方形的炮眼窗户，算是一个旧时代的残留物。德国纳粹于 1942—1943 年，动用被他们监控的奴工夜以继日地建造这栋大型碉堡，尽管同盟国军队当时已开始轰炸柏林，然而大批奴工惊人的建造效率让设计这座碉堡的建筑师发现还有余裕的时间可以在这栋建筑物上坚持自己的美学风格，例如平面屋顶侧边类似 15 世纪意大利城堡上方呈齿状排列的城堞造型。1945 年 5 月，纳粹德国宣布投降后，苏联红军随即占据这座碉堡，并把它改为关押战俘的监狱。在民主德国时期，这栋防空建筑最早被官方用于储存纺织品。从 1957 年开始，它又被改用于储藏水果干以及从古巴大量进口的热带水果。

柏林墙一倒塌，第一批 DJ 就来了，占据了这座碉堡，用他们的音乐填满了它的空间。这座曾在“二战”后期庇护 1 万名柏林市民不受空袭伤害的碉堡，却在东、西柏林合一后成为柏林的地下娱乐场所。一些柏林知名酒吧——如波海恩和东方庄园的经营者最初都曾在这里举办过电音派对。在柏林当局勒令其停业之前，还有人突发奇想，打算以“红十字会俱乐部”（Rotes Kreuz Club）这个名称在里面举办派对，后来因为德国红十字会的抗议而更名为“前十字会俱乐部”（Ex-Kreuz-Club）。经过几次镇压后，这座碉堡成了所谓的“他妈的大游行”（fuck parade）——抗议“镇压柏林亚文化”——的焦点。游行的发起人在这座碉堡前，举办解散前最后的群众集会，虽然碉堡一楼的几座铁门当时已经上锁，他们无法入内。发起活动的人其实对于丰富人生体验的兴趣更甚于抗议活动本身。他们很快把电音派对的活动地点转移到一些废弃的厂房、冷却塔和隧道内，以及柏林从不缺少的空屋和废屋里。

最后，这座具有现代史意义的纳粹碉堡出现了一个典型的“柏林式转变”：2003 年，一位来自鲁尔区乌珀塔尔（Wuppertal）的广告业富商，也是德国非常知名的现代艺术收藏家——克里斯蒂安·博洛斯（Christian Boros）买下了这座碉堡，并把它的内部改装为美术馆，展出他个人收藏的现代艺术作品。此外，他还在这次的改建中，在这座碉堡 1000 平方米的平面屋顶上，加盖了一间豪华的顶楼公寓，作为自己的小家庭的生活起居空间。

参观博洛斯的碉堡美术馆是一种独一无二的体验。我在孩提时代对于碉堡的认知仅止于躲避空袭。当低空飞行的敌机即将前来轰炸时，警报器会发出时而增强、时而减弱的鸣叫声，这时附近的居民就必须快速冲进碉堡内。

博洛斯当时带着一种敬虔的心情——这是人们通常对于碉堡的感受——翻修这栋五层楼的碉堡。他并没有用泥灰把墙壁抹得光滑平整，而是直接涂上白漆，以保留壁面在建造时所留下的一层层水平模板痕迹。此外，通风装置的风门盖、一楼厚重的铁门，以及早期判别毒气攻击的过滤器等，也全都保留了下来。柏林墙倒塌后，人们在俱乐部派对时代所留下的黑色涂鸦虽有些褪色，却也因为它们已是一种时代的痕迹，被博洛斯保留在墙上，不进行抹除。此外，博洛斯还在里面架起一座直达顶楼的楼梯，以贯通六个楼层。在高达 20 米的内部空间里，这项重要的改造，大幅改善了碉堡内原先每个楼层各自封闭的情况及令人憋闷的气氛。人们走上楼梯时，可以从较高的楼层看向较低楼层的展览空间，各楼层开放式的展场不只能把艺术展品从空间的压迫感中解放出来，还可以让碉堡内的观赏者感受到环境的宽敞与自由。

在这座碉堡美术馆中听到声响时，我感到特别吃惊。如果这是出于馆主博洛斯的想法，我认为，这确实是一个绝妙的艺术手法。因为战争期间躲进防空碉堡的人根本什么也看不到，什么也不想看到，他们只会注意到声音：在数百名妇女和儿童之间，会有充满恐惧的、屏息的安静时刻，当附近有炸弹落下爆炸时，会出现呼天抢地的叫声，总之，他们只是困在碉堡里面，只能等待危险解除的信号出现。

当然，我在博洛斯的碉堡美术馆里所察觉的响声，和 70 年前同盟国军队轰炸柏林时的避难者在这里听到的声音完全不一样。刚走进这座艺术馆，波兰女艺术家阿丽佳 · 柯维德（Alicja Kwade）创作的那个摆在大门后方的装置艺术作品，便传出让我大感不安的声响。现场的导览员，一位艺术系女学生，还特地向我解释，柯维德把几个麦克风装在一些挂在天花板的日光灯管上，扬声器通过麦克风把那个以固定频率出现的声响播放出来，然后再借由相连的波浪状钢板继续传递这个声音。我还在另一个楼层听到一座大型时钟发出的嘀嗒声，那是时间流逝的声音，而柯维德用一面曲面的镜子把这个时钟的钟面盖住，让人们看不到时钟的指针，只能看见镜中变形的自己。

瑞典女艺术家克拉拉·利登（Klara Lidéns）在这座碉堡美术馆里展出的装置艺术作品《青少年的房间》（*Teenage Room*）也使用了听觉表达手法：如果参观者不从墙上的方形洞口爬进房间，而想从房门进入的话，当他转动门把并把它放开的那一刹那，就会有一把斧头突然掉下来。在这个房间里面的角落，则摆着一张漆成黑色的铁制双层床，床上堆着电脑、书包和成堆的书籍。透过这些梦魇般的物品，利登表现出学生不快乐的学习生活，提醒人们不应忽视青少年苦闷的处境。身处这座现代美术馆的一楼时，我就能听到上方的楼层不停地传出噼里啪啦的杂音，那是四楼的爆米花机正在把每颗玉米制成爆米花的响声，只要机器里的空间还未被爆米花充满，这个机器就会继续制作爆米花。我向来不吃这种零食，后来因为那位为我做现场导览的艺术系女学生跟我保证，这些爆米花都是用有机玉米做的，所以，我便抓了一把吃了起来。当我打算从机器中取出第二把享用时，我注意到周遭似乎除了制作爆米花的声音，还有阵阵的摩擦声。走进另一处展场时，我才知道这个摩擦声是由一个转动的轮胎不停摩擦碉堡的墙壁所发出的。根据这位负责导览的女学生的介绍，这个车胎会持续地转动下去，直到被消磨殆尽。

或许是受制于过去生命经验的影响，我在博洛斯的碉堡美术馆里参观时，总是留意那些运用声音的展品，然而馆内其实还有许许多多的藏品在挑战人们的视觉认知。

在柏林，似乎所有的东西最后都可能成为艺术品或纪念性文物，不论它们是否能与屠杀犹太人、同盟国军队在“二战”末期的轰炸，以及德国的分裂这些对柏林影响最深远的史实扯上关系。或许这也是一种好现象。现代艺术收藏家博洛斯因为懂得巧妙地规划碉堡内的空间，而让这座现代美术展馆显得如此不同凡响。不过，如果我本人有财力可以买下这类的碉堡，并把它改建成一栋私人的现代美术馆，我绝不会在它的平面屋顶上加盖一栋自住的公寓，尽管从窗口远眺的景观非常令人心动。因为我会怀疑，这座防空碉堡收藏的数百件、数千件展品的图像和声响是否会经常浮现在脑际，它们是否会试图逃离碉堡内的展场，前来我的住处寻求慰藉。以上或许只是一个七十几岁的老人糊涂的想法！毕竟博洛斯和他的家人同我并非一代人，未曾目睹战争的残酷，比我晚一辈出生的德国人其实可以安心地享受他们的幸运和幸福。

16 美国留下的回忆——滕珀尔霍夫机场与美国之家

当民主德国政府于1989年11月的某夜突然宣布开放柏林墙的边境管制，允许民主德国人民可以自由进出西柏林时，他便在隔天赶往西柏林的美国纪念图书馆还书。当时这本英文书的借阅已逾期28年之久。

抢救西柏林的“葡萄干轰炸机”

柏林墙倒塌后，柏林人迅速整合原先分裂的两座半城，以及大规模建设柏林墙拆除后在市中心留下的那些空地的效率让全世界都瞠目结舌。德国统一后，柏林正式展开新的城市规划，并以相当低调的方式，快速告别一些在柏林分裂时期所兴建的建筑物和公共设施；同样地，冷战时期驻守西柏林的美军所留下的建筑体，也在这个时期有了重大的转变。

“二战”结束后，深受战争创伤的西柏林没有任何生产能力，对此，同盟国军队搭建了“柏林空中桥梁”：美国和英国的空军自1948年6月26日开始，以每90秒在滕珀尔霍夫机场（Flughafen Tempelhof）降落一架飞机的频率，为西柏林的居民运送食物、燃料、建筑材料以及其他所有的生活必需品。投入这条空中走廊的同盟国军队飞机，还因为一些美国飞行员主动向西柏林的孩童空投糖果和零食，而被称为“葡萄干轰炸机”（Rosinenbomber）或“糖果轰炸机”。

我还记得，1945 年 4 月，在纳粹投降的一个月前，我家刚搬到拜恩高地的格赖瑙（Grainau），美军部队当时已进入这个阿尔卑斯山区的小镇，当时我只有 5 岁，关于那些美国士兵给我们这些德国孩子糖果、口香糖和巧克力的景象，我至今记忆犹新。后来，驻联邦德国的美国空军飞行员也保持了这个习惯。美国飞行员盖尔·霍尔沃森（Gail Halvorsen）在飞机起飞之前，会先把手帕绑在装有各种糖果零食的小包裹上，让手帕充当迷你降落伞，准备在降落滕珀尔霍夫机场之前，及时把这些小礼物投送给地面上的西柏林小孩。为了让这些孩子知道他即将丢下东西，他还事先以摆动机翼为信号，因此，这些孩子就称他为“摆动机翼的叔叔”。其他的美国飞行员随后也纷纷跟进，当他们飞经机场附近的新克尔恩区时，就会在一堆山一样的碎石瓦砾废墟的上方向群集的西柏林孩童空投零食。

“柏林空中桥梁计划”是西方盟国首次对从前的盟友苏联展开的政治与军事对峙。在这其中，位于西柏林南边美国占领区的滕珀尔霍夫机场起着重要的作用。它曾是全世界航空交通最繁忙的机场，还因为许多电影在此取景而蒙上一层传奇色彩，例如犹太裔好莱坞导演比利·怀尔德的《玉女风流》（*One, Two, Three*）和德国大导演维姆·文德斯的《柏林苍穹下》等知名影片。

柏林是否需要两座机场?

滕珀尔霍夫机场持续营运到 2007 年 7 月 31 日，柏林市议会为了兴建大型国际机场（柏林勃兰登堡机场）而决议停止它的营运。当时，一个民间组织为反对这项决议，发动请愿，迫使柏林市政府为此举办一场公民投票。结果有 53 万市民投票支持继续营运滕珀尔霍夫机场。

然而票数没有过半，因为大部分市民认为，既然柏林即将拥有一座大型国际机场，就应该关闭这个地方机场。在这个投票结果中，比较令人惊讶的是，饱受滕珀尔霍夫机场飞行噪声干扰的滕珀尔霍夫－舍讷贝格区（Tempelhof-Schöneberg）的大部分居民，竟在该次公民投票中赞成保留这座机场。根据统计，原西柏林城区的市民投下的赞成票仅稍微多于反对票，原东柏林城区的市民，则因为大多认为应该关闭这座机场，而成为这次公投的关键性群体，总之，这场公投的结果并没有推翻市议会先前的决议。

前东柏林城区的市民在这场公投中反对滕珀尔霍夫机场继续营运，这个表态明显反映出一个事实：只有西柏林人才对这座机场怀有特殊情感。

此外，柏林人还会争论在柏林国际机场落成启用后，是否应该终止西北边泰格尔机场（Flughafen Tegel）的营运。大家都知道，欧洲国家一些人口较多的首都至少拥有两座机场，如果柏林为了确保目前仍迟迟无法完工的国际机场在开始营运后的营业获利率，而关闭滕珀尔霍夫机场和泰格尔机场这两座地方民用机场，难道柏林市民还能信任他们城市未来的发展？ 2013 年 3 月，刚上任的柏林国际机场控股公司的首席执行官哈特穆特·梅多恩（Hartmut Mehdorn）曾公开表示：“柏林旧机场关闭与否在于柏林到底需不需要两个机场。”尽管当时曾有一项民调结果显示，绝大多数的柏林市民很同情梅多恩因为直言不讳所遭受的攻击，然而他的这个表态却犯了众怒，各方批评排山倒海而来。德国内政部长、柏林市长和柏林国际机场控股公司，则要求他不要再就这个议题发言，而是谈论这座国际机场一些有效的合约和它的施工进度。官方的态度还是维持不变：新的国际机场在正式营运半年后，泰格尔机场无论如何都必须依照先前通过的决议如期关闭。

至今，柏林人仍对旧机场是否应该关闭争论不休，而且人们仍不知道新机场究竟要拖到什么时候才能启用。柏林现在很流行一个笑话：柏林有三座机场，可惜没有一座可以运转。这个戏谑的说法对于当局早已预定关闭，却仍处于高效率营运状态的泰格尔机场来说其实非常不公平。泰格尔机场位于柏林市区西北方，在滕珀尔霍夫机场关闭后，柏林目前只剩下泰格尔和舍讷费尔德这两座地方型民用机场，其中以泰格尔机场最繁忙，目前的旅客总运量已高达每年 2500 万人次，而原先设计的客运量还不到现在的一半。当市民批评柏林空运建设的规划一团混乱，一直无法竣工的新国际机场却正以史无前例的方式浪费纳税人缴纳的税款时，柏林流行的那个关于机场的笑话虽然言过其实，但却大快人心。

旧机场的新生命

滕珀尔霍夫机场已于 2008 年停止营运，市政府后来开放整座机场供市民休憩之用。2012 年夏天，我特地到这座退役的机场一探究竟，当时青草已经覆满两条跑道的左右两方。首先，我看到了这座机场的“新使用者”出现在上方的高空，它们不是飞机，而是风筝和陆上拖曳飞行伞。宽敞且仍然平整的两条飞机跑道上人来人往，有人溜滑板，有人骑自行车，还有一些父母推着婴儿车。有些喜欢刺激的人把车子改装成低底盘，给车轮换上加厚轮胎，将拖曳伞连接在车身上，让车辆借助于强大的风力在机场的草坪上蛇行。远处的旅客入境大厅前面，停着几架停用的飞机，我问自己：它们将来在什么时候会用什么方式离开这里？应该不是飞行吧？我想。由于这座机场已停止营运，因此市民有机会可以在机场区的草坪上看到燕麦草、风铃草、香车叶草和红羊茅这些濒临绝种，且已在全欧洲被列为保育类的植物。除此之外，人们在机场区还可以看见一些罕见种类的蝴蝶、蜘蛛、甲虫、鸟类及小型哺乳动物。我特别注意到一个告示牌，上面写着“野云雀目前需要安静的空间孵蛋”，旁边还竖立着一些附着野云雀降落和飞行图案的木雕片的木桩。这些造型木桩是基于一个创新性艺术计划，由70位女学生在5位女性雕塑家的带领下制作和架设的。人们也会在那里观赏摆放在5米高的木柱上，以秃鼻乌鸦的飞行状态为主题的木雕作品。这座闲置的机场除了让动植物获得生长空间之外，它还有一座设有运动设施、遛狗场和迷你高尔夫球场的草地运动场。我当时特地留意周边是否设有如何清理狗粪的告示牌，然而一个也没瞧见。

一些业余的园艺爱好者在几块被划出的园圃区里，把苗株栽种在一些填入泥土的菜篮和塑料箱内，细心地浇灌、培育它们，并就地展示他们的栽培成果。为了防止种下的植物根部过度蔓延而破坏地面及其设施，市政府相关的管理单位已预先禁止这些园艺爱好者在机场区内种植那些根部较为发达的植物，因此这里种植的多以西红柿和栉瓜为主。柏林人老是喜欢把一些活动和作品加上“艺术”和“创意活动”这些字眼，所以在已退役的滕珀尔霍夫机场里，几乎所有的手工制作都被冠以“艺术计划”和“展览计划”等名称。我当时看到一个写着“城市农田的创新公益计划”的广告牌，该计划的海报还以“让城市和大自然相互连接”的标语做宣传。

至于机场的航站楼等建筑则已转变为多功能的室内场地，供人们举办艺术展览、戏剧表演活动以及音乐会。德国前卫影像艺术家哈伦·法罗基（Harun Farocki）曾在这座已停用的机场大厅里举办“平行”艺术展。当时，除了入口处有一位检票员之外，展场内竟空无一人。这位艺术家犯了一个让活跃于这座退役机场的人无法宽恕的错误：他竟然要求参观他的影像装置艺术的观众买票入场。他那时还不知道，要在这座机场跟这些热衷环境保护的人士打交道，至少得符合一项要求：不收费。

在这座由机场转型而成的休闲公园里，人们到处都可以看到园艺爱好者们贴出的关于“公有土地”和“都市农业”议题的布告。然而这里却没有一张纪念 “糖果轰炸机”的海报。虽然这些飞机曾以每 90 秒降落一架次的频率为西柏林市民空运大量的民生物资。

后来，我搭机前往罗马尼亚首都布加勒斯特，当我下飞机，搭车行经那条从机场到首都的道路时，很惊讶地发现，这条重要干道两旁的土地竟仍做农牧用途，大多是马铃薯田、乳牛牧场和大型果园。我有一位住在匈牙利布达佩斯的罗马尼亚朋友，这位见多识广的建筑师对我的讶异回应道：“你真的不知道，‘都市农业’已经是当代城市建筑师最后的呼吁？我们罗马尼亚竟可以因为自己的落后，而突然走在时代的前端！”

显然，柏林在一群热心的园艺爱好者的努力下，正在挑战布加勒斯特。

柏林市政府曾计划在机场的边缘地带兴建住宅区，以及柏林市立图书馆总馆，毕竟所剩余的空地面积跟市中心的蒂尔加滕公园相去无几，已能满足市民休闲活动的空间需求。但是，一些柏林的民间团体却发起“100% 滕珀尔霍夫机场空地”（100% Tempelhofer Feld）运动，抵制市政府的这项营建计划，而且还在相关的公投中取得 738124 票，成功地阻止了市政府推动这项公共建设的计划。由于柏林市每年增加 5 万名居民，既然这项兴建住房的计划被否决，市政府现在只能考虑在比滕珀尔霍夫机场更偏远的市郊兴建住宅区，如此才能缓解柏林目前急迫的住房需求。而滕珀尔霍夫机场现在则必须完全保留给市民的文化创意与自然保护活动。相关的管理单位甚至考虑到一些陆上拖曳伞玩家们需要使用强大的风力，还拆除了机场的一些旧设施，以便让这个地区的风力可以达到足够的强度。

事实上，柏林市民在这次公投里反对市政府在滕珀尔霍夫机场周边大兴土木的计划，其实并不是赞同那些持反对意见的民间团体，而是因为柏林国际机场的工程不断延宕，这场公共建设的灾难早已破坏了市民对于市政府的信任感。

美国之家

位于夏洛滕堡区哈登柏格街的美国之家（Amerika Haus）是冷战时期西柏林最重要的美国文化象征。前大使约翰·科恩布卢姆（John Kornblum）比其他任何美国外交官都更了解美国在这里的历史。不过他也必须为美国之家因设立于柏林动物园站——在柏林分裂期间，西柏林最重要的铁路枢纽站——斜对面而引发的安全疑虑负责，这个不恰当的位置一直让美国之家难以推行一些必须升级的安保措施。

自从“9·11”事件之后，美国对于国内重要政府机关以及驻外机构的安全维护已达到近乎着魔的地步，恕我直言，我并不认为当理查德·福特（Richard Ford）、乔纳森·弗兰岑（Jonathan Franzen）、西丽·哈斯特维特（Siri Hustvedt）或保罗·奥斯特（Paul Auster）到访时，有必要封锁整条哈登柏格街和整个柏林动物园站。而且，我还经常听到一种让我更困惑的说法：美国之家其实没有存在的必要。即使没有这种接受政府公款补助的驻外文化机构，美国文化也借由好莱坞和苹果公司的3C产品影响着世界各地。所以，美国不需要像德国这么大费周章，在世界各地广设歌德学院（Goethe-

Institut）以推广本国的语言和文化。

幸好，美国文化不只是娱乐业和信息产业所制造的那些具有市场竞争力的产品。我还记得我在柏林自由大学就读时，经常跑到美国之家看《纽约时报》（*New York Times*），曾经在那里和好友们一起参观美国抽象表现主义代表画家杰克逊·波洛克（Jackson Pollock）的画展，以及欣赏爵士乐和前卫的现代舞蹈的表演。正是这些冷门且带有叛逆精神的美国文艺作品，让当时的我可以在一些偏见和老套的刻板印象之外，有机会以不同的视角认识美国。从美国之家的平面式屋顶、装有大玻璃窗的墙壁，以及饰有马赛克拼贴壁画的入口大厅来看，它算不上是一栋有美感的建筑物，然而却是美国在西柏林所留下的历史痕迹之一，其中当然包括 1966 年西柏林反越战人士到美国之家丢鸡蛋抗议，它的窗户因而溅满蛋液这件事。

美国纪念图书馆位于一条连接施普雷河的运河河畔，对于是否应该搬移这座图书馆的藏书以进行图书的集中管理这个问题，柏林人的意见仍有较大分歧。这座图书馆是美国在冷战时期送给西柏林人的礼物，西柏林第一任民选市长罗伊特于 1952 年的奠基仪式上把它誉为纪念柏林人民反抗苏联封锁的象征。该图书馆入口大厅的装饰墙上还写着美国第三任总统托马斯·杰斐逊（Thomas Jefferson）的名言："这个制度将以人类心灵不受限制的自由为基础，因为我们会无所畏惧地前往真理引领我们到达的地方，只要理性可以不受阻碍地克服错误，我们就不会容忍任何错误的存在。"

学生时代，我经常和同学们到美国纪念图书馆借阅一些关于美国 20 世纪 50 年代"垮掉的一代"（beat generation），以及黑豹运动和拉丁美洲革命家的英文书籍。这个图书馆在书籍管理上，并不像柏林自由大学图书馆那么井井有条，但却有一种不拘泥于各项规定的自由。使用者可以快速地走向开放式书架，虽然目录中的图书不一定能在书架上找到。美国纪念图书馆的这种混乱的情形，不只是由于管理的疏忽，还因为它位于东、西柏林的交界地区，在柏林墙筑起之前，一些求知若渴的东柏林人也会到这座图书馆借阅书籍。关于这些图书的借还，还发生了一个柏林人熟知的真实故事：1961 年 8 月初，一位东柏林人从这家图书馆借了一本书，而柏林墙的修筑，让他 28 年无法归还。尽管这件事让他焦虑不堪，他却也无可奈何。当民主德国政府于 1989 年 11 月的某夜突然宣布开放柏林墙的边境管制，允许民主德国人民可以自由进出西柏林时，他便在隔天赶往西柏林的美国纪念图书馆还书。当时这本英文书的借阅已逾期 28 年之久。

柏林市政府原先打算把美国纪念图书馆的藏书，搬到原定在滕珀尔霍夫机场兴建的中央图书馆。没人知道这个负债累累的城市到哪里去筹集这个项目的经费。有人建议将计划中的中央图书馆，包括美国纪念图书馆的藏书安置在无线电塔附近急需翻修的国际会议中心。这将使这座城市节约大量资金。因为国际会议中心的翻修工程将耗资 3.2 亿欧元，这正是在原机场修建中央图书馆的预期成本。

这个提议可能在当前翻新热潮的背景下有意义，这个城市从一个关闭和开放的问题，摇摆到另一个。但是，为什么一个负债 600 亿欧元的城市要关掉一个运转正常的图书馆，而选择新建一个它无法负担的新建筑呢？柏林市议会成员难道已经丧失了对标志性建筑和空间价值的认知了吗？当然，你可以把美国纪念图书馆搬到滕珀尔霍夫机场，在舍讷费尔德机场前的草坪上放置一架从未在那里降落过的“糖果轰炸机”，或是重建查理检查站。但是一个纪念一旦消失，它就永远消失了。

17 “没人打算启用”的柏林国际机场

如今，7 万名柏林人已经上网登记参加预计在 2026 年愚人节举行的机场启用仪式。其中某位参与者还开玩笑地建议，把沃韦赖特市长的百岁诞辰定为柏林国际机场最终的竣工日。

最昂贵的丑闻

位于柏林市与勃兰登堡州交界处的柏林勃兰登堡国际机场（Flughafen Berlin Brandenburg），是柏林在德国统一后最有企图心、规模最大、造价最昂贵的公共建筑，但同时它也成了这座首都最大的丑闻。兴建这座超级机场的构想产生在柏林墙倒塌后不久，它是当时该市的政客们企图展开宏伟都市建设的产物。两德顺利统一之后，柏林的政治人物们便竞相筹划，而且他们都熟谙如何从联邦政府那里争取补助金。德国汉莎航空公司（Lufthansa）董事长曾估计，这座德国的新首都未来将拥有 1000 万左右的人口，所以新的国际机场的设计容量应该以每年 6000 万人次的总客运量为标准。

不过，德国不是已经拥有法兰克福和慕尼黑这两个国际枢纽机场了吗？柏林本身不也拥有三座机场——泰格尔机场、滕珀尔霍夫机场和舍讷费尔德机场吗？如果依据某些专家的看法，以一座大型国际机场取代这三座规模较小的地方型机场，那么这项空运交通的革新性规划，能为柏林的发展带来什么优势？波兰著名的作家和戏剧学者安杰伊·维安特（Andrzej Wirth）曾苦笑着对我说，波兰航空（LOT Polish Airlines）在20世纪90年代每天都有直飞班机往返于华沙和纽约之间，而且商务舱总是客满。反观那时的柏林，一些大型航空公司，如美国的达美航空（Delta Air Lines）和德国的汉莎航空及柏林航空（Air Berlin），都曾数次尝试提供直航纽约的服务，却因为只有经济舱乘客，商务舱乏人问津而出现亏损，最后不得不取消航班。柏林这个大都会，当时虽然已经以夜店、文化创意活动及各种风格的生活艺术家闻名于国际，而且还是一座对创业者相当友善的都市，不过却仍然缺少商务舱的乘客。

修建柏林勃兰登堡国际机场究竟是谁的主意？2012年7月31日的《世界报》刊登了一篇关于迟迟未能完工的机场的报道，最后得出的结论是：没有人知道。这项数十亿欧元预算的冒险后来逐渐沦为一场地方性的闹剧。勃兰登堡国际机场控股公司（BBF Holding）还负责经营柏林的三座地方型机场，柏林市长沃韦赖特是监督委员会的主席，该委员会成员还包括勃兰登堡总理马蒂亚斯·普拉茨克（Matthias Platzeck）和该公司的首席执行官赖纳·施瓦茨（Rainer Schwarz）。然而，这两位资深的政治人物却根本无暇关注机场公司的营运与业务，监督委员会会议一年只开4次。

这座新机场是由舍讷费尔德机场向南扩建而成的。首先，机场控股公司必须征收120公顷的农业用地，作为新机场的用地。一些房地产投机商已事先知道这项机场扩建计划，预先收购了土地，抬高了土地价格，让机场公司因为征收土地成本的增加而先挨了一拳，也让那些原本依赖欧盟农业补助金生活的农民一夜之间成了千万富翁。机场公司在完成用地收购没多久，便很快发现，机场的规划设计图需要全面修改，那些刚取得的机场用地突然又变回低值的耕地。因此在新机场破土动工之前，机场控股公司便已因为土地收购频出状况，而平白损失了 5 亿欧元。

机场也曾考虑过在其他地点修建，不过这有可能造成一种稀有的鹤类失去生存空间甚至绝种，因而遭到环保人士的阻拦。另外，柏林市和勃兰登堡州的居民在查阅相关资料后发现，飞机从新机场的跑道起飞后，并不是向前直飞，而是偏离跑道的纵线 15 度。这也就表示，飞机实际飞越的城区并不在原先规划的航道图之内。除此之外，由于机场公司误报相关的噪声管制措施，附近的居民还觉得受到了欺骗，他们发起的相关活动后来还发展成一场又一场的街头抗议。根据 2018 年 8 月 20 日《每日镜报》的第十二版报道，有些反对设立新机场的民众，甚至搭乘筏子到机场公司首席执行官施瓦茨位于湖边的私人住宅前，朝着他的寓所发出将近 85 分贝——航空交通法定许可的噪声值——的声音。而一位女警员则使用检测器测量他们所发出的声音，确保噪声没有超过允许范围。

不断跳票的落成典礼

尽管如此，国际机场的施工仍继续进行，原计划在 2011 年 10 月 30 日完工启用。

然而，由于机场公司陷入财务危机，银行已不愿再发放贷款，私人投资者也纷纷撤回资金，银行要求机场公司的官股持有者——柏林市政府、勃兰登堡州政府以及德国联邦政府——为 24 亿欧元的贷款提供担保抵押物。由于融资出现困难，这座新机场无法如期举行落成典礼，落成典礼日期被推迟到 2012 年 6 月 3 日。

后来，这项庞大的公共建设面临一个意料之外的工程难题：排烟系统无法运转。这种结构性问题不仅柏林市民闻所未闻，就连机场监督委员会的政治人物们，可能也是第一次知道公共设施竟会出现这种状况。如果这个问题不解决，一旦新机场发生火灾，它的自动排烟系统将无法启动抽风扇将浓烟抽到室外。为了让新机场能依照预定的日期举行启用典礼，这项工程计划的技术总监提议，在典礼当天雇用700名未受专业训练的人手随时待命，万一发生火灾，这些人可以立刻用手动操作的方式，排出室内的烟雾。机场监督委员会一度认为这是个不错的解决方法，并坚持开幕式于原定日期举行。但是，后来由于负责这项工程的技术控制委员会与营造部门的主管不愿签收新机场的火警防护系统设备，身为监督委员会主席的柏林市长沃韦赖特只好在5月8日，也就是计划开放时间的4个星期前，代表委员会正式宣布，机场将无法按照原定的时间启用。这个决定总算让德国人避免了因在开幕式当天出动700人手，让他们随时待命进行手动式操作而贻笑国际。

为了修复自动排烟系统，机场公司必须再追加5亿欧元的预算，还必须支付6亿欧元，以依法解决居民所承受的噪声干扰问题。此外，一些航空公司和厂商仍在就为了新机场在2012年6月正式启用而支出的运营费用的损失进行交涉，赔款金额仍未确定。一再延误的工程进度也迫使航空公司必须把整套运送行李的物流操作系统搬回泰格尔机场；数百家商店在一年前就已经开始为在机场开店做准备，却因为新机场迟迟无法启用，而必须解雇预先聘用的员工，有些商家甚至经不起这样的亏损而破产；德国铁路公司所经营的机场铁路线为了预防某些路段的轨道发霉，必须每天发车行经这些隧道路段，前往位于新机场地面下方的那座“幽灵车站”，数节空荡荡的车厢内没有搭载任何乘客，这实属荒诞。此外，几年前便已预定停用的泰格尔机场附近的居民也开始发出抗议：这座旧机场的设计容量为每年700万旅客人次，现在的实际客运量已超过每年 2000 万人次。随着航班的增加，噪声污染也越发严重，这些旧机场的居民也因此向机场公司要求损害赔偿。这一连串的民事诉讼案件，很可能让机场公司再额外增加好几亿欧元的负担。后来，机场公司第三次宣布，新机场将于 2013 年 5 月 17 日落成，结果还是未能落成，又再次顺延到该年的 10 月 27 日。

在第四次机场竣工日期宣布后不久，已在进行修复的消防系统又爆出新的问题，沃韦赖特向媒体坦承，他已无法保证国际机场真的能在最新决定的日期顺利完工。柏林市长的直言不讳又重启新一轮的恶性循环：每次把预定落成的时间延后都会增加新的建设支出，雪上加霜的财务状况又接着招来市民对新订日期的质疑。除此之外，相关的专家在这期间还陆续发现新的设计问题，比方说机场大厅的值机柜台数量不足；登机门之间距离过短，会造成不同班机的乘客在候机时混乱地挤在一起；行李的自动输送装置的数量不够；等等。第四次的竣工日期又被取消，在这种频频失信的情况下，2014 年，机场公司已不再宣布启用日期。柏林市长沃韦赖特原本是一位高人气的政治人物，一直被认为有希望在卸职首都市长后更上一层楼，却因为无法解决柏林新机场的种种问题，威信严重受创。他非但没有当机立断地辞去机场监督委员会主席一职，也没有承认自己对于建设新机场的无能为力，反而还在柏林市议会为自己辩护，而让他自己受到更多的批评。他表示，自己并没有什么可以被责备的过错，所有已经发生的事情本来就会发生，柏林新机场虽然迟迟无法竣工，但它确实是一项成就，柏林人一直都为这座可以创造 1 万个工作机会的新型国际机场感到自豪。①

① 柏林市长沃韦赖特因为新机场工程完工日期不断延误，而且工程费用大幅超支，已在 2014 年 12 月下台。——译者注

预算飙涨的大型公共建设项目

最近这几年，柏林流传着这样一则笑话——“没有人打算启用这座机场”，这显然是在模仿当年民主德国国家元首瓦特尔·乌布利希在柏林墙建起前两个月宣称的“没有人打算建造柏林墙”。如今，7万名柏林人已经上网登记参加预计在2026年愚人节举行的机场启用仪式。其中某位参与者还开玩笑地建议，把沃韦赖特市长的百岁诞辰定为柏林国际机场最终的竣工日。这位市长现年60岁，再给他40年的时间应该绰绰有余。

这几年国际媒体纷纷质疑：德国人到底怎么了？这个向来以优秀的工程技术与高效工作效率傲视全球的国家，竟无法让首都未完工的国际机场的消防系统维持正常的运转？与此同时，柏林人正在热议一个地方电视台制作的特别节目，这个报道性节目主要在探讨：为什么德国国内由政治人物所主导的大型建设，如勃兰登堡国际机场、汉堡的易北爱乐音乐厅和斯图加特的中央火车站改造计划，最后都偏离既定的施工规划，或让实际造价比原来预算高出一倍？我心里已有一个答案：如果一开始便宣布这些大型公共建设的实际花费，这些工程恐怕连展开都有困难。

柏林这个国际大都会似乎存在着一个悖论：如果是富有创意和善于营造氛围的计划，似乎可以靠自己获得成功，但一些大型的计划与建设却往往和地方至上主义及半吊子的草率行事纠结在一起，最后变得荒腔走板。比方说，柏林的自来水厂数年前在柏林市财政局局长蒂洛·扎拉青（Thilo Sarrazin）的支持下，转卖给私人企业经营，然而现在柏林市民已尝到这项错误决策的苦果——他们必须比德国其他城市的居民支付更多的水费。柏林城市快轨（Berlin’s S-Bahn）几乎是首都柏林重要程度仅次于勃兰登堡门的城市象征，其运营商德国铁路公司为了让柏林的地铁运转得更顺畅，多年以来已实施过好几次改革，却总是以失败收场。总而言之，比起统一后的柏林，一些不论是声名卓著还是恶名昭彰的普鲁士特质，反而在那些曾经反普鲁士的地区，如萨克森州（Sachsen）、拜恩州和巴登－符腾堡州（Baden-Württemberg）生根。我们暂且可以这么说，柏林人其实还是很高兴可以拥有泰格尔机场，虽然它只是一座地方型机场，却一直运营得有声有色。泰格尔机场的设计师迈因哈德·冯·格坎（Meinhard von Gerkan）在 25 岁时设计出这个机场，然而由他设计的新机场，却至今无法完工。

18　新种族主义的复辟与反动

德国终于再次展现了最好的一面：作为一个进步繁荣的国家，人民愿意对于从前犯下的过错低头表达悔过之意。

“这是德国人的德国！”

柏林墙倒塌后，德国出现了许多无法预料的后续发展，其中之一便是骤然出现的种族主义暴力行为。德国统一后，各地发生的仇外事件开始增加，不只在德东的罗斯托克（Rostock）和霍耶斯韦达（Hoyerswerda），甚至在德西的吕贝克、索林根（Solingen）和莫恩（Mölln），当地外来的移民也频频因为肤色的不同而遭受公然攻击，难民收容所也成为当地暴民进犯的目标。在刚开放柏林墙的边境管制，民主德国人因此可以自由进出西柏林后，我们还在这座已被凿穿的水泥墙上看到这么一句涂鸦：“外国人，不要让我们德国人落单了！”然而这句温情的标语才出现没几天，便有人粗野地在旁边写道：“这是德国人的德国！”

20世纪90年代初期，在我为撰写《激进的中道：德国的国族意识之旅》（*Extreme Mittellage, Eine Reise durch das deutsche Nationalgefühl*）一书而做研究时碰到了一件奇怪的事，我称其为“柏林墙最后的翻墙者”。1990年3月14日，在柏林墙倒塌4个月后，一个越南人用飞快的速度走在拱凸的墙上，然后突然转身往回走。当他再度重复这个动作时，一旁的路人才知道他不是在嬉闹或表演。此时，一位认真值勤的民主德国边境警察也在围墙下方跟着他来回地奔跑，旁边围观的民众便过去问这位警员为什么要追捕这位越南人，依据的又是哪条法律。他当时低声说出某个国际协定，应该是指两德公约（deutsch-deutsche Verträge）。依据该协定，他必须拘捕这位越南籍逃犯，并将他带回东柏林。现场这些好奇的西柏林人才终于明白，自由穿越柏林墙的这项新的权利只适用于德国人。这名越南籍逃犯趁着路人与边境警察争论的时机，翻越围墙逃往西柏林。

继续探索这个现象后，我才发现，直到 1990 年时，民主德国一直都是境内外国人比例最少的欧洲国家。根据粗略的估计，约有 16 万越南人定居于民主德国，此外还有一些移民来自波兰、古巴、安哥拉和莫桑比克。从前民主德国人普遍以为移入的越南人来自太平洋的斐济群岛，而误称他们为“斐济人”，即使后来搞清楚越南的地理位置，民主德国民间还是沿用“斐济人”称呼越南人。民主德国为了解决国内劳动力不足的问题，从越南引进了大量劳工。这些越南劳工下班后，与当地的民主德国居民毫无接触，在工作闲暇之余若与人聚会或聊天，必须向厂方的上级报告。依照当时的规定，这些越南劳工不可以离开工作所在的城市，也不准进入当地的餐厅用餐。两德统一后，一位成功当上地方议员的越南籍女性曾回忆起自己刚到民主德国时的情况：欢迎会上挤满了人，自己却从头到尾孤单而沉默地坐在被安排的位置上。

来自莫桑比克的劳工在民主德国的处境并没有强过越南人。相比之下，只有古巴人或其他来自拉丁美洲的移民才能在民主德国享有某种特权。靠着弹吉他，高唱革命歌曲，有的人甚至能获得一些思想比较开放的民主德国女性的芳心，而因此有机会学会德语，融入民主德国社会。

越南收容所纵火事件

两德统一后，越南人和非洲人成了新纳粹手下的第一批受害者。从 20 世纪 60 年代初，联邦德国人便开始和数百万名外籍劳工共同生活，虽然他们向来否认联邦德国已是移民国家的事实。两德统一后，新德国政府首先糊里糊涂地做了一项错误的决定：在德东各地区设置收容所，以“平均分配”从世界各地涌入德国的寻求庇护者。由于许多前民主德国人民因为两德统一的大变动而失业，生活不顺遂的德国人对新设立的收容所不仅感到不解，甚至非常愤怒。

最严重的一起事件发生在德东的罗斯托克。1992 年 8 月 22 日至 26 日，数百名暴徒在上千人的围观怂恿下聚众围攻一栋前越南合约劳工聚居的集合式高楼——“向日葵大楼”（Sonnenblumenhaus）。这帮暴徒在那栋住宅大楼纵火，闹事者和旁观者还一起阻拦消防队员与警察到现场扑灭大火和维持秩序。警方后来只好撤退，让那些越南人在这栋起火的高楼里自生自灭。越南人只能设法逃生，幸好该栋大楼九楼的紧急出口可以通向旁边建筑的屋顶。警方再度介入，却无济于事，这帮暴徒的人数已增加到 1000 名左右，在这场激烈的对峙中，一共有 65 名警员受伤。幸而没有一个人在火灾中丧生。

国际媒体对于德国这起事件的报道让世人再次想起纳粹时代那些恐怖的行动。《图片报》（*Bild*）认为，外国人又再度受到德国人不公不义的对待。时任总理柯尔却提出一个荒谬的看法：他把这个排外事件直接解释成冷战的后遗症。此外，柯尔总理断然拒绝视察案发现场及慰问受害者，只是通过发言人表示，他不认为其他到现场对受害者表达慰问之意的政治人物值得嘉许。

值得庆幸的是，当时不论是德东或德西地区都开始出现对抗野蛮行径的民主运动，这种运动不是由任何一个政党主导的，而是公民社会自发的活动，更确切地说，是由几位有洞见的公民所共同发起的示威抗议。在罗斯托克的纵火事件过后，《时代周报》的总编辑吉奥范尼·迪·洛伦佐（Giovanni di Lorenzo）和一些志同道合的朋友，率先在慕尼黑举办了一场反仇外的烛光守夜活动，数百名志愿者提供协助，数万人参与活动。这一系列的抗议活动随后在汉堡和其他德国城市展开，德国蜡烛制造公会便抓准这个时机，在慕尼黑举办了一场大型摄影展，展出德国各地的烛光守夜活动中那些最有美感的照片。某个知名的德国汽车集团为了预防海外市场因为排外事件而造成的汽车销量萎缩，将这些照片制作成海外市场的广告，以降低国外客户对于德国企业的疑虑。然而没过多久，德国一些极右派与极左派分子便愤怒地抵制这一连串的烛光守夜活动。一位左翼分子显然因为嫉妒这项活动的成功，而批评主办单位所规划的活动内容只是“拖泥带水的多愁善感”，他还放话说，只有丢鸡蛋、主张自治权的极左派才算是真正的抗议者。在右派阵营里，则有一位非常保守的柏林政治人物公然质疑烛光守夜活动的数百万名参与者受到了一个颇受民间欢迎的秘密阵线指挥中心的动员。此外，德国前总理勃兰特的第二任妻子则公开指责，烛光守夜活动的“火焰魔力”直接象征着纳粹的精神。

尽管受到质疑，或许也拜这种质疑所赐，烛光守夜活动已成为德国公民社会决心面对野蛮行径的著名象征。由于数百万人热烈参与这项活动，德国的犹太人及外国人才有勇气继续留在自己想生活的德国。

德国统一后，柏林这座外国人比例最高的德国城市（在350万居民中，约有90万人持有外国护照），一开始还能幸免于纵火或大规模凶杀的仇外事件。但随着德国排外风气越来越盛，后来连柏林的地铁站和地铁车厢内，也出现越来越多袭击和杀害非白人市民的暴力案件。

反排外组织的抗争

1991 年 10 月，我和一群同僚及好友，包括记者、作家、艺术家、剧场导演和演员，共同创立了“反排外勇士”组织（Courage gegen Fremdenhass）。我们在街头发了几次传单之后，便把活动的重点放在柏林市的中小学，借由老师和学生的支持和配合，我们开始在校园里展开一些反种族主义、反排外的课程活动。这些倡导活动的基本理念，是通过呈现一些外国人实际的个人身份和生活故事，让“外国人”（Ausländer）这个德文词汇所表现的抽象形象能被个别化与具体化。事实上，我们的组织成员大部分不是土生土长的柏林人，我们说的语言加起来甚至多达 16 种。在校园里，每位成员都可以用自己的方式进行反排外教学，然后组织的干部会汇集、整理并评估这些教学经验，作为未来教学模式的参考资料。

我们发现，邀请我们的一些学校主要是来自前西柏林城区的中小学，而且这些学校通常已经开展过这类的活动。至于一些“问题学校”，例如，前东柏林的利希滕贝格区和霍恩施豪森区的中小学，则很少邀请我们。因为那些学校的校长认为，邀请我们这个组织的工作人员到校讲课很可能会破坏学校的名誉。不过，坚持不排外的政治正确性，已成为柏林思想开放的市民之间的主流风气。由于德东与德西的人民竞相对于仇外表示遗憾，因此我们很难这么下结论：德东地区特别容易受到德国复燃的种族主义的影响。

曾有一段时期，德东与德西的专家学者们因为相互指责对方的排外风气而出现一种荒谬的敌对现象：一旦有人指责德东年轻人存有极右翼思想，就会有人接着证明德西地区的年轻人也普遍具有此种心态，反之亦然。然而，我们只要观察右翼恐怖活动分布的地区就会清楚地发现，德国统一20多年以来，这种排外风气最强烈的区域以及极右翼的国家民主党的胜选区，一直集中在德东的图林根州（Thüring, Land）、萨克森州和萨克森－安哈尔特州（Sachsen-Anhalt）。与社会民主党关系匪浅的弗里德里希·埃伯特基金会（Friedrich Ebert Stiftung）曾于2012年11月做了一项具有代表性的抽样调查，该调查结果指出，德东地区的人民拥有封闭的、极右派世界观的比例从2002年的8.1%上升至15.8%；而德西地区民众则略为减少，从7.6%稍微下降至7.1%。约有39%的德东民众明显持有排斥外国人的观点，尽管该地区的外国移民占总人口的比例仍相当低（大约2%）。此外，这份调查报告还显示，德西地区已经出现极右派暴力分子聚集的中心：鲁尔工业区（Ruhr）以及德国最北边的石勒苏益格－荷尔斯泰因州（Schleswig-Holstein）。

幸运的是，德东和德西地区一些热心且有见识的人民并没有因为这项量化研究的结果而陷入争执。经过20年的努力，德东的新纳粹已很少公开活动，人民已不需要为了回应或阻止他们，而发动另一场抗议活动来反制他们。通过公民团体、静默守夜、反种族主义网络，越来越多勇敢的公民公开拒绝容忍所谓的右翼极端主义解放区。

在罗斯托克那件越南收容所纵火事件20周年纪念日当天，数千名罗斯托克市民为了支持社会团结与人道精神而上街游行，德国时任总统约阿希姆·高克（Joachim Gauck）到场并发表了一场动人的演说。试问还有谁能比罗斯托克人高克更适合在这个场合发表一场激励人心的演讲，谈论公民的自由与责任？德国终于再次展现了最好的一面：作为一个进步繁荣的国家，人民愿意对于从前犯下的过错低头表达悔过之意。在这个纪念日当天，我们已看不到也听不到20年前那些想活活烧死越南寻求庇护者的罗斯托克暴民的蛮横与叫嚣。我们不禁自问，当年那群乌合之众到哪里去了？这群人当时正值血气方刚的年纪，然而，20年后，他们也不过才四五十岁，难道他们就这样销声匿迹了？依据媒体的说法，罗斯托克该城区三分之二的居民是在那场纵火事件之后才陆续搬入的。但是，一些年长的罗斯托克市民却深信，当年那些放火的暴徒并不是罗斯托克当地的居民，而是来自柏林和德西地区的人，在该事件结束后，他们便悄悄地溜回了自己的地方。

说也奇怪，几乎没有人会关注，多年以后，那些越南人变成了什么样子。

19 越南人在柏林

我想，所有柏林的政治人物当天一定都忙着上教堂参加纪念礼拜，而且还向上帝殷殷祈祷，希望所有的外籍族群都能成功地融入德国社会！

2012年圣诞节前夕，我到柏林东边的利希滕贝格工业区参观一座由越南移民经营的购物商场——东宣市场（Dong Xuan Center）。这家大型购物中心坐落于一片荒废的空地上，由一群越南移民用5栋废弃的大仓库改建而成。购物中心里面应有尽有，不仅贩售各种各样的商品，还提供平日生活所需的美发、美容、指甲护理、裁缝、餐饮等服务，甚至还有替客人算命、提供买卖技巧咨询，以及经营晚礼服和新娘婚纱的商家，以满足人们生活中一些特殊的需求。卖场墙面上还张贴一些按摩、汽车修理与买卖，及税务与法律诉讼等行业的德文和越南文广告。男士剪发的价格约8欧元，女士剪发外加洗吹只标价14欧元左右。东宣市场的美发沙龙生意兴隆，美发师个个都是年轻窈窕的越南小姐，她们的头发各自染上不同的颜色，整体看起来缤纷鲜艳。这些年轻的美发小姐显然就是我所说的“柏林墙最后的翻墙者”那一代越南移民的女儿们，她们大部分能说流利的德语，而且在生意上非常干练，能快速把在店外好奇驻足的顾客招进店内剪发或烫发。许多人还通过了文理高中的毕业考，有资格申请进入大学就读，她们在圣诞节假期前的旺季特地来帮父母照顾店内的生意。根据报纸的报道，德国的越南裔学生的平均成绩高于德裔学生，越南裔学生在中学阶段有超过 50% 的比例选择就读比较精英取向的文理中学，而且他们就读文理中学的比例远高于日耳曼裔学生。

东宣市场的刺青服务在柏林相当著名，其中最受欢迎、广告海报力荐的刺青图案是一条富于艺术感、身形蜷曲的龙。这些越南师傅的手艺早已炉火纯青，似乎把他们的双眼蒙住，他们也能纯熟地把这个图案刺在客人的背上。卖场里还有一些面积约 30 平方米的围巾专卖店，里面挂着各种亮丽的围巾，摆在地上的一包包货品堆得跟人一样高。当然，在这座购物中心里，成衣部门是少不了的，里面的商家贩售各式各样的衣物，虽然许多衣服的尺寸不一定适合身材高大肥胖的中欧人穿着。柏林人最喜欢逛里面的礼品店以及贩卖各种杂货的商店，这种商店的商品种类繁多，从安全别针、开瓶器到汽车方向盘都有。我在闲逛时，发现第三栋卖场的出口处有一间极棒的商店，它的店面几乎不到 20 平方米，里面却摆满了全世界所有的花卉种类，连墙面都挂满了花朵，没有一处空白。当我满心陶醉地站在这家花店的门口，自以为闻到了花海所散发的香气时，却突然发现，它们全是仿造得惟妙惟肖的假花。

卖场内人来人往，显得很平静，让我无法把眼前这一幕和 20 年前，在罗斯托克发生的仇视越南移民的纵火事件联想在一起。当德国父母带着孩子到这座越南购物中心闲逛时，他们看起来就像身躯过于庞大又营养过剩的物种，有时他们得小心翼翼地费力地拥挤着走在狭窄的通道中，才能走到一家越南餐厅享受异国美食。东宣市场所在的利希滕贝格区对外国人并不友善，这些越南移民却能坚持在如此不理想的环境里打造出自己的一片天地。东宣市场已发展出相当的规模，而且对于消费者非常具有吸引力，因此排外的新纳粹势力已无法把它锁定为突袭的目标。目前，柏林有 2 万 ~4 万名越南移民，虽然没有人知道确切的数目，不过可以确定的是，越南人已成为最能融入德国社会的外来族群。越南商业银行（Vietinbank）前几年在利希滕贝格区买下一栋 6 层的大楼，并在该栋大楼设立了柏林分行。这家分行开幕时，越南国家副主席阮氏缘女士（Nguyen Thi Doan）还特地从越南前来参加剪彩，然而现场却没有一位柏林政界人士参加。据说是因为开幕当天刚好碰上德国的法定节假日——圣灵降临节。我想，所有柏林的政治人物当天一定都忙着上教堂参加纪念礼拜，而且还向上帝殷殷祈祷，希望所有的外籍族群都能成功地融入德国社会！

有些故事虽然一开始很悲惨，后来却能在柏林出现正向的发展。

20　反仇外斗士安妮塔·卡汉

如果我们把希特勒所领导的纳粹党在选举中所获得的选票的来源地区，和现在极右翼的国家民主党的选票来源地区相比较，就会发现法西斯思想在德国境内确实有地区上的延续性。

彷徨少年时

1998 年，前东柏林人安妮塔·卡汉（Anetta Kahane）与一些志同道合的好友，在前东柏林城区成立了一个反对种族主义及反对仇恨外国人的组织，并以来自非洲安哥拉的受害者阿玛杜·安东尼奥（Amadeu Antonio）的姓名作为该基金会的名称。住在勃兰登堡州埃伯斯瓦尔德镇（Eberswalde）的阿玛杜是民主德国政府从安哥拉聘来的合约劳工。1990 年 11 月 24 日深夜，德国统一刚一个多月，便有一群 50 人左右的极右派青少年手持棒球棍在埃伯斯瓦尔德小镇四处游荡，专门攻击黑人。这帮青少年在一家餐馆里发现 3 个非洲人，便用球棒攻击他们，其中两位莫桑比克人负伤逃走，而时年 28 岁的安哥拉人阿玛杜身受重伤，当场昏迷，两个星期后在医院过世。

卡汉女士所发起的民间组织还和德国境内数百个性质类似的协会相串联，她通过发起抗议游行和摇滚音乐会等活动，来对抗右翼势力与种族主义者的暴力犯罪，并受到许多德国公众人物的热情支持，德国自发加入这类反种族主义民间组织的约有60万人。据卡汉所领导的阿玛杜·安东尼奥基金会公布，从德国统一到2011年期间，在德国因种族主义的暴力犯罪而丧命的总人数,受到国际瞩目。德国社会，特别是德东地区仇外情绪高涨，例如邻近波兰的茨维考市（Zwickau）有一个新纳粹三人组，甚至在10年内连续犯下9起谋杀土耳其人的命案。令人震惊的是，阿玛杜·安东尼奥基金会所公布的死亡人数，甚至远远超过德国官方统计的人数。根据德国当局的刑事犯罪统计数据来看，在这21年间，有63人因为他人犯下的“国家安全罪”而死亡，然而阿玛杜·安东尼奥基金会所公布的名单却有183人，大约是官方统计数据的3倍。其中，有一个案例是死于心脏病突发的犹太人，该名死者是否是因为受到极右派的迫害而死亡，至今仍没有定论。

官方与民间组织的数据落差，主要是因为彼此对于种族主义的暴力行为的定义有所出入。官方的犯罪统计一向有严格的筛选标准，如果个案没有明确显示受害者是因为种族主义犯罪而死，那么这些刑事案件就不会被列入相关的统计。后来迫于阿玛杜·安东尼奥基金会发表的数据所形成的舆论压力，德国的内政部部长会议才修改了他们先前对于“因政治态度所导致的刑事犯罪行为”的认定标准，不过这个会议一如既往地对阿玛杜·安东尼奥基金会所公布的死亡人数表示异议。德国《时代周报》在整理与研究德国历年的排外事件后，一共找出152个相关死亡案例，这个结果确实比较接近这家基金会所公布的数据。

了解卡汉女士的人便知道，她自己根本没有料到有朝一日会成为德国知名反种族主义人权斗士。当她和一群人权律师在一起时，人们很快就会发现，这位红发的妩媚女子并不会对外标榜自己的使命感或表现出任何道德优越感。她给别人的感觉更偏向温和而不是自信；在本性上，她似乎比较倾向于质疑，而不是接受一些不容辩驳的确定性。她谨慎的言行大概和她早年在民主德国时期曾一度迷失于当时的政治环境有关。如果我们在网络上以她的姓名作为关键词进行资料搜寻，就会在头几页的网页上发现她和斯塔西的关系。

卡汉的父母是德国犹太裔共产党员，纳粹上台后没多久便流亡至巴西。直到德意志民主共和国建立后，他们才回归。卡汉有一位伯父是拉比[①]，不过她的父母却是马克思主义者，早已放弃犹太教的信仰。他们为了成为这个国家忠诚的公民，并期待能参与“德意志地区第一个反法西斯国家”的建设，从南美洲风尘仆仆地回到民主德国。卡汉成长于东柏林北边的潘科区（Pankow），却无法在这个她父母所热情支持的新国家里找到归属感。卡汉在接受我的采访时曾说，她在她父母的眼中是个失败者，虽然她不愿这么看待自己，不过她知道，自己当时确实很消沉。她在童年时期便想在自家的公寓里，找个地方把自己藏起来，却一直找不到合适的隐匿处。她还会问自己，如果出生在纳粹迫害犹太人的时期，人们可能会把她藏在何处。如果她无法偷偷地躲起来，会面临什么样的命运。

民主德国的犹太人聚居区很特别，不过规模并不大。这些犹太人大部分都在希特勒执政后移民英国、墨西哥或美国，直到民主德国建国后才怀着梦想回归这个“德意志地区唯一的反法西斯国家”。他们大多是脱离犹太教的犹太人，并不强调自己的犹太人身份或曾是纳粹暴政的受害者，这就如同20世纪五六十年代的美国犹太人不愿承认自己的民族遭受种族大屠杀是“犹太人独特命运”的说法，而认为

① 犹太人中的一个特别阶层，十分受到尊崇，作为智者的象征，经常主持各种犹太教仪式。——译者注

那是“人类普遍的命运”。犹太裔民主德国作家尤雷克·贝克尔出生于波兰，当德国入侵波兰后，他们全家被强制送往波兰中部大城罗兹（Łódź）的犹太区集中管理，接着被转送至柏林北方的拉文斯布吕克（Ravensbrück）集中营，最后被押到同样位于柏林北方的萨克森豪森（Sachsenhausen）集中营。他在世时曾告诉我，他从前和他的父亲发生争吵时曾质问他父亲，为什么他们全家在“二战”结束，从纳粹集中营被释放后，偏偏举家要落脚在德国这个杀人魔的国度，而不是留在波兰。他的父亲当时只简短地反问他：“到哪里不都一样？请告诉我，有哪个国家的反犹太运动是以失败收场的？”

卡汉的父亲曾在20世纪30年代加入共产国际发动的国际纵队（International Brigades），对抗西班牙弗朗哥的法西斯政权，后来成为一名新闻记者。他在新闻专业上虽然是个强硬派，不过思想与作风却很自由，因此从未禁止自己的女儿收看联邦德国电视台的节目，或阅读家中随处摆放的美国《新闻周刊》。卡汉的母亲是艺术家，在20世纪60年代和抗议歌手沃尔夫·比尔曼相当熟识，然而在1976年，她在比尔曼被民主德国拒绝入境并剥夺国籍的3个星期前过世了。卡汉的父亲虽然深受这起事件的震撼，不过却未公开发表过任何评论。卡汉当时有位朋友曾为此发起了一场联名抗议活动，并希望她也跟着联署，不过她并没有照做。卡汉后来对此解释道，她当时自我价值感非常薄弱，所以怀疑：“在这个世界上，有谁会在乎我的签名联署？”当时民主德国有数百位默默无闻的青年或许也怀有这样的疑问，不过他们还是签署了那份抗议比尔曼被驱逐出境的公开信。

与新纳粹主义及法西斯对抗

阿玛杜·安东尼奥基金会内部除了有实习生帮忙推动会务，还有十二三名正式工作人员。他们的薪水一部分由基金会支付，一部分则来自推动计划所获得的公款补助。该基金会每年必须提出新的计划，在取得赞助者的批准后，才能拿到相关的政府补助金。在德国，有数百个这类的民间团体为了争取私人的赞助和政府的补助而相互激烈地竞争。由于卡汉所领导的阿玛杜·安东尼奥基金会已在德国社会建立了高度的威信，因此联邦政府和其他民间团体都会就相关的问题请教他们的意见。

卡汉为广泛动员民间力量对抗极右翼做出了重大的贡献。虽然，这个反法西斯的动员活动所获得的成果大家有目共睹，不过卡汉却对所谓的成果仍有怀疑。根据她的判断，新纳粹势力在德国社会依然能如鱼得水，相较之下，一些反法西斯的民间团体实际上仍屈居下风。她在 10 年前甚至还认为，新纳粹的思想产物仍深植于德国人民的内心，德国社会的文明力量根本无法对抗这种卑劣的思想。德东地区虽在德国统一后对于异文化的包容有大幅的进步，然而这种进步只限于一些城市的市中心，例如耶拿、莱比锡和埃伯斯瓦尔德。至于图林根州和萨克森－安哈尔特州的乡村地带还是跟从前一样，在原地踏步，是最令人忧心的地区。有时她必须克制，让自己不要怀有偏见，即认为从前纳粹的恶灵依旧盘踞于某些地区。这些新纳粹的据点恰恰位于纳粹曾经统治的地方。卡汉若有所思地表示："旧的纳粹党虽然形式上已不复存在，不过它的某些意识形态仍残留在民众的想法中。如果我们把希特勒所领导的纳粹党在选举中所获得的选票的来源地区，和现在极右翼的国家民主党的选票来源地区相比较，就会发现法西斯思想在德国境内确实有地区上的延续性。似乎那些地方的山坡、乡间道路和房舍的墙面上都还存有它们对于纳粹暴行的历史记忆！我在孩童时期，总觉得家里的窗户和墙壁在看着我，对我诉说一些关于谋杀的故事。”

我认为，卡汉对于德国的暴力史与迫害史的敏锐度和警觉度来自她本身对于道德的坚持。在这次采访的最后，我主动和她谈起柏林不断增加的，既无法被归类为种族主义，也不属于反犹太主义的暴力犯罪行为，特别是一些青少年在柏林地铁站无端地把毫无瓜葛的人打个半死，甚至置他们于死地的行为。我问她，她对于这种现象有何看法，是否她的基金会也该针对这些非法行为进行追踪探讨。

卡汉对于我提出的问题感到有些惊讶，她告诉我，她从未处理过这方面的问题，而且往后可能也不会处理它们，毕竟这样的暴力行为已经超出她和她的基金会所要处理的范围。于是我问她，为什么不太关心这类事件。她并没有给我答案。她在停顿一会儿之后告诉我，她觉得如果在受访时会被问到自己无法回答的问题，这个访谈就算是一个好的访谈，因为这些问题可以带给她更多的挑战，刺激她做进一步的思考。

21 新野蛮主义

> 每次发生这种暴力事件时，柏林市民还是会表达他们的震惊、哀伤和愤怒，不论受害者属于哪个族群或国籍，市民都会在案发地点摆上鲜花、点上蜡烛，以表哀悼。受害者下葬时，也总会有数百位市民主动前往哀悼，并跟在棺木的后方，送死者最后一程。

青少年集体暴力行为

德国首都柏林现在必须面对一种无法被刑事犯罪专家明确归类的暴力行为。我不清楚其他的国际大都市如巴黎、伦敦或纽约，是否也会出现这种暴力泛滥的现象。这类暴力事件在柏林市刑事犯罪统计中，通常被归入“野蛮犯罪”（Rohheitsdelikte）或“青少年集体暴力”，不过官方却无法明确这些行为的性质、数量和动机。柏林有一位检察官曾详尽地描述这种暴力现象，并试图说明那些在利希滕贝格地铁站行凶的青少年的犯罪动机：享受无缘无故攻击弱者所带来的乐趣。

柏林市民觉得这样的定义是承认对这种行为一筹莫展。然而在我看来，这位检察官对于这种无法被列入一般刑事犯罪统计的暴力类型，提出了最贴切的见解。这种可以带来“乐趣”的犯罪行为往往造成受害者的死亡，以下是一些曾在柏林发生的相关案例：

2011 年 2 月 11 日，4 名年轻男性在柏林东边的利希滕贝格地铁站联手突袭青年画家马塞尔·R.（Marcel R.）和他的一位随行的友人。这4位施暴男子轮流用脚狠踢马塞尔头部，马塞尔当场不省人事，重伤命危，其中一人还从他身上拿走手机和皮夹，虽然皮夹中只有3欧元现金。马塞尔在医院昏迷好几个星期后，终于保住性命，但因为脑部受伤而半边瘫痪。主治医师预估，康复时间至少需要两年。与他同行的那位朋友就比较幸运，当时他的朋友受到一位身材粗壮的路人的挺身相助，只受了轻伤。那4位行凶者分别来自科索沃、波斯尼亚、伊拉克和肯尼亚，马塞尔则是德国人。据说，这4个人在攻击马塞尔时，曾对他叫喊："该死的纳粹""我们痛恨德国人"。人们曾怀疑这4个外国人是因为种族仇恨，才对德国人展开报复，然而这次审判却让人们对他们是否真的说了这些，以及这番说辞是否真的是其动机有所存疑。唯一可以确定的是，这4名凶手当时已喝醉，之前还曾辱骂其他的地铁乘客。法官后来判定，他们的攻击行为并没有具体的理由，只是纯粹基于施暴的乐趣。

2011年4月23日凌晨3点30分，一位即将毕业的柏林高中生托本·P.（Torben P.）在和一位朋友走在路上时，突然间用手上拿的一瓶玻璃瓶装的可口可乐往路旁一位坐在长凳上的陌生人的头部猛砸过去。当被袭者站起来时，托本又立刻在他脸部补上一拳，把他打趴在地，并猛踹其头部。托本的朋友在一旁不知如何是好，但并没有进行制止。接着托本转身离开，随后又以助跑的方式再次冲向被害者，双脚重重地踩在受害者的头部，然后又用力踢了他好几下。所幸一位勇敢的路人目击这一切，及时挺身阻拦。这个案例的施暴者和受害者都是德国人，彼此互不认识。

2011年9月17日清晨，厨师朱塞佩·马尔科内（Giuseppe Marcone）和大学生拉乌尔·S.（Raoul S.）结伴回家。他们在夏洛滕堡区的凯撒大街（Kaiserdamm）地铁站遭到两名失业男子的骚扰与暴力攻击。其中一位滋事者叫阿里·T.（Ali T.），他对法官表示，他们为了打发时间，喝了一些伏特加。这两个男人向路过的马尔科内和拉乌尔要香烟，并挑衅他们。拉乌尔说，他身上只剩下两根烟了，然后和同行的厨师朋友直接往地铁站的出口走去。接下来——根据阿里在法庭接受审问时的说法——阿里威胁马尔科内要和他单挑，马尔科内没有理会他，然后遭到殴打。马尔科内和拉乌尔稍做防卫，之后沿着地铁站的楼梯跑出站外。两名施暴者一路追逐，马尔科内情急之下穿越五车道的凯撒大街，结果被一辆快速驶近的汽车撞倒。拉乌尔听到刹车声及随后的撞击声后，立刻赶到已倒地的马尔科内身边，为他做心肺复苏，却只能眼睁睁地看着他断气。两名施暴者都是在德国出生的土耳其人，死者则是一位意大利人。

2012年10月14日，星期日。凌晨，有一位名叫容尼·K.（Jonny K.）的20岁的年轻人，与友人在酒吧坎昆（Cancún）通宵玩乐后，在亚历山大广场旁的市政厅大街（Rathausstraße）遭7名青年殴打致死。一开始，与容尼同行的好友在酒吧外向这7名肇事者中一人要烟，这7个人后来一拥而上，把容尼的朋友打趴在地。容尼试图帮助友人，于是这7个人转而攻击容尼，直到他一动不动。救护车上的医生虽不断为他做急救，然而在容尼被送入医院之后，几位医生便宣布他已经死亡并关掉了维生机器。容尼是一位德泰混血儿，7名施暴者是土耳其裔德国人。

然而这类暴行在柏林发生后，德国境内并没有发起任何像20世纪90年代种族主义袭击事件发生后的烛光守夜活动那样的抗议活动。因为这些攻击行为并不属于那些反对种族偏见及反对仇恨外国人的民间团体的关注范围，就现有的刑事犯罪的分类而言，它们也难以被归类。然而，每次发生这种暴力事件时，柏林市民还是会表达他们的震惊、哀伤和愤怒，不论受害者属于哪个族群或国籍，市民都会在案发地点摆上鲜花、点上蜡烛，以表哀悼。受害者下葬时，也总会有数百位市民主动前往哀悼，并跟在棺木的后方，送死者最后一程。还有一些热心市民会出钱赞助设立纪念碑，并成立相关反对暴力的市民组织。柏林人对于每一位暴力受害者都怀有相当的同情心。

由于这类犯罪缺乏正式的定义，因此不一定会全被列入官方的刑事犯罪统计数据中。如果被害人只受轻伤，他们通常会自认倒霉，不会到警察局报案。然而每年都有越来越多无缘由的暴力行为以危及生命甚至导致死亡告终。前几年自杀身亡的柏林青少年法庭的女法官基尔斯滕·海西希（Kirsten Heisig），曾在著作《不再容忍：持续处理青少年犯罪》（*Das Ende der Geduld: Konsequent gegen jugendliche Gewalttäter*）中写道："这些青少年犯罪者的行凶动机经常和他们使用的施暴方法无关……为了符合青少年法庭法的教育精神……如果我们可以掌握，为何这种暴力行为的发生可以完全不顾虑受害者的性命安危，便可能改善这种暴力犯罪的状况。"这位女法官在该书中严厉驳斥警方依据这几年的统计数据，而对外宣称青少年犯罪最近这几年已减少的说法，并语带批判地表示，如果官方展开长时期的比较研究，并把德国持续降低的出生率一并考虑进去，就会得出很不一样的青少年犯罪数据。

暴力案件的后续检讨

我虽然不是研究刑事犯罪的专家，也看到了这里描述的几起暴力行为的相似之处：这类案件几乎都发生在深夜或凌晨，而且都在公共场所或地铁站，受害者均为男性，既有德国籍也有外国籍，施暴者也一样。施暴者都是青少年或警方口中的“年轻男性”，约有 70% 来自移民家庭，他们在行凶之前，大多已先冒犯、侮辱或挑衅其他的路人或乘客，而且精神状态都受到喝酒或吸毒的影响。这些暴力犯罪的案例最重要的共同之处，在于施暴者与被害者之间互不认识，而且施暴者完全不把德国社会所推崇的公平正派的为人处事原则当一回事。在出事之前，双方从未有过任何矛盾关系或冲突，因索要香烟遭拒或喊出“我们痛恨德国人”这类挑起族群矛盾的口号其实很少成为这类事件的导火索。这种随意发动的暴力行为往往是一帮人联手攻击一两位受害者，即使受害者已倒卧在地，失去防卫能力，他们仍不罢手。这些施暴的年轻人在接受讯问时往往表示，是因为自己先受到攻击，为了自卫只好反击对方。这些年轻的暴力犯罪者很少在案发后表露悔意，而是尽量找理由为自己开脱罪行，一如人们在酒醉清醒后常说：“很抱歉……我其实不想这么做……我已经记不得当时的情况了！”

这种青少年的暴力行为似乎就是一种谋杀性质的消遣，在这种精神状态下，加害者在对于随机巧遇的受害者施暴的过程中，因为拥有数十秒恣意妄为的绝对权力，而从中得到无上的乐趣。这也说明了一个事实：他们根本不在乎是否有目击者在现场或有监控。不少这类的暴力事件是因为有监控资料，而找到犯罪事证，并得以厘清行凶过程。然而，由于德国实施资料保护政策，因此经常有一些关键的破案录像资料在被调阅、分析之前，便因超过时限而自动被删除。

这几年，柏林民众非常愤怒地注意到，这些施暴者往往在被捕后被轻判，坐牢没多久便假释出狱，重获自由，哪怕他们已经将受害者几乎殴打致死，甚至致使受害者当场死亡。一些法官、警察和改过自新的犯案者因为亲身经历，而相当熟悉德国司法系统在处理青少年暴力犯罪方面的缺失，因此他们不断呼吁当局针对相关司法程序启动改革，以妥善处理这类的犯罪问题。正如一位社会工作者所说，任何暴力累犯和少年犯都不可能认真对待德国的司法体制。那些几乎或已经犯下过失杀人罪的青少年被短期拘留，然后就被送回家中，这种做法根本不会让他们有机会了解到自己暴力行为的严重性。如果执法人员可以在案发后，立刻将他们监禁起来，或至少没收他们的手机、音乐播放器和自行车，他们就会因为失去这些东西，而被迫反省自己犯下的一些恶劣且不可原谅的暴行。

可惜的是，与盎格鲁－撒克逊刑事司法体系相比，德国刑法不允许使用这种新颖、尖锐的惩罚措施。这类青少年暴力犯罪案件在经过两年左右的司法审理后，被告在审判定罪时大多已成年。他们在友伴团结一致的抗议声中出庭接受法官的审判，却仍以青少年犯罪的刑度被判刑，因杀人罪或过失杀人罪只判几年的少年拘留，然而这种犯案与审判的时间落差，不仅无法让这些罪犯心服口服，反而还让他们觉得自己是司法的受害者。

但并非只有法院在努力应对这一波“无谓的暴力”——柏林的自由派和左派人士也在努力。具有移民背景的年轻人比德国年轻人更有可能被报道指出会带来危险和造成严重的身体伤害。从 2008 年起，海西希法官就在不断努力让市民了解德国在这方面的司法缺失，与司法官僚系统对抗，推动加快诉讼程序，以此让未成年犯罪者能清楚地了解自己犯下的罪行和惩罚之间的关系，从而彰显法律效力。不过她也因此而被讥为“冷酷的法官”。事实上，她并没有做出诸如降低青少年犯罪者的判刑年龄，或提高他们的犯罪刑责之类的激进建议。她所做出的努力主要聚焦在家庭教育方面，以提醒这些青少年父母负起对于孩子的教养责任，平日应该关注孩子在学校的状况，并协助他们帮助出狱的孩子再社会化。她会主动拜访凶手的父母，并对他们说："是我把你们的儿子送进监牢的，我对此并不觉得高兴。"海西希还提到，许多她拜访过的父母虽然一开始会有些抗拒，后来都能以相当正面的态度回应她的说明。然而，司法官僚体系却对于她推行的一切无动于衷，毕竟加快审理的过程意味着要加快他们的工作速度。直到2010年7月，海西希法官自杀后，她的主张才终于被全国接受。

海西希法官过世后，德国好几个学术团体与组织纷纷着手研究柏林的青少年犯罪行为，其中以下萨克森州所完成的调查报告最仔细也最具全面性。下萨克森州刑事犯罪研究所在于2011年发表的第114号研究报告中得出一个结论：被歧视的经历与原生家庭的冲突大幅助长了移民家庭青少年的暴力倾向。

22 柏林的土耳其人

当这个城区的德国本地居民看到这些人在“9·11”事件发生的当晚放烟火庆祝时，内心大受冲击，他们对于这些外来移民的态度向来半带着包容，半带着漠视。这时，他们开始问自己，这些他们在地铁站或蔬菜摊所认识的邻居，脑袋里到底在想什么。

土耳其人在德国

柏林墙倒塌后不久，克罗伊茨贝格区便出现了一些不寻常的场景：聚居于该城区的土耳其人会热心地向刚拿到西柏林地图——在此之前，在东柏林发行的柏林地图里，西柏林是一块被圈示出的空白——的东柏林人解释，如何用最便利的方式到达他们最想参观的两个西柏林景点：卡迪威百货公司和选帝侯大街。不论德语说得流不流利，这些长居西柏林的土耳其人都以友善的态度欢迎东柏林游客光临“他们的”西柏林。随着两德统一，在这个政治大变动时期，东柏林人与土耳人之间还存在着一种主客关系易位的“第三类接触”：一些在德国生长并受过大学教育的土耳其青年会在某些课程中向原来的民主德国人介绍联邦德国的民主制度（即统一后的德国政治制度）；此外，有时这些土耳其人也教授那些在柏林墙倒后从苏联回到德国的侨民德语，也就是说，这些在德国成长起来的外国人教导那些在外国成长起来的德国人德语。当时一切似乎都颠倒了过来！

土耳其裔女作家妮可拉·克莱克（Necla Kelek）在于2012年出版的著作《文化的混乱》（*Chaos der Kulturen*）中曾谈到，她于1991年拿到硕士学位后，第二年便前往刚并入德国的德东地区，负责教导民主德国时期便已任职市政府和区公所的公务员认识新德国（即联邦德国）的社会制度，并教授劳动法、社会法和宪法等课程。克莱克能够获得这份工作，是因为某个课程的学员觉得一些联邦德国讲师过于傲慢且自以为是，不希望他们再继续留下来授课，该公务员训练所所长则认为，土耳其裔女讲师克莱克在德东与德西之间的矛盾里算是个中立者，更适合为这个棘手的团体讲课。后来事情的演变果真证实，这是一个聪明的、值得参考的创新做法，因为，截至当时，德国的行政部门从未发现土耳其移民支持统一的潜力。

克莱克在书中回忆道：

> 我还清楚记得，那天是1992年11月11日。当我走进那间大讲堂上课时，前面几排的位子都空着没有人坐。那堂课大约有35名学员上课，一些穿着针织羊毛衫和西装的中年男人坐在后面几排，而且还把椅子调转方向，背对着我坐着。我当时心想：这是在干什么？不过，我还是立刻开始上课，并没有指责他们。那堂课的主题是“什么是国家”，我不停地讲课，在白板上画图表。

然而像克莱克这样认同德国民主制度的外来移民得以参与两德统一与整合的过程的其实只是少数的个例。土耳其移民在其他公共生活领域——例如学校、幼儿园、警察局和联邦国防军——任职的比例很低，移民在公共领域的低参与率这几年来一直都是德国政界关心的议题。不过德国的公民社会在族群融合方面已出现大幅的进步：20世纪90年代初期，从新纳粹纷纷在索林根、莫恩、罗斯托克和霍耶斯韦达攻击外国人后，德国一些有识之士便积极就反种族歧视和反仇外成立民间组织并发起抗议活动，这些努力正是德国不同族群之间迈向和平共处之势的有力证明。土耳其裔足球明星已在德国各个职业足球队崭露头角，这确实有助于德土关系的和谐发展。当足球名将伊尔卡伊·贡多安（İlkay Gündoğan）为德国射门得分时，数千名德国球迷会高喊他的名字，甚至还接着高歌一曲。

2006年德国世界杯，土耳其队未能取得参赛资格。德国出生的土耳其足球迷为了表达他们的遗憾，还特地设计了一种旗帜：以德国国旗的黑红黄三色为底面，再加上土耳其国旗上的星月图案。两年后，德国队和土耳其队在欧洲杯上对阵，许多球迷也挥舞着这面新旗帜。虽然一些人在赛前曾担忧这场球赛会造成德国内部族群关系的紧张，不过比赛还是平静地进行。当电视机前的德国观众看到德国总理默克尔和前土耳其总理雷杰普·塔依普·埃尔多安（Recep Tayyip Erdoğan）在贵宾席上有说有笑时，他们几乎忘记到底是哪一队赢得了那场球赛。

我的邻居是什么人？

尽管如此，柏林人和柏林最大的少数族群之间的互动，也曾出现一些令人忧虑的讯号。2001年9月11日上午，纽约世贸中心遭到袭击，当晚新克尔恩区和克罗伊茨贝格区的市民被一个突如其来的事件吓了一跳：通常只有在新年才会看到的烟花从一些后院零星地升起。这些烟花的燃放地点并不集中，一下子这里出现两个，一下子那里又冒出三个，像是一场庆祝活动。当晚一共有数百枚烟花被燃放来“庆祝”“9·11”事件，而大部分的柏林人则安静无言地在对遇难者表示哀悼。

在“9·11”事件过后，柏林媒体上出现的一些言论和报道引起了更多的不安。新克尔恩区和克罗伊茨贝格区那些门户紧闭的餐厅和公寓里，爆发出阵阵欢呼和庆祝的声音。这些城区的中小学教师还指出，当他们要求学生为恐怖袭击中的遇难者起立默哀时，一些少数族群的学生却不愿照做。

当这个城区的德国本地居民看到这些人在“9·11”事件发生的当晚放烟火庆祝时，内心大受冲击，他们对于这些外来移民的态度向来半带着包容，半带着漠视。这时，他们开始问自己，这些他们在地铁站或蔬菜摊所认识的邻居，脑袋里到底在想什么。

土耳其裔女作家克莱克的书提供了一种解答。她的书籍和观点最近这几年在德国的主流社会及穆斯林团体中曾引发热烈的讨论。克莱克从没有想到，自己会在德国社会成为知名的女作家。她来自伊斯坦布尔一个世俗化的土耳其家庭，20 世纪 60 年代便随父母移民德国。她在校学习时表现很好，很快学会了德语，并吸收了课堂所教授的西方文化。还是个小女孩时，她就很喜欢《飘》（*Gone With the Wind*）这本书，经常幻想自己就是书中的女主人公斯嘉丽（Scarlett），还满心期待有一天男主角瑞德·巴特勒（Rhett Butler）会出现在她的生命中。在取得博士学位之后，她本可以轻松地像其他土耳其裔学者那样，在德国的大学取得教职，并在德国学术界占有一席之地。不过，她当时却走上不同的人生道路，这个决定与她的成长经历有密切的关系。

她在 9 岁时随着父母移民德国，这之后干扰她适应德国社会的不是这个新生活环境，而是她自己的家庭。进入青春期后，她的父亲没收了她那只体育用品袋，从此以后，她便不再被允许在学校跟同学们一起上体育课和游泳课，而这些都是她当时最喜爱的课程。此外，她还不可以参加学校举办的校外教学活动，并且也被禁止骑自行车，因为那可能会“伤害”到她的贞操，而她的哥哥不只可以骑自行车，还可以在外面玩冰刀鞋和四轮溜冰鞋，并和德国朋友聚会。克莱克突然间被禁止做所有的事情，她不可以有德国朋友，既不可以去他们家，也不可以邀请他们来家里玩。此外，只要她在家，她哥哥的朋友，无论是土耳其朋友还是德国朋友也都不可以来家里。

克莱克觉得她的父母把她隔离在自己所成长的德国社会之外。她越来越少地出现在班级中，陷入自己的白日梦里。她回忆说，自己等于是经历了再次的移民，一种迁往内心世界的移民。有一次不知怎么的，她在教室上课时，竟从椅子上跌下。老师在她苏醒后把她送回家。克莱克躺在床上休息时便决定，不再去学校上课。她告诉妈妈：“我不想去上学了，学校让我恶心！”她的父母都没有联系学校，也从没有参加过家长日活动。在她母亲的想法中，目前这个女儿只有一个目标：尽快找到一个丈夫。克莱克父母的默许，与学校虚伪的包容、冷漠完美契合。克莱克中断学业后，学校里似乎没有人惦念她。虽然德国当局每个月还拨给她父母养育子女的津贴，但是教育单位并没有派人做家庭访问并坚持让克莱克必须完成德国的义务教育。她的班级导师在跟她道别时，只对她说：“你可以自己挑一本好书看看，毕竟，我们不想让你爸爸觉得，我们在找他的麻烦！”

自此之后，她便被父母剥夺了行动的自由，在家就像个囚徒一般，她在自传《外国新娘：土耳其人的德国生活实录》（*Die Fremde Braut: Ein Bericht aus dem inneren des türkischen Lebens in Deutschland*）里写道，有时她会故意把厨房里的盐或砂糖藏起来，这么一来，她就有借口可以走出家门，到街角买东西。她的父亲最初是因为向往西方世界自由与自主的理想价值，带着全家移民德国的。如今，她的父亲忙着做生意，很少回家，也不关心被关在家里的女儿的未来。每逢月底，她父亲就会到她母亲和姐姐工作的陶瓷工厂办公室，替她们领取当月的薪资，不然他不会回家。当克莱克的母亲把辍学的她带到工厂里，尝试替她找一份工作时，终于遭到了工厂老板的拒绝。“你要在这里做什么？你还不到 14 岁！为什么不去上学？”这家陶瓷工厂的老板是唯一发觉克莱克辍学不对劲的人，他随后写信给克莱克原先就读的学校，校方才终于开始处理克莱克的事件。

学校通知克莱克的父亲他的女儿已久未到校，并且威胁他，如果克莱克再不上学，相关部门将会对家长进行处罚。克莱克从前最喜爱的一位老师来到她家，并敦促她的母亲立刻送克莱克上学。

克莱克复学没多久，她和父亲的关系便彻底破裂。她当时在家因为不愿问候终于回家的父亲，而把自己锁在房间里，她父亲在盛怒之下，便拿斧头破门，冲入房间打她。这对父女后来扭打在一起，克莱克逃到一个邻居家里。后来她的父亲离家出走，没过多久他离开德国，从此一去不回。之后的好多年里克莱克内心一直受到愧疚感的折磨，她认为父亲的离开是她的过错，经过多年心理治疗后，一位心理医生在心理治疗时对她说了一句话——她父亲其实是一位非常没有责任感的父亲——才解开折磨她已久的心结。

被枪杀的女儿、被买来的新娘

2005 年，克莱克的德文自传《外国新娘》一出版便获得读者广泛的回响。在这本书出版之前，土耳其移民的情况主要围绕着“外籍劳工”这个关键词，而这个词几乎理所当然地指代男性移民。德国民众从前并未注意到那些土耳其女孩和女人在德国的生活处境，当然，也从未有人如此深入地描述过她们所面临的境况。当我阅读克莱克的这本自传时，也受到不小的震撼。我当时问自己：德国一向自视为建立多元文化社会的先驱国家，我们德国人怎会如此忽视这些移民女性的命运？当我们的社会高举多元文化旗帜时，难道这些生活在门户深锁的屋舍里的女性只能看着？

不只是德国的媒体，德国的政党也接受并开始关心这一问题。除了克莱克，还有两位土耳其女性也在她们的著作中揭露移民女子在德国的生活处境：女律师塞坦·阿泰什（Seytan Ateş）的《你应该为你的人生而死》（*Sterben solltest du für dein Leben*）和塞拉普·西里利（Serap Çileli）的《我们是你们的女儿，不是你们的荣誉》（*Wir sind eure Töchter, nicht eure Ehre*）两本书中讲述了在德国的中心，还存在一种古老的、被部落习俗所支配的噩梦般的生活——非自愿隔离、绑架、强制婚姻、强奸，以及对妇女实施近乎对待奴隶般的大规模压迫——这些恶习早已被土耳其大城市，诸如伊斯坦布尔、安卡拉和伊兹密尔的民众抛弃。

在克莱克自传出版的那一年，柏林曾发生的一起臭名昭著的凶杀案，让德国社会深受震撼：一位名叫哈顿·叙吕居（Hatun Sürücü）的年轻库尔德女性被她最小的未成年弟弟枪杀，因为她逃离了强制婚姻，拒绝回到家人身边，面对家人的威胁，她坚持要过“一个德国女人的生活”。她出门时会化妆、佩戴戒指和项链，却从不披头巾，而且还喜欢跑到舞厅里跳舞。她的父母和兄弟认为哈顿西化的生活方式已玷污了家族的声誉。就在她即将取得电工学徒资格证书的前几天，她被自己的亲弟弟枪杀。她的家人决定让家中最小的男孩枪杀哈顿，是经过理性且精细的评估的：在德国，未成年杀人犯顶多只被判处10年有期徒刑，如果受刑人在狱中表现良好的话，只要服满三分之二的刑期就可以假释出狱。

在哈顿被亲人谋杀前的那10年之间，柏林至少发生了13起这种“荣誉处决”，德国全境甚至有数十起，然而这些案件并未在德国社会引起关注。

德国民众便开始关注德国穆斯林家庭的女性至今仍要面对的两种习俗：其一，强迫性婚姻——每年德国境内有数千名穆斯林女子被迫接受父母为她们安排的婚姻；其二，进口土耳其新娘——许多在德国生活的土耳其母亲每年会带着满满的钱包回到土耳其家乡的村落，为她们的儿子买老婆。这些土耳其新娘在完全不懂德语且对德国文化毫无所知的情况下，便来到德国，在与公婆同住的大家庭里，依照古老的土耳其部落习俗，过着与德国社会隔绝的生活，全然不知道自己拥有哪些法律权利。土耳其裔女律师阿泰什对这个现象下了一个结论：比起在伊斯坦布尔，土耳其男人在柏林其实更可以不受约束地结婚及生活。

学习“谋杀者的语言”？

从20世纪60年代开始自土耳其引入大量外籍劳工的联邦德国政府，甚至是后来统一的新德国保守政权，在这四五十年来，一直拒绝承认德国已成为一个移民国家。其后果之一是德国完全缺乏语言课程和建设性的同化政策。对于德国的左翼分子而言，他们还因为对于纳粹可怕的罪行怀有强烈的罪恶感，而无法理直气壮地要求这些外来移民学习“谋杀者的语言”。我曾带着家人到美国定居，我的孩子到美国公立学校报到就读后，每个上课日都必须额外接受英语教育。然而，德国却是在最近这几年，才在中小学和幼儿园为外国移民的孩童提供类似的语言课程。

在联邦德国政府于 1973 年停止从土耳其引进外籍劳工时，大约有 250 万土耳其人以投靠家人的名义移民联邦德国，其中大多数是妇女和儿童。他们从入境的那天开始，便进入联邦德国的社会网络，然而联邦德国官方当时却忽略了一项重要的社会整合措施——为成年的土耳其妇女提供工作机会，让她们融入德国社会。同样，国际难民向联邦德国政府以及后来的德国政府递交难民申请之后，在动辄长达几年的等待官方认定的过程中无法在德国境内获得工作权，德国政府也因此错失让这批移民通过工作和劳动顺利融入德国社会的机会。

德国和美国因为距离土耳其远近不一，本身对于这个地区也持有不同的影响力。前往美国的土耳其人，通常希望能成为美国公民，然而德国的土耳其人却没有这种打算：首先，要取得德国的永久居留权和国籍需要等待很长一段时间；其次，外来移民在德国这个国家很难拥有社会归属感，他们不认为德国是一个值得自己期待的第二个家乡。有谁会希望成为一个国家的公民，却基于某些充分的理由，而从心底无法以它为荣？况且，对土耳其人而言，只要花两个小时搭飞机，就可以回到伊斯坦布尔。

23　广受爱戴的区长布希科夫斯基

这位区长确实用他的挑衅揭穿了所谓多元文化意识形态者是如何虚假地安抚人心的。他是一个特立独行的政治人物，对于经常被他惹恼的柏林市政府而言，他就像个赤手空拳的无赖。

倾听民众而不依从政党

自 2001 年开始，海因茨·布希科夫斯基（Heinz Buschkowsky）在柏林市的新克尔恩区担任区长，身为社会民主党员，他会使用既诙谐又尖刻的言辞质疑党内同志——他们竟然默许一个移民的平行社会在柏林兴起，可想而知，他在党内的处境并不轻松。他那些直爽的言论还带有一种传奇性："在我们新克尔恩这一区，不需用社会救济金付房租的居民就算是绅士阶级了"或"如果我们还继续袖手旁观，在 10 年或 15 年之后，移民最密集的新克尔恩区北部，就会出现英国电视连续剧《白教堂血案》（*Whitechapel*）中的犯罪场景。今天这个城区 15 岁以下的青少年和儿童的家庭，有 75% 靠着社会救济金生活，有些学校学生的家长失业比例甚至高达 95%，这些孩子在父母失业的环境里，并不知道什么是职业劳动"。特别是当这位区长以冲撞社会主流价值的观点公开表示，多元文化的概念在德国已经行不通时，他所属政党的左翼势力和绿党还为此与他为敌。

布希科夫斯基所属的社会民主党从未成功地将他“再社会化”，或让他闭嘴。他和这个长期以来被视为问题城区的众多移民打交道的方式，在党内被视为混杂着同情心和违背现实的危险心态的表现。他主张严格监控区内的儿童与青少年完成义务教育的情况，不让孩子上学的父母必须受到处罚。对此他曾对该区的家长们宣称：“如果孩子没有上学，父母将领不到国家给他们的子女养育津贴。”他全力支持监督人员投入新克尔恩区的问题学校，以有效介入校园的学生斗殴问题并让校外人士远离校园。他认为，由社工人员和球队教练对问题学生进行个别指导，比较有助于解决学生的辍学问题，这些人员可以帮助这些问题学生树立自尊，并让他们了解，只要他们想进入这个世界，这个世界对他们就是开放的。布希科夫斯基区长会仔细倾听城区居民的心声，却不太依从他的政党对他的指示，这样的作风让他受到一些人的推崇，同时也让他在另一些人的眼中显得讨厌。

布希科夫斯基表示，他了解的关于新克尔恩区的信息大多来自他和当地居民的交谈。“我得到信息的主要方法，并不是坐在区长办公室里看资料或接电话，而是到学校或幼儿园和教师聊天。在那里才能接触到居民的生活！”“我们这一区曾有小学一年级学生坐着婴儿车上学，因为他们一直都坐着妈妈推的婴儿车出门；有些孩子直到 5 岁都还没有断奶。曾有老师告诉我，班上还有学生不会用杯子喝水，因为他们从前在家整天都在妈妈身边等着吃奶。受过良好教育的柏林市民根本无法相信竟然有这样的事情存在。当我把这些事情告诉一些受过高等教育的市民时，他们反而质疑我一大早就开始喝酒，脑筋已经糊涂了。他们无法想象，在我们这个问题城区有些孩童没拿过彩色笔，也不知道怎么使用剪刀，怎么捏黏土。德国的学童通常在小学一年级快结束时就已经拥有阅读能力，但是如果你告诉他们，这个城区有些孩子到了小学四年级还不会阅读，他们会直接反驳说，德国不可能会有这种事发生。”

身为区长的他总是不断听到，区内的德国学生搬到其他城区跟一位叔伯或姑姨住在一起，到比较好的学校跨区就读。因此，当新的学年一开始，他会一一打电话询问校方，共有多少户籍在新克尔恩区的德国学生到所属学区的学校报到。对于跨区上学的问题，布希科夫斯基总结道：“新克尔恩区的德国父母要让孩子规避学区的学校时点子特别多。比如，有的孩子并不是真的有运动细胞，却硬被父母送到体育重点学校；有些孩子还不知道拉小提琴该用哪只手拿弓，却被父母当成‘小帕格尼尼’，送到音乐重点学校，这样的例子在我们这个城区实在不胜枚举。”

布希科夫斯基还告诉我，新克尔恩区一群经济能力较好的新移民自行创办了一所私立幼儿园，学生们的家长都有工作，所以算是这个城区的“绅士阶级”。这所幼儿园的经营团队刻意拉高收费标准，以确保那些靠失业补助金生活的家庭不会送他们的子女进来就读。对此布希科夫斯基有感而发地说，这家私立幼儿园的经营者虽然以“跨国的团结”自夸，却不够博爱，因为他们不希望在自己的贵族幼儿园里，看到那些土耳其裔的低收入户的孩子。他们不认为自己的孩子应该成为柏林市教育局促进社会整合的“小白鼠”，或成为“不知结果为何的社会实验的对象”。这些经济状况较好的移民家庭的孩子在这家贵族幼儿园毕业后，会面临一个比较麻烦的就学问题——这些父母必须思考，该让已在学龄前习惯了特权，并接受了重点才能训练的孩子们，到新克尔恩区的哪家小学就读。这家私立幼儿园的家长们最后决定让他们的孩子到该区一所口碑比较好的小学报到，而且要求校方把他们集中到同一个班级上课。这种做法引发了其他家长的抗议，该校大多数家长指责这是“种族歧视”“精英化”“特权阶级”，指出它违反了这所学校向来的常态编班的政策。沸沸扬扬的抗议甚至登上了柏林的各大报纸。

后来这群家长决定立刻让他们的孩子转学,他们合租了一辆巴士，每天把这些孩子送到新克尔恩区最南方的鲁铎（Rudow）的一所小学上课。然而这起事件最后却有一个令人意外的结尾：在《每日新闻》这份柏林左派报纸工作的一位德国女记者，虽然在报道这起事件时曾疾言批评这些家长，但是本身也住在新克尔恩区的她后来也承认，当她的孩子到了入学年龄时，自己的做法也跟当初她在报道中极力抨击的那群家长一样，她经过一番思量之后，决定也让自己的孩子到中产阶级聚集的夏洛滕堡区的一所小学跨区就读。

我本来打算在开始采访布希科夫斯基区长时，先提一个比较乐观的问题，缓和一下气氛，但我却失算了！这位作风犀利的区长立即反驳我对于他所负责的新克尔恩区所说的已明显好转的说法。“我真的不知道，您说新克尔恩区的状况有进步是根据什么，我不知道您为什么要这么说。如果只看到幼儿园和中小学的改善，那么您其实还没看到新克尔恩区实际且复杂的情况。”我当然能理解布希科夫斯基当时的激动，他以区长的身份接受我的访问，如果他承认这个城区的状况已经有所改善，那么他先前的呼吁在柏林市民与柏林市财政局局长的眼里就会显得没有说服力。布希科夫斯基区长就像一头雄狮一般，为这个危机重重的柏林城区而奋斗。不过，这位戏剧化的大师还是在采访中坦承，新克尔恩区确实出现了一些可喜的转变，比方说刚成立了几个艺术家聚落，及一些新的画廊、小酒吧和几家修理电子吉他或小提琴的工作室，也有出租办公桌和办公设备的租赁业者选择在这一区创业，在一大间办公室里摆放许多办公桌并配有联网的笔记本电脑……

“出租办公桌？有这种行业？”我问。

“是啊，现在很流行！”他继续说道，“我们这里还有一位留朋克头的老板，在一间已经歇业的厂房里摆放了许多废弃的厢型车，把车内空间当作旅馆房间出租。”

“在厢型车里过夜？”我好奇地问。

“没错，现在的年轻人都这么做！”

社区营造的难题

柏林的媒体对于新克尔恩区的认识，仅止于它的卫星照片。布希科夫斯基最厉害的本领，就是用自己所掌握的实际信息，快速折服各媒体派来的记者。他在采访中继续说道：“我提到的那些刚开展不久的行业，并不能代表新克尔恩区已出现健全而又蓬勃的发展。我一直认为，如果地面层的进展无法继续扩张到建筑物最上面的楼层，那么这些商业活动就只是新克尔恩区短暂的插曲。”我继续问他，为什么基层的改变应该向上扩展到顶楼。“这是理所当然的。一楼都是一些工作室、画廊和服饰店，等等。如果二楼以上的空间没有承租者入住，并在那里定居立业，现在我们看到的这些成果都将成为过眼云烟。新克尔恩区对于这些青年创业家而言，其实只是他们生涯中的一小段插曲，几年过后，这些年轻人会到其他城区或其他地方寻找发展机会，他们在接受公司或企业的主管面试时，或许会这么说：‘您知道吗？我曾在柏林的新克尔恩区生活了两年，我撑过了那段时间，这证明我是个很有韧性和战斗力的人！’”

布希科夫斯基承认，人们现今在新克尔恩区可以听到更多种外国语言，不只是土耳其语和阿拉伯语，就连法语和意大利语人们也经常耳闻，听到西班牙语的机会就更多了，不过这些新来的居住者并没有改变这个城区的结构：在日光大道（Sonnenallee）上，虽有一家专门售卖有机食材和食品的超市，但是它锁定的顾客群是愿意用更高价钱追求高质量饮食的消费者，然而这种有机商店就和那些新开设的服饰店及酒吧一样，都不是这一区的失业者和自由职业者喜欢光顾的地方。许多年轻的老板会在白天的营业时间把他们商店的推门锁上，以防止有人闯入滋事，顾客想进来购物必须先敲玻璃门，这时老板才会开门。这些早早起床，想做出一番成果的年轻创业者，总让那些领取哈尔茨四号方案补助金的失业者心里很不是滋味。对此，布希科夫斯基下了一个结论：“我们这里确实出现了一种新类型的文创青年，不过这些人既无法，也不打算打造一个崭新的新克尔恩区。如果你跟他们交谈，就会知道他们大部分是在 5~8 个月前才搬到这个城区的。他们中有许多人打算住上两年便离开，顶多只会在这里待 5 年。”

这位区长还向我提到，新克尔恩区许多中小学的学生的种族背景比例实在很离谱：德国学生只占少数，移民学生则占 80%~90%，学生们在校内交谈使用的语言是土耳其语和阿拉伯语。不过，在布希科夫斯基区长的眼里，学生的种族背景并不是问题。他特地举出阿尔贝特·施魏策尔文理中学（Albert-Schweitzer- Gymnasium）这个新克尔恩区学校改革的范例，并对我详述整治这所问题学校的过程：首先，身为区长的他决定引荐捷克籍的格奥尔格·克拉普（Georg Krapp）担任这所中学的校长，因为克拉普在捷克布拉格担任某所中学校长期间，曾顺利地安排一些捷克学生参加了德国的高中毕业会考。

在这位新校长上任之后，他们商定，校方提供土耳其语及德语这两种语言的加强课程，虽然这个措施并不契合德国语言学家协会

（Deutscher Philologen-Verband）的教育主张。该协会的语言学家们奉普鲁士教育改革家，也是柏林洪堡大学的创办人威廉·冯·洪堡（Wilhelm von Humboldt）主张的学校教育模式为圭臬，他们坚持“读德国文理中学的学生必须具备相当的德语能力”。然而这个教育理念却不适用于移民学生占大多数的新克尔恩区的学校。后来，校方不仅增聘好几位球队教练，还把这所文理中学变成全天上课的学校。[①] 由于这所中学的教育改革广受好评，学生人数在 4 年内便增加 1 倍，而且在学生的种族比例没有改变的情况下，参加高中毕业会考的学生数甚至暴增至原来的 4 倍，全校会考的平均总成绩也有显著的进步。在布希科夫斯基区长的锐意改革下，现今的阿尔贝特·施魏策尔文理中学已经成为新克尔恩区最热门、学业表现最好的中学之一。

布希科夫斯基区长还谈到，在阿尔贝特·施魏策尔文理中学兴建体操馆时，一位女建筑师在设计中，曾把其中一面墙壁设计成透明的玻璃墙。他在看过相关的建筑草图后，便问她是否相信，这所中学的穆斯林女学生可能不会在这座装有透明墙面的体操馆里运动，因为这会让她们暴露在男同学的凝视下。这位女建筑师却噘起嘴唇看着他，而且不服气地答道，这类的设计在她居住的马洛区（Mahlow）——柏林的别墅区——从没有出过问题。

给孩子一个机会

我请教布希科夫斯基，他是如何让阿尔贝特·施魏策尔文理中学在学生的家庭背景没有改变的情况下，达到和中产阶级聚居城区的中

① 德国高中大多下午 1 点或 3 点即可下课。——译者注

学相同的学业表现的。他在主导这项学校改革时，秉持着什么理念。

他边说边用检视的眼光观察我是否被他的措辞吓住：“这么说好了！这些学生的资质并不差，不过我们必须得拉他们一把，不要让他们一直受到父母和家庭环境的影响。我们这一区的移民家庭的孩子并不是生来就不如德国孩子，如果这里会有许多愚笨的孩子出生，其他地区也一定会出现同样多的愚笨的德国孩子。”布希科夫斯基认为，他自己的成长过程就是一个很好的例子。他的父母虽然没有什么财产，他却因为不断受到父母的鼓励与诱导而能在社会上出人头地。“这些移民家庭的家长不会告诉他们的孩子，应该读哪一本书，应该把电视机和计算机这些愚蠢的东西关掉！”这些孩子被困在电视机 24 小时开着，甚至只收看土耳其语节目的家庭环境之中。如果让电视机持续开着，孩子们就会一直守在电视机前面，没完没了地看电视节目。“这里的孩子才五六岁，就能在自己的房间里拥有一台电视机。我和他们聊天时还发现，他们不只有自己专属的电视机，还使用着价值 200 欧元甚至 400 欧元的智能手机。想想看，他们才不过五六岁而已！然而当我问他们，有谁加入球队或运动性社团时，却没有人举手。”

布希科夫斯基区长在采访中继续谈到，要对这样的城区的中小学实行教育改革就意味着，人们必须考虑学生身处的整体社会环境。因此必须每一天、每个小时持续不断地瓦解那个已在新克尔恩区形成的平行社会系统。有心投入教育改革的人也必须关照学生放学后的生活与学习状况，因此他们会在放学后陪孩子们留在学校里，完成当天的家庭作业。

新克尔恩区一位德裔幼儿园女园长曾告诉布希科夫斯基：我们的幼儿园位于阳光大道——新克尔恩区的双向四线道——的东边，孩子们从不跨越马路到移民聚集的西边。我们一直都带着他们在这条干道的东边活动！对于这些德国孩子而言，这是理所当然的事。我问区长，是否可以改变这些德国家长这种保守的心态。这位区长充满迟疑。

他还告诉我另外一个故事：新克尔恩区一家托儿所的女所长曾向他坦承，她在该职位工作了30年后，已经无法再坚持下去，对她来说，每天上班的日子变得越来越艰难，让她越来越不耐烦，她实在很想离职。她心里很清楚，如果继续待下去，她会变得既严厉又愤怒。半年过后，他又再次碰到她，并问候她说："嗨，辛格太太，现在怎么样了，您辞职了吗？离开新克尔恩的生活，您还习惯吗？"她告诉他，她刚到邻近的腓特烈斯海恩区工作，并在那里获得了全新的生活体验。她在幼教领域服务30年以来，终于在离开新克尔恩区之后，第一次有孩童到她的办公室来找她时，可以说出一个完整的句子。

布希科夫斯基看了看手表并接着表示："我们新克尔恩区的阿尔贝特·施魏策尔文理中学和吕特里中学（Rütli-Schule）的教育改革成果都证明，我们这区是一个有发展潜力的城区，现在我们只需要把它的潜力发挥出来。那么，我们会朝这方面努力吗？不，我完全不认为如此。我很坦白地说，本区有一些声名狼藉的中小学让我感到很可耻。这些学校的老师已无计可施，早已失去教学的动力和兴趣，有些老师甚至还会打学生！柏林市长沃韦赖特曾针对新克尔恩区棘手的状况公开表示：'在这个问题重重的城区里，必须有最好的学校和最好的老师！'这根本就是愚蠢的废话，我知道你是作家，我说的这些话你都可以写进你的文章里，我再重复一次，这根本就是愚蠢的废话！事实的真相是，我们这一区根本是被柏林市放弃的城区，柏林各区学校所淘汰的老师，一些头脑不灵光的、有问题的老师，全都被送到我们这里来。"

人们可以抨击布希科夫斯基区长的言论尖锐，指责他的狂妄自负，甚至跟某些人一样，称他为仇恨的传扬者，然而没有人可以否认，这位区长确实用他的挑衅揭穿了所谓多元文化意识形态者是如何虚假地安抚人心的。我本人当然不会质疑这位有口才，喜欢发表意见的区长对于他所治理的城区的热爱。他是一个特立独行的政治人物，对于经常被他惹恼的柏林市政府而言，他就像个赤手空拳的无赖，然而这样的人物或许可以鼓舞年轻的无政府主义者尝试争取担任公职。

24　翻转吕特里中学

阿恩茨办学成功的诀窍其实很简单，就是让学生投入校园事务：校方必须激发学生的参与感，让他们愿意为自己做些什么。学校的事情不能只由老师决定，学生也必须参与决策的过程。

被放弃的新移民之子

2008 年夏天，柏林新克尔恩区吕特里中学的教师们集体对外发出的求助，却出乎他们意料地成了一则国际新闻，吸引了世人的目光。当时这所学校的全体教师联名递交信函给负责督导该城区中小学的督学，并在信中指出，他们所任教的学校已经失控，老师会被学生吐口水、冒犯与侮辱，校园混乱无序，充斥着暴力，因此这所学校已没有继续存在的意义。“所以，每一项对于我们学校的援助只可能缓和目前的情况，并无法解决问题……从长远看来，当局应该为我们这所职业预校（Hauptschule）引进全新的运作模式，招收一些背景与素质完全不同的学生，因此它现在应该接受彻底的改造。”

在德国的义务教育系统中，这所备受争议的学校是一所职业预校，通常学生结业后即可升入职业学校（Berufsschule）就读。

这几年，职业预校在德国备受质疑。职业预校的学生无法参加申请大学所要求的高中毕业会考，他们在读完九年级或十年级之后，便可进入职业学校就读，每周的课时数仅为 8~12 小时，其余时间都在工厂或企业实习。许多学生在毕业前便中断学业，由于他们没有一技之长，往后的生涯往往处于失业状态，或只能从事一些无须正规工作训练的职业。在德国对职业预校的制度进行改革之前，柏林市实际上只有 6% 的小学毕业生会到职业预校报到，绝大多数则进入其他类型的中学就读。当时职业预校就像其他学校的备胎，每个小学最难搞的问题学生后来都会进入职业预校，这种情况几乎注定了职业预校会陷入教育困境。从前柏林有 50 所职业预校，总共有 1 万名左右的在读学生，然而七年级（即职业预校的第一个学年）顶多只有 1000 名学生报到。由此可见，大多数就读职业预校的学生都是后来在其他中学待不下去而转学就读的。

许多专家认为，德国教育体制中的职业预校，是导致德国弱势家庭子弟无法提升社会阶层的主要因素。德国是欧洲经济实力最强的国家之一，然而它的工人或移民家庭子女参加大学入学所要求的高中毕业会考的机会，却低于欧洲国家在这方面的平均值。

吕特里中学的教师们所发出的那封求援信被《每日镜报》以“柏林第一家职业预校已关闭，校方希望能自行解散学校”为题进行了头条报道，从而让这所学校受到许多德国媒体，甚至国际媒体的注意。然而，学校全体教师在写给该辖区督学的信件里其实根本没提到要将该校“关闭”或“解散”。由于其中一位参与联署的老师公开发布了这封信的内容，媒体才开始争相报道。然而报纸后来所引发的这么大的骚动，却是这位老师始料未及的。柏林新克尔恩区的吕特里中学是一所只有 270 名学生的小型学校，原本名不见经传，却在一夕之间声名大噪。当新闻媒体陆续披露这所职业预校的困境后，它在接下来的那几个星期里，突然成为有高度危机感的社会大众以及无数的媒体评论的关注焦点。

当时，柏林参议院教育、青年与科学部的官员西格弗里德·阿恩茨（Siegfried Arnz）刚上任两年，他在教育界有丰富的实务经验，在进入柏林市政府从事教育行政工作前曾担任教师与校长长达30年，特别值得一提的是，他还担任过一所问题重重的职业预校的校长。他刚接任这一位于柏林南部的滕珀尔霍夫区的学校校长时，学校有98%的学生来自移民家庭，而且所有的转学生都不是自愿报到就读的，而是被其他学校拒绝，不得已才转入的。

经过改革，阿恩茨在4年内便让这所中学成为滕珀尔霍夫区最热门的职业预校，甚至学生爆满。阿恩茨办学成功的诀窍其实很简单，就是让学生投入校园事务：校方必须激发学生的参与感，让他们愿意为自己做些什么。学校的事情不能只由老师决定，学生也必须参与决策的过程。厕所是否干净不是老师应该注意的事情，而是学生自己，他们必须自己建立一套维持厕所清洁的机制；老师不需要禁止学生抽烟，而是让学生自行管理自己抽烟的行为，他们应该负责规划吸烟的角落，让校园的室内空间成为无烟环境，让不抽烟的人不会受到二手烟的危害。

在《每日镜报》报道吕特里中学的前一晚，阿恩茨便已通过该报的网站读到了这则消息，他知道，自己明天必须面对这则新闻所引发的海啸般的社会公愤。随后德国所有的媒体都在讨论《每日镜报》刊出的关于吕特里中学的这条新闻。阿恩茨非但没有花时间找出引发事端的教育人员，反而还认为，媒体如此轻率的报道及其所起的误导性的标题，正好是一个让他实现他长久以来渴望达成的学校改革的大好机会。他本人一向反对职业预校的存在，因此，他当时决心要把关于吕特里中学的新闻报道所造成的社会骚动与不安，转化为改革职业预校制度的契机。后来他甚至公开声称，吕特里中学转变的时刻已经到来！

在《每日镜报》刊出吕特里中学这条头条新闻的前一晚，阿恩茨心里很清楚，必须立即为这所问题中学物色合适的校长人选，以便让这所中学尽快从危机中脱困。足以担负这项重任的人不是教育界一般的主管，而是一位具有个人魅力的人物，一位已经可以申请退休的教育界老将，一位可以翻转吕特里中学负面能量的英雄，他觉得赫尔穆特·霍克希尔德（Helmut Hochschild）是最理想的人选。霍克希尔德在柏林北部的莱尼根多夫区（Reinickendorf）的一所职业预校担任校长期间，办学绩效相当卓越，当时阿恩茨也在柏林担任中学校长，他们之间便经常交换一些教育行政的经验。霍克希尔德在接到阿恩茨的电话后，便答应接受这份挑战，出任吕特里中学代理校长一职。当阿恩茨在记者会向柏林媒体介绍这位新上任的校长时，不只德国所有的媒体都派记者出席，连许多国际媒体的记者也来到现场。由于记者会的会场过小，数十位记者和他们的摄影团队彼此争抢位子，位于前方的新闻人员甚至必须跪着聆听与提问。

就在当天，阿恩茨、柏林市国民教育局局长克劳斯·伯格尔（Klaus Böger），及刚上任的代理校长霍克希尔德一起前往吕特里中学。阿恩茨和伯格尔首先向全体教师介绍代理校长霍克希尔德，教师们都礼貌地保持沉默，接下来比较重要的活动是和学生代表们的会谈，他们只是简明扼要地告诉那些与会学生：你们知道学校的情况，你们知道学校的老师对外说了什么。而学生们只是回应：我们根本不想理会，现在关于我们学校的传言到底哪些是真，哪些是假。请告诉我们，我们现在该做什么，你们想要什么，这个学校该怎么继续下去。

霍克希尔德校长后来成功地让自我负责的精神成为吕特里中学的

新风气。这种风气也代表了校园事务的运作原则——由全体的老师和学生共同投入所有需要解决的问题。拒绝媒体进入校园是校方和学生之间率先达成的第一项约定。自从吕特里中学成了各大报纸的头条新闻后，每天都有一群记者来寻找新的报道材料。八卦报《画报》后来甚至刊登出吕特里中学学生打群架的照片。后来校方才弄清楚，原来照片中的场景是这家报纸的记者们到校园里怂恿该校学生在镜头前的配合演出。虽然这种负面的报道会败坏学校声誉，不过阿恩茨却认为，社会过度的关注也有好的一面：在媒体进行了一番热烈的报道后，热心的社会人士会主动提供吕特里中学需要的志愿者和赞助金。此外，阿恩茨所任用的霍克希尔德校长也是这所中学转型成功的主要原因之一。霍克希尔德在这个校园里最受称赞的职业教育改革措施，就是引入所谓的“学生公司”，实际教导学生如何自行创业。他依据自己在职业预校多年的就业指导经验，鼓励吕特里中学修习“职业教育”这门课程的学生们成立属于自己的“学生公司”并制造一些可以贩售的商品。这些学生首先提出“吕特里服饰”（Rütliwear）这个校园自创的品牌，他们陆续设计与生产T恤衫及其他产品，并把这些“学生公司”的商品拿到柏林各城区每周固定聚集的市集上贩卖。

这所学校面临的另一个问题是师资问题。随着德国统一，东柏林的教师纷纷被调派到柏林各区，然而柏林市政府当时对于每所学校的师资配置并没有做出周全的考虑。许多在民主德国时期任教的老师从未教过移民家庭的孩子。在德国统一后，柏林教育当局也从未让东柏林的教师做任何的准备或接受特别的训练，便把他们分派到西柏林一些移民生源比例高达80%~90%的学校。登上报纸头版的吕特里中学的教师大多数是从前民主德国教育部培训的教员，即使有几位是原先西柏林的老师，他们在教学方面也都没有出色的表现。阿恩茨还记得，自己在担任校长期间，很想解聘校内一位教学怠惰、疏忽职责的男老师，后来因为当时的督学嫌程序很麻烦，而且大多数都不了了之，于是只好作罢。后来这位被阿恩茨点名的问题男教师便被调到其他学校任教。然而，就在阿恩茨把新任校长霍克希尔德介绍给吕特里中学全体教师的那天早晨，他在会场第一眼看到的竟然就是那位他先前一直想解聘的男老师。

在全面调查与分析吕特里中学可以使用的资源后，阿恩茨和霍克希尔德惊讶地发现，这所问题中学所拥有的教育资源竟高于柏林所有中学的平均值，特别是它拥有许多加强学生语言能力的资源。然而，学生们如果不知道如何运用这些学习资源，又有何用？吕特里中学从前并未利用这些重要的资源，因此该校学生的语言能力十分糟糕。除此之外，这所中学的老师请病假的频率也高得离谱，教员的倦怠让这所问题学校的状况雪上加霜。往往这位老师刚刚病愈了，就有另一位老师告病在家，老师们轮流请病假的默契，就好像人们通过大楼入口的旋转门，流畅地轮流进出一般。

舞动吕特里

吕特里中学当时陷于种种的困境，然而一个美国表演团体“美国青年”（Young Americans）却突然主动联络表示愿意到校帮忙，这对于刚到任的霍克希尔德校长而言简直是一场及时雨。这个团体受到欧盟一个文化基金会的赞助，在欧洲各地展开“学校之旅”。这一系列表演计划进行了已有一段时间，重点是在欧洲各国一些问题重重，甚至已几乎要被放弃的学校里，通过与该校学生共同进行音乐表演来缔造学生之间团结友爱的精神。他们因为媒体不间断地报道而注意到柏林吕特里中学，便主动向校方提议，让他们进驻校园与学生们一起准备一场演出。校方当然乐见这项表演计划的进行，欣然接受这个美国表演团体所开出的条件：学校必须同意为这场表演停课一周，全校师生也必须全力支持他们所带来的演出计划；学生的家长必须分担演出项目的费用，而且必须安排25位艺术工作者分别借宿在学生的家中。

吕特里中学的家长们无法同意第二个条件，这些家长既不愿让这些艺术家入住，也无法负担演出的开销。不过这些来自美国加州的青年艺术家并不想就此放弃他们的表演计划。他们后来愿意领取极少的酬劳，并入住廉价旅馆，因为他们认为，吕特里中学非常适合演出他们已构思出的“舞动吕特里——我们也会一些不一样的东西”这个艺术表演计划。

为了让这个突如其来的援助发挥作用，霍克希尔德这位新任校长不遗余力地配合他们的要求。不过，他也发现，要让吕特里中学的教师热情投入这项表演计划，比动员学生还要困难许多，校方也无法花太多时间说服这群老师热烈参与演出，因为所有关于表演的事项必须在一星期内搞定，然后大家就得登台献艺。这个美国艺术团体的原则既简单又残酷：每一位要参与演出的学生和老师都应该在舞台上做出最好的表现。

这场演出后来获得惊人的成功，数百名其他职业预校的学生前来捧场观赏。参加表演的吕特里学生穿着黄色、红色或橘色的T恤衫站上舞台，他们用单曲演唱和舞蹈节目，让在场的观众情绪兴奋高昂。一部分演出者跳街舞，另一部分则负责歌曲的演唱，当歌唱的难度较高时，这些专业的美国艺人就会加入助阵，如果舞台表演有停顿的空档，他们就会上场即兴表演。令人讶异的是，吕特里中学许多老师后来也参与其中，他们因为跟着学生一起演唱一些英文歌曲，如《让它去吧》（*Let It Be*）、《我心飞翔》（*I Believe I Can Fly*）和《我们都是一家人》（*We Are Family*），而在表演会上大出风头。所有的单曲和演出的乐团都是正式上演的前几天才搞定的。演出当天，这些柏林贫民区的小家伙在台上卖力地演唱自行编写的歌曲："我们独自在这里穷途潦倒 / 其他人却调转目光，漠不关心。"一位 15 岁的学生还为了这次的演出特地自创了一首饶舌歌："我来自新克尔恩，而且蓄势待发 / 我用自己的方式生活在这里。"

阿恩茨还记得，当他看到吕特里这些阿拉伯裔青少年和美国加州的年轻人一起站在舞台上，卖力地演唱似乎已驾轻就熟的歌曲时，他当时因为内心过于激动，全身起了鸡皮疙瘩。

霍克希尔德校长后来逐渐改变吕特里中学的教师队伍。他曾向市政府要求，解聘该中学几位没有教学热忱的老师，甚至在学校开会时，曾公开向全体教师建议，"谁如果待不住，大可以离开"，而让这些老师讶异不已，不过主动离职的教师仍比原先预期的要少许多。接受调职的教员所留下的空缺，由霍克希尔德校长同意的新进教师补满。虽然，在 2004 年通过的国民教育法规定，在聘用新教师时，校长有参与发表意见的权利，不过全柏林几乎没有校长行使这项权利。霍克希尔德校长率先行使这项权利，为吕特里中学聘用年轻且可以激励学生的老师，以确保这所问题中学的改革成果可以延续下去。在美国从事义务教育的老师虽然薪水高于德国老师，不过他们的工作保障相对较差，一次的工作合约只有 5~8 年，然而德国的教师却是终生聘用的公务员，退休之后，还可以领取丰厚的退休金。

这场演出过后，媒体对于吕特里中学的报道也跟着转变，例如《法兰克福汇报》于 2008 年 9 月 2 日以"从耻辱转为品牌"为题进行的报道，转变了人们从前对这所中学所存有的负面印象。一开始被人嘲笑的吕特里 T 恤衫后来成为一种时尚，甚至有年轻人穿着它们泡夜店。当这所职业预校和邻近的海因里希·海涅实科中学（Heinrich-Heine-Realschule）合并成一所联合中学（Gemeinschaftsschule）时，这所曾经恶名远扬的学校就变成了广受肯定的中学改造的典范。

与吕特里中学有关的舆论内容已从学生的缺点转移到他们的兴趣和天赋，外界这种正向的转变，对于吕特里的学生而言，大概是最重要的经历。由于学生之间以及师生之间，在一起准备音乐表演的过程中相互认识并逐渐相互尊重，霍克希尔德校长后来决定，将这个音乐表演的教育实验在校园内延续下去。事实上，那些参与了演出的乐团和服装舞台设计小组在经历了首次表演后，便很快凭借自己的能力陆续推出一些表演节目。吕特里中学所获得的不可思议的成果，让柏林的许多家长和赞助者愿意主动提供经费、帮助他们举办活动，并承担这个校园发展的责任，以巩固吕特里的改革成果。然而无可讳言的是，"吕特里校园"所获得的丰富资源也让新克尔恩区其他的问题中学相当眼红。

在区长布希科夫斯基的协助下，人们还沿着吕特里大街（Rütlistrasse）设置了一处占地面积约 5 万平方米、足以容纳 5000 名居民的公共场所，以满足弱势民众的交谊与生活的需求。这项计划的理念主要是从"地区管理"（Quartiermanagement）这个概念延伸出来的，人们发现，一些大城市的问题城区所采取的孤立的援助措施——例如提升居民的语言能力、撤换学校里不能胜任的教师等——并无法解决该城区所面临的问题，必须改善整体的外在环境，比方说父母的态度、休闲的设备和场所、儿童与青少年的照顾、发生刑事案的环境等，如此一来，城区的改革才有可能成功。吕特里中学的改革成功似乎带动了新克尔恩区的"城区管理"计划，这所职业预校后来和附近的海因里希·海涅实科中学合并为一所联合中学，除此之外，这个城区还增开了两所幼儿园、一所音乐学校，以及一所提供给该区居民学习母语、德语及外语课程的成人教育中心，并重新修整了运动场地，此外，区政府还打算设置一个就业服务中心。

阿恩茨对于柏林全市可以设立联合中学的这项教育改革计划感到特别骄傲，因为这种学校类型整合了职业预校和实科中学这两种职业取向的中学，同时学生还跟文理中学的学生一样，有机会参加申请大学所要求的高中毕业会考，如此一来，柏林往后每一所中学的学生都有机会参加高中毕业会考，未来学生对于升学或就业的选择也将有更多的弹性空间。自 2010 年开始，柏林的 12 个城区所进行的国民教育改革，已顺利地把 150 所职业预校、实科中学（Realschule）和综合中学（Gesamtschule），整合成 120 所联合中学。

25 救命，施瓦本人来了！

所有西方大城市的市长都促进了这一进程——旧社区的居民因为生活费用高涨，而不得不迁移到其他城区。这些市长认为世界上没有一座城市能躲避这种发展，因为这就是城市发展的自然法则。

住在普伦茨劳贝格区，就是一种生活态度

普伦茨劳贝格区是前东柏林的城区，与西柏林仅隔一道柏林墙，在千禧年过后被划归潘科区。早在柏林墙倒塌前，我就曾从西柏林来到这个城区拜访一些东柏林的文友。在民主德国时期曾担任柏林艺术学院（位于东柏林）院长的知名剧作家海纳·米勒和他的保加利亚籍妻子金卡（Ginka）那时住在基辛根广场（Kissingenplatz）旁的一间两室的公寓，经常有西柏林和东柏林的朋友到他的住处拜访他，特别是那些西柏林友人大多会带来一些他最想得到的礼物：电子产品，更重要的是一瓶威士忌。通常威士忌会在中午时开瓶，没等到聚会结束，那瓶威士忌便早已被喝得精光，住在西柏林的朋友通常得提早离开，经过柏林墙的边境检查站打道回府。由于那一带紧邻柏林墙，到处都有民主德国的人民警察，因此，从检查站到米勒居住的基辛根广场，我都只是匆匆地开车经过，几乎没有留意过沿途的街景和房屋。每当我的车子一到东柏林时，我总觉得自己进入了一条阴暗的隧道，两旁什么都看不

到，等到我把车子停进基辛根广场的停车场后，才觉得有光线透了进来。

在柏林墙倒塌、民主德国政府撤除边境检查站后，米勒夫妇便搬离了普伦茨劳贝格区，之后有一次，我开车到他们原来住宅旁的基辛根广场，为周遭建筑物年久失修的状况而惊讶不已。举目望去，所有房屋面街的建筑立面似乎在“二战”结束后便未再被维护和整修过。我抬头仰望米勒从前住的那间公寓，发现阳台下方的支架几乎全部锈蚀，我因为害怕那座阳台随时会垮下来，不由自主地往后退了好几步。为何我常年来此拜访友人却没有注意到建筑物的朽坏？我想，即使我当时注意到东柏林建筑物毁坏的状态，我也不想以傲慢的联邦德国人的姿态提醒东柏林的友人，他们正住在一栋快倒塌的房屋里。在这种低迷的氛围下，朋友们聚在一起当然得开一瓶威士忌解闷！

在 20 世纪 80 年代，住在东柏林的普伦茨劳贝格区就是一种生活态度与价值观的表现。该区约有 80% 的建筑物幸免于“二战”末期的轰炸，它们大多为 6 层楼的老式公寓楼房，公寓里原先都没有附设浴室，只有楼梯间设有一间公用厕所。民主德国建立后，大部分的公寓改由社区公寓管理处接管，不想被解除房屋所有权的屋主如果要继续把房产留在私人名下，就必须定期缴纳一笔法定金额的罚款。由于管理单位向房屋承租户收取的租金并不多，无法再额外负担这些房屋的修缮费用，因此没能阻止这些房屋状况的恶化，所以到后来，管理单位已经不知道，哪些公寓还能够住人。

东柏林的年轻人或刚结婚的夫妻，则选择搬入海勒斯朵夫区、马尔灿区和霍恩施豪森区新落成的集合式住宅高楼。这些高楼公寓的天花板虽然比老式楼房还低，不过里面都附有中央暖气系统、电视天线，以及独立的浴室和厕所。虽然新式的高楼公寓比旧式公寓增添了一些便利的居家设备，不过一些作家、艺术家、知识分子，以及性情叛逆、古怪难搞的东柏林人却觉得两者差别不大，而继续住在老公寓里。

普伦茨劳贝格区的异议分子

至今仍坚守于普伦茨劳贝格区的民主德国异议人士之一便是文学史专家蒂尔泽。他是民主德国民权运动与“新论坛”（Das Neue Forum）的早期成员，于 1990 年 1 月加入社会民主党，后来被选为该党德东地区的主席，1998 年，他甚至被推举为德国联邦国会议长。柏林墙倒塌后的那几年，蒂尔泽也跟大部分民主德国的民运人士一样，继续留着一脸络腮胡，这些男士的络腮胡造型在当时还是德国社会热议的话题之一。德西地区报纸的文化版曾提出这样的问题：蓄留络腮胡是否是民主德国异议分子表现他们与生俱来的男子气概的方式？由于联邦德国在战后受到西欧和美国的影响，这种阳刚的日耳曼男性造型后来几乎在联邦德国社会里消失。两德统一后，男人蓄留大胡子的造型明显地不受到女人的青睐，女性这种不声张却很有效率的择偶标准便快速地淘汰了这种胡须造型，取而代之的是比较小面积的胡须样式——原先留络腮胡的男士们纷纷把自己的大胡子修剪成上嘴唇的小髭须或下巴的短胡。不过另一方面，民主德国男人这种造型也带动德西地区的男性蓄胡子的风潮。由于留络腮胡的蒂尔泽长期承受造型过时的压力，而且听他说话的女性往往无法看到他字斟句酌地说着标准德语时的唇形变化，于是他做了一项妥协：他后来把下巴的胡须修剪成造型比较文雅的小胡子。

蒂尔泽夫妇已经在普伦茨劳贝格区住了 40 年。他们自民主德国时期便已在目前国际房地产市场最炙手可热的地段租下了一户公寓，公寓正好位于克特·珂勒惠支广场（Käthe-Kollwitz-Platz）旁边。蒂尔泽在当选上联邦国会议长后，并不愿意搬入位于达勒姆区的官邸，对此他笑着解释道，他只有能力负担自己原本的公寓，因为他在民主德国时期签下的租屋契约的租金相当低廉。更何况他在这几十年期间，已经在他租来的公寓里做了不少的投资，例如中央暖气系统、卫浴设备和系统厨具等。占满整个客厅和走廊墙面的书架上摆放着各类书籍，这位文学史专家和博览群书的爱书人在自己的图书馆里，创造了只有自己才明白的条理和秩序，大量的图书资料透露着一种创造性的混乱。

从蒂尔泽的公寓的厨房和后方的房间，可以看到柏林市区规模最大的犹太墓园。国会议长蒂尔泽一直觉得这座墓园很吸引他，他在民主德国时期便已取得公寓管理处的批准，在公寓后方的墙面上凿出两扇窗户，他可以往外眺望这座大型的犹太墓园。后来他还从一位管理员那里取得一把墓园侧门的钥匙，经常独自在那里散步，因此他很熟悉一些在此安息的、有名望和财富的柏林犹太家族的谱系、历史与成员姓名。从墓碑上的生卒年份，他观察到 18、19 世纪的犹太族群在柏林的兴旺，以及“二战”时期家族延续的猝然终止。其中最晚近的犹太墓穴之一的主人，是一位名叫薇拉·弗兰肯贝格（Vera Frankenberg），在“二战”末期被安葬的犹太小女孩。蒂尔泽从前在这座墓园中散步时，有时会看到一名长者站在薇拉的墓地旁，口中念念有词，似乎是在跟这位已经亡故的小女孩聊天。他后来和这位老人攀谈才知道，这位小女孩是在同盟国军队最后一次轰炸柏林时丧生的。由于她是犹太人，必须四处躲藏以逃避纳粹的追捕，在同盟国军队对柏林发动猛烈的空袭时，她因为无法躲到防空洞而遇难。

曾经很长一段时间，蒂尔泽一直无法忘记这个墓园中一块被铁栏圈住，立在狭窄墓穴上的纪念碑，纪念碑上写着：

你们奉献出自己的生命
因为你们不愿看到别人死亡
这里长眠一群战争的反对者
他们在 1944 年岁末被纳粹发现
而被集体吊死在树上
随后草草埋葬于此。

这位前德国国会议长因为时常在家附近的犹太墓园里闲逛，很快，他对于柏林犹太家族谱系的了解甚至超过那一小群生活在东柏林犹太社区的犹太人。当他在 20 世纪 90 年代带领当时的以色列驻德大使阿维·普莱尔（Avi Prior）进入这座犹太墓园时，这位犹太外交官难以掩饰他的惊讶——一位前民主德国公民对于柏林的犹太人竟是如此了解。

早在柏林墙倒塌之前，普伦茨劳贝格区的居民就已出现贫穷的文艺青年加上与政治毫无瓜葛的前卫人士这种独特组合。民主德国第一家标榜反权威、让儿童体验买卖的游乐性店铺（Kinderladen），便设在该区的胡泽曼街（HusemannStraße），不过开张没多久，便被当局勒令关闭。然而德国统一之后，在那些年久失修的楼房后方破落的院子里，突然出现一种独特的文艺场景：没有画廊代售作品的画家和没有出版社出版诗集的诗人，开始邀请大家免费参观艺术展览，或参与说唱诗歌节（slam poetry festivals）的活动。当时德西地区和瑞典的文创投资者还未注意到这些生活在柏林普伦茨劳贝格区的文青。

独立于世的新兴富裕住宅区

在统一后的头几次民主选举里，年迈的民主德国犹太裔作家斯特凡·海姆成为当时民主社会主义党（PDS，由民主德国执政党统一社会党演变而来）国会议员候选人，他以自己的选区——普伦茨劳贝格区——可能沦为柏林，甚至是欧洲最大的贫民区的示警性呼吁，作为自己以及所属的民主社会主义党的竞选主轴，争取民众的选票。不过海姆的对手，即社会民主党的蒂尔泽，却和他大唱反调：蒂尔泽认为，普伦茨劳贝格区接近柏林市中心，而且几乎没有受到“二战”战火的破坏，再加上居民大多数是受过高等教育的中产阶级，因此未来将大有可为。海姆可怕的预言非常符合当时该区选民的想法，因而顺利赢得选举；蒂尔泽虽然打输选战，后来的发展却证实，他对于普伦茨劳贝格区的评估才是正确的。

没过多久，大量的国际资金便竞相投入普伦茨劳贝格区。蒂尔泽指出：“那些原本不知道普伦茨劳贝格区究竟位于何处的欧洲国家和世界其他国家的投资客，后来说起这个发音拗口的城区名字时，反而比说法兰克福或慕尼黑这些城市名称时更流利。”大型房地产集团在这一区所开发的地产项目非常抢手，往往在动工之前便已销售一空。律师、会计师和企业主管纷纷在这里为自己和孩子们购置公寓，在房价与房租的飙涨时期，这里的居民流动率曾达 80%，南方的克特·珂勒惠支广场周边甚至高达 90%。柏林一些家有幼童的年轻夫妇特别喜欢搬入这一区，他们大多是受过高等教育的市民，在政府机关或商界担任主管。所以，后来普伦茨劳贝格区的街上到处是推着婴儿车的父母，他们占用人行道、自行车道和机动车单行道，让熟悉该区的汽车驾驶人感到相当气恼。这里居民中的有色人种移民比例远低于柏林其他城区，这一点还是跟以前一样。在此居住的外来移民以美国人和欧洲人为主，土耳其人和阿拉伯人很少在此落脚。

普伦茨劳贝格区的儿童现在占居民总数的比例已高居欧洲之冠，虽然那些所谓“数字波希米亚人”（digital bohemians）不一定乐见这种人口现象，因为当他们手持智能手机和平板电脑去泡咖啡馆时，总是无法找到合意的座位，好远离吵闹的孩童。这些孩子还会开着他们那些由厚重的塑料板制成的玩具车在铺设石块的路面上横冲直撞，人们却不见孩子们的父母出言警告。由此看来，生活在这个城区的“单身贵族”和没有孩子的丁克族，在面对小孩的“恶势力”时，似乎已屈居下风。

在 2012 年末，蒂尔泽曾就自己长期居住的普伦茨劳贝格区发表了一些看法，虽然他的言论没有恶意，却在媒体引起一场长达数星期之久的论辩。蒂尔泽当时对媒体记者半开玩笑地抱怨，他有一次到住宅附近的一家烘焙店里买几块小面包，便对女店员说他想购买“Schrippe”（柏林方言，意为小面包），结果这位小姐竟然听不懂，他很清楚这个城区已涌入许多施瓦本人，如果他改用“Wecken”这个施瓦本方言词汇，对方就能知道他要买什么了。有了这次经验后，他提醒自己，下次如果要在这家烘焙店买黑李蛋糕时，记得不要再使用“Pflaumenkuchen”这个标准的德语词，而应该学施瓦本人说“Pflaumendatschi”。接下来他还出言讽刺施瓦本人的打扫癖，以增强他的批评火力：“来自德国西南部的施瓦本人纷纷搬来柏林的普伦茨劳贝格区，因为这里的一切既精彩、刺激又热闹，不过他们在这里落脚一段时间后，就希望把这个柏林城区改造成自己的家乡，这样的心态实在不可取……我希望，施瓦本人要有自知之明，他们现在已经在首都柏林生活，而不是在那些每年固定为居民举办街道打扫周（Kehrwoche）的小城镇里。”

蒂尔泽嘲讽地呼吁施瓦本人应该融入北方普鲁士的都会生活，却不知道自己这一番话挑动了一些人的敏感神经，只是这次针对的不是大家比较熟悉的德东与德西在统一后的隔阂，而是南方人和北方人在文化与思想方面的差异。蒂尔泽随后收到3000封辱骂他的电子邮件，其中像“不要脸”或“猪”之类的骂词，都已经算是比较轻的，还有人痛斥他是纳粹，是种族主义者。然而，这场风波并未就此停息，施瓦本的一些社会名流后来群起攻击蒂尔泽。当时德国推派的欧盟委员会（欧盟最高的行政机构）委员是一位施瓦本人，他在布鲁塞尔公开指责蒂尔泽不当的言论，并提醒他，债台高筑的柏林终究必须仰赖德国联邦政府的资金援助才能维持首都的正常运作，援助资金中有一大部分还是富裕的施瓦本地区的政府资助的。在德国，富裕的南部各州，包括拜恩州、巴德－符滕堡州和黑森州，都被要求将一部分盈余交给北部各州。如果少了这笔高达数十亿欧元的资金，柏林人怎么可能继续过着“无忧无虑的生活”。柏林销售量最大的八卦报那时便问这位前国会议长，他反对施瓦本人整洁的市容以及公共扫除活动的理由到底是什么，是否蒂尔泽本人也觉得自己住在一个邋遢的柏林，毕竟缺乏管理与维护就是这个德国首都最大的问题。德国知名的讽刺喜剧演员迪特尔·希尔德布兰特（Dieter Hildebrandt）为了平息这场风波，便公开表示，每次当他闻到柏林地铁站的尿骚味和霉烂味时，心头就会涌上一股幸福感。在“二战”后期那几年，他担任纳粹空军的助手，每次走下通往地铁站的楼梯躲空袭时，这种臭味对他而言无疑象征着“度假”，而且他当时觉得身在地底很有安全感。一位专门撰写讽刺性杂文的作家在听到这番说辞之后，立刻建议柏林市政府文化局应该为所谓“纳粹空军助手”这代人，重点地保留一座充满各种气味的地铁站。

其实这场小型的语言战争所显露的德国地域主义，更甚于柏林的实际情况，因为每位到柏林旅游的外国观光客对柏林当地人的第二或第三句赞美之词，就是柏林街道、火车站、地铁站和公共交通工具的整洁干净。意大利人、西班牙人和希腊人都直接表达过他们在这方面的羡慕之情，不过来自德国西南部生活富裕的施瓦本人却对柏林有完全不同的认知。毫无疑问，如果要以斯图加特这个施瓦本首府的清洁度作为衡量标准，那么柏林墙倒塌后合并为一的柏林市仍是个肮脏的城市；不过从另一方面来说，世界上并没有一座国际大都市会以施瓦本地区的两大都市——德国的斯图加特和瑞士的苏黎世（Zürich）作为仿效的模范。国际大都会通常会容许某些混乱存在，并不会严格执行公寓住户管理办法、商店打烊的法令，及维护夜间宁静的规定，毕竟对于多元族群与文化的包容，及城市的开明度，比城市的洁净及秩序更加重要。

施瓦本人进驻后的“绅士化”现象

早在这位前国会议长公开发表这个备受争议的看法之前，施瓦本人大量移入普伦茨劳贝格区的事实，早已让原来的居民内心感到相当不满，他们甚至曾口出恶言，要施瓦本人滚出该区。他们背地里议论着，施瓦本人打算进一步把他们的方言以及特有的生活习惯引入这个城区，所以往后这里的一切将依照施瓦本的标准执行：晚上10点一到，餐厅必须把摆在人行道上的餐桌椅收起来，而且过于开心和热闹的派对活动将会被这些新居民检举，因为整洁和夜晚的安宁都是不可被挑战的规定。柏林人该怎么让这些可怜的施瓦本人明白，虽然大部分的施瓦本法令与规定也存在于普鲁士的柏林，但是如果街坊邻居未向警方主动告发一些违规行为，警员就不会主动维持公共秩序。后来普伦茨劳贝格区还出现一则传言：自从施瓦本人“入侵”该区后，喜欢向警方举发的邻居明显地增加了许多。

事实上，这场论战后来还引发德国社会对于另一个议题的讨论，这让柏林一些较优质的住宅区的居民人心惶惶：德国西南部的施瓦本人在首都柏林代表着城市中富裕的少数，他们带着充足的资金进驻柏林一些从前疏于照管的城区，并排挤原来维持该城区运作且用他们的创造力赋予该城区活力的居民。这些来自西南方的施瓦本人刚搬入柏林时，向来不会在西柏林传统中产阶级聚居的城区定居下来，因为这群国内的新移民虽然富有，却并不想每天上米其林三星的美食餐厅用餐，他们移居柏林这个大城市是为了有一番不同的新奇体验，以及感受另类的生活氛围。他们会选择在从前比较贫穷的普伦茨劳贝格区和克罗伊茨贝格区落脚。然而当他们纷纷在这些地段或城区购置公寓和独栋房屋，对其重新进行翻修和装潢时，也不自觉地驱走了原先吸引他们前来的那种狂野浪漫的生活。由于大量资金随着这些新住民涌入，该区便出现了“绅士化”现象，一些主题酒吧的消费价格开始提高，房屋的租金也随之上涨，一些艺术家和文创工作者因为财力不足而无法继续留在原来的地盘上生活。这个城区在原来的居民流失后，最后只剩下刚置产的房产所有权者和他们的同类留在当地，然后这些人会开始问自己，为什么当初要搬来这个地方。

不只是柏林历届市长，所有西方大城市的市长都促进了这一进程——旧社区的居民因为生活费用高涨，而不得不迁移到其他城区。这些市长认为世界上没有一座城市能躲避这种发展，因为这就是城市发展的自然法则。曾有人士表示，根本不存在一种可以让房客继续住在他们负担不起房租的房子里的人权，这种论点听起来非常合乎逻辑。

鉴于这种都市发展所带来的负面效应，柏林当局也小心翼翼地提出一种折中的方式以降低盛行的资本主义市场运作原则对这个首都城市的冲击。最近这几年，沃韦赖特主政下的柏林市政府，为了切实管控柏林的房地产，已实施了一些具体的措施；然而另一方面，市政府却受到一些反对房地产炒作的市民团体所发起的宣传活动的挑衅。这些抗议人士喊出一个发音拗口的德语词汇“gentrifizierung”（绅士化），不过他们不一定知道该词其实源自英文中的“gentry”（绅士阶层）——富裕且受到良好教育的绅士阶级，在英国的社会地位仅次于贵族阶层。“绅士化”这个概念是由英国女社会学家露丝·格拉斯（Ruth Glass）在20世纪60年代率先提出的，这个都市社会学的概念是指一个低收入者聚集的旧社区，由于庞大的外来资金注入，社区得到整修或重建后，房价和房租攀升，较高收入者迁入，原来居住的低收入者由于无法负担较高的生活消费，不得不迁往生活条件较差的城区。柏林这些反对社区绅士化的斗士在表达他们的诉求时，却让这场具有都市史意义的战斗，沦为一些激情的、喧腾的口号，诸如“不要再出现手推车！”“烧死观光客！”“给观光客一拳！”等。柏林这些宣扬公民自主性的民间团体，因为开始对高消费的有机商店、豪华轿车和贩售焦糖玛奇朵的咖啡饮品店展开荒谬的攻击，而搞砸了一场绝对值得社会大众认真对待的公民运动。

这些反对城区绅士化的活跃分子所发起的那些充满愤怒的、不理性的行动，反而让这个都市开发的议题模糊化，市政府的处理态度也变得迟疑。后来越来越多的市民强烈主张柏林市公有建筑用地在标售时，不应让出价最高的竞标者得标，同时柏林市议会还及时地通过了一项禁止自由竞标的附加条款，因而柏林知名的夜店雄猫霍次希（现在已改回原名酒吧25）的经营者可以取得位于施普雷河畔那一大片夜店园区所在土地的优先购买权，成功地为柏林市保住了一份具有城市代表性的夜店文化资产。依据该项附加条款，柏林市的公有建筑用地的标售应该优先考虑其文化价值，而非市场价值。试想，如果市议会没有通过这项附加条款，雄猫霍次希的经营者绝对无法在与诸多财力雄厚的出价者的自由竞争下，顺利标得该块土地。

柏林现在有几个城区已经针对区内的房地产开发，设定出一套与市场价格无关的处理方针。在从前东柏林的潘科区，区公所的营建处处长延斯－霍尔格·基希纳（Jens-Holger kirchner）宣布，一些住宅区在重新翻修改建时，不得在这些房舍内配备超越一般市民消费水平的居家设备，比方说两间浴室、壁炉、原木地板以及地暖系统等，以防止房东提高房租。一些自由市场经济的捍卫者当然集体反对这种限制。然而，该如何让旧社区那些收入较低的劳动阶级不会因为自由市场所主导的住房更新，而被迫迁离原先属于他们的生活环境，愤怒难平的市场经济基本教义派至今仍未能针对这个问题提出他们的建议。

26 造访犹太公墓

这些埋骨于此的犹太先贤曾属于这个城市，也希望属于这个城市，他们和日耳曼人共同塑造了这个繁华的普鲁士都城。

在采访前国会议长蒂尔泽的几个月后，我才亲自造访他住宅后面的那座犹太公墓。那是个下雨天，由于墓园里的阔叶树林的树冠很浓密，因此我进入墓园后已不需撑伞挡雨。这座公墓里的许多墓碑就跟那些阔叶乔木的树干一样，被绕满了常春藤。园内最早一批墓碑上的碑文大多刻着希伯来文，生卒日期还遵循犹太历法，如果有公历的生卒年月日及希伯来文碑文的德文翻译，则会被刻在墓碑的背面。时移俗易，后来，墓碑正面的希伯来文碑文便被一些德语中的习惯用语——例如“愿死者安息”和“在此安眠”等，以及公历记载的生卒日期取而代之。雅各布·约瑟夫·奥廷格（Jacob Joseph Oettinger）是第一位埋骨于这座公墓的犹太拉比，他为这座墓园举行落成典礼时以德语致辞，不仅普鲁士政府斥此举为模仿基督教习俗，就连犹太教的保守派人士也批评这种做法有悖于传统。然而这些批评却无法阻挡犹太民族被周遭信仰基督教的日耳曼民族日渐同化的趋势。由于后来犹太人大多采用日耳曼人的名字与姓氏，因此在一些比较晚的墓碑上，我们只能从上面刻的那个六芒星的符号，辨识亡者的犹太人身份。

这些墓碑上最重要的信息应该是死者的职业，和他们在柏林这座普鲁士王都所留下的历史痕迹。举个例子，我在这座墓园里发现了 19 世纪犹太银行家格尔松·冯·布莱希罗德（Gerson von Bleichröder）的新巴洛克风格的墓碑，他所经营的银行是当时承接德国工业界及铁路建设融资贷款的主要银行。虽然威廉一世授予了他世袭的贵族头衔，他也捐赠了大笔金钱从事慈善事业，然而他在当时德国的上流社会却是个局外人。

伯恩哈德·沃尔夫（Bernhard Wolff）的墓碑是一座造型朴素的方尖石柱，他是 19 世纪德国的媒体巨擘，创办了德国第一家新闻通讯社，以及当时柏林发行量最大的自由派报纸《民族报》（*National-Zeitung*）。我还在这座犹太公墓里，看到德皇身旁重要的财经策士路德维希·班贝格尔（Ludwig Bamberger）的墓碑，这位犹太裔政治家及银行家曾因为参与 1848 年的德意志革命，而被判处死刑，他逃到瑞士，后来在西欧各国的银行工作，1866 年获得特赦后才又重回柏林。他是德意志帝国建国初期备受德皇重用的财经专家之一，曾参与德意志银行的创立，然而德意志银行成立才两年，他便离职了。纳粹上台后，把班贝格尔的姓名与生卒日期从墓碑上刮除，就像他们对班贝格尔的老战友爱德华·拉斯克（Eduard Lasker）做的那样。直到 2001 年，德意志银行才想起它的这位犹太裔创办人，在该银行的文化基金会的张罗下，这块空白了 60 年之久的墓碑上才又重新被刻上班贝格尔的姓名与生卒年月日。

一座东方化的坟墓——带有柱子的圆形花岗岩亭子——埋葬的是格奥尔格·哈伯兰（Georg Haberland）。格奥尔格的父亲是 19 世纪的犹太纺织业巨子萨洛蒙·哈伯兰（Salomon Haberland）。在德意志帝国时期，萨洛蒙曾获得“商务顾问”（Kommerzienrat）的荣誉头衔。萨洛蒙和两位事业伙伴还创立了柏林地产开发公司（Die Berlinische

Boden-Gesellschaft），后来这家公司由格奥尔格·哈伯兰接手经营，并在一些重量级人士组成的顾问团的支持下，在柏林南方的弗里登瑙（Friedenau）展开了几个大型高级社区的营造项目，如拜恩社区和瓦格纳社区。他后来还陆续成立了施马根多夫地产公司（Schmargendorfer Boden AG）和滕珀尔霍夫地产公司（Tempelhofer Feld AG），这两家公司最重要的业务，就是提供兴建柏林滕珀尔霍夫机场所需要的用地。他的儿子库尔特·哈伯兰（Kurt Haberland）于1929年接手他的事业，却在纳粹的雅利安化[①]政策下，于1938年被迫卖出这些房地产公司的股份，后来库尔特被纳粹逮捕，在1942年死于奥地利多瑙河畔的毛特豪森集中营（KZ Mauthausen）。

犹太医学家詹姆斯·伊斯拉埃尔（James Israel）的黑色墓碑与他一生的成就相较显得非常朴素。他是那个时代最伟大的医学专家之一，曾以志愿军的身份参加普法战争，从1875年开始，担任柏林一家犹太医院的院长。由于他在外科和诊断医学领域享有高度的国际声望，柏林大学医学院当时打算以正教授的资格聘用他，唯一的条件是他放弃犹太教信仰，正式受洗为基督徒。虽然他没有接受改信基督教这个条件，柏林大学医学院后来还是对他礼遇有加，甚至在他未撰写教授职称论文的情况下，仍聘用他为正教授。

在这座公墓里，还有一座棱线与尖角已不明显的方尖石柱墓碑，墓穴里长眠着知名的报纸发行人利奥波德·乌尔施泰因（Leopold Ullstein），他的儿子因为纳粹的雅利安化政策而失去了他所留下的媒体王国。1945年“二战”结束后，乌尔施泰因家族重新掌握这个媒体

① 纳粹所施行的雅利安化政策就是把犹太人的财产转由雅利安人（即日耳曼人）接收与拥有。——译者注

集团，不过媒体集团在 20 世纪 50 年代陷入了财务困境，后来逐步被汉堡市最具规模的施普林格媒体集团买下。

在一个不起眼的、严重风化的壳灰岩墓碑下，长眠着约瑟菲娜·利维－拉特瑙（Josephine Levy-Rathenau）这位德国女权运动先驱，她是魏玛共和时期遭暗杀身亡的犹太裔外交部长瓦尔特·拉特瑙（Walter Rathenau）的侄女。利维－拉特瑙曾创办过一所妇女咨询中心，专门为女性解答关于职业及薪资收入等问题。她和丈夫于 1918 年加入当时刚成立的左翼自由主义路线的德国民主党（Deutsche Demokratische Partei），后来还担任过柏林市政府动物园管理处处长。

歌剧作曲家贾科莫·迈尔贝尔（Giacomo Meyerbeer）虽于 1864 年在巴黎过世，他的遗体后来还是被运回柏林，并埋葬在这座犹太公墓里。他的父亲是 19 世纪初期柏林的首富雅各布·尤达·赫茨·贝尔（Jacob Judah Herz Beer），他的外祖父利布曼·迈尔·武尔夫（Liebmann Meyer Wulff）也是柏林当时的超级富豪。贾科莫·迈尔贝尔在外祖父过世后，便在本来的姓氏前面冠上外祖父的姓氏，成为雅各布·利布曼·迈尔贝尔（Jacob Liepmann Meyerbeer），后来他在二十几岁到意大利观摩意大利歌剧时，便把自己的德文名字雅各布改成意大利人常见的名字贾科莫。虽然他于 1842 年已在柏林被任命为普鲁士音乐总管，不过他大多数的时间都留在法国和意大利这两个他所向往的国家。迈尔贝尔的歌剧作品虽然现在乏人问津，然而他为数不少的歌剧创作，在当时的欧洲音乐界相当受欢迎，他也曾提携当时还未成名的歌剧作曲家瓦格纳。后来，瓦格纳因为对他感到失望，而与他疏远，甚至还写下反犹太人的论战性文章，攻击这位他曾敬重有加的前辈作曲家。尽管迈尔贝尔的歌剧现在很少演出，但 20 世纪的柏林市政府仍肯定了他对于歌剧音乐的贡献，并在这座犹太公墓里为他修建了“荣誉之墓”。

公墓里其他的“荣誉之墓”则用于纪念参与1848年3月18日和19日德意志革命的犹太烈士。根据德国当时发行的《犹太教总报》（*Allgemeine Zeitung des Judentums*）的报道，在这场以推翻贵族统治，建立自由、民主、统一的德国为号召的革命里，有21位犹太裔革命者在柏林起义军与普鲁士军队对抗的巷战中丧生，当时人口总数达40万人的柏林城中只有8000名犹太人，然而他们在这次事件中捐躯的比例却远高于日耳曼人。其中两位犹太烈士后来特别获得市政府的礼遇，被改葬在这座公墓的“荣誉之墓”里。

这座犹太公墓最知名的亡者是普鲁士艺术学院院长、知名画家马克斯·李卜曼（Max Liebermann），他和他的妻子玛尔塔（Martha）及弟弟格奥尔格（Georg）均葬于此。他的妻子在他过世之后，因为不愿被纳粹送入集中营，而在家里服下大量安眠药自杀，死后被葬于柏林魏森湖区的犹太公墓，一直到1954年，才被移葬在这座犹太公墓中的李卜曼的家族墓园里。

在结束这座犹太公墓的参观之行后，我才明白，德国从前的纺织界大亨詹姆斯·西蒙（James Simon）的墓地上那块只简单写上亡者姓名与生卒日期的不起眼的黑色石碑是何等的谦逊！我在快要写完这本书时，才意识到柏林最重要、最慷慨的慈善家和艺术赞助者就葬在这里。

当我走到公墓里的一块空旷的大草地上时，已没有树木为我挡雨，我独自站在雨中，听到已沉寂许久的雨声突然像强奏的乐音一般，朝我迎面袭来。这些埋骨于此的犹太先贤曾属于这个城市，也希望属于这个城市，他们和日耳曼人共同塑造了这个繁华的普鲁士都城，他们曾以医生、律师、出版商、学者、银行家、企业家、艺术家、革命家、公职人员和劳动工人等身份，在这个城市留下深远的影响，而且这些影响仍持续至今。这座犹太公墓诉说着许多柏林犹太人的一生和他们的贡献，它对我而言，就像一个纪念过往历史的场所。德国人因为纳粹惨绝人寰的暴行而对犹太人怀着深刻的罪恶感，可惜的是，这样的集体情绪反而阻挡了现在的德国人积极认识这个了不起的民族，认识他们在他们的人生以及在柏林的城市历史里所达到的成就。

27　捐赠纳芙蒂蒂半身像的男人

纳芙蒂蒂半身像的所有者西蒙在20世纪20年代已准备用该件塑像和开罗的博物馆交换相同等级的文物。西蒙当时认为，只有把这尊塑像送回埃及，德国东方学会才有可能在当地重启未完成的考古挖掘计划。

棉花大亨的传奇故事

在《捐赠纳芙蒂蒂半身像的男人：被遗忘的慈善家詹姆斯·西蒙》（*Der Mann, der Nofretete verschenkte: James Simon, der Vergessene Mäzen*）这部纪录片于2012年上映之前，柏林市民几乎已遗忘了詹姆斯·西蒙这个人，或许只剩一些文物专家还依稀记得他对柏林的贡献。这位纺织业的大富豪非常热衷艺术品与文物的收藏，可以说，如果当时没有这位企业家慷慨捐赠的大量文物，位于柏林市中心的博物馆岛大概不会像现在这样受到全世界的瞩目与重视。博物馆岛上的五座博物馆几乎都因为西蒙捐赠的文物而大大丰富了馆藏：如果不是西蒙大手笔地资助德国考古队，在美索不达米亚平原进行考古挖掘，并把出土的文物用船只运回柏林，佩加蒙博物馆就不会拥有古巴比伦的伊什塔尔门和游行街这些镇馆之宝；如果名画陈列馆（Gemäldegalerie）没有西蒙捐赠的画作，诸如一些中世纪的重要绘画作品，及文艺复兴与巴洛克时期的杰出创作，像安德烈亚·曼特尼亚（Andrea Mantegna）、乔瓦尼·贝里尼（Giovanni Bellini）和伦勃朗（Rembrandt）等人创作的油画和版画，将会失色不少；西蒙还把他收藏的一些意大利油画、珍贵的家具以及 15 世纪至 17 世纪的勋章和雕塑捐赠给博德博物馆〔西蒙在世时的腓特烈皇帝博物馆（Kaiser Friedrich-Museum）〕；除此之外，博物馆岛上的新博物馆（Neues Museum）还收藏了一尊广受世人喜爱的纳芙蒂蒂（Nefertiti）半身塑像，它也是西蒙赞助的埃及阿马尔奈遗址（Tell el-Amarna）挖掘计划中最受瞩目的出土文物。

自 20 世纪 90 年代末期以来，德国陆续有几位历史学家和文物艺术品鉴赏专家——如塞拉 – 玛格丽特·吉拉德特（Cella-Margarethe Girardet）、奥拉夫·马特斯（Olaf Matthes）、贝恩德·舒尔茨（Bernd Schultz）和彼得·劳厄（Peter Raue）——发表了关于犹太富商西蒙的著作，试图重新唤起德国人对于这位文物艺术品赞助者的记忆，然而社会大众却迟迟未给予这些具有开创性的研究应有的肯定。近来，犹太企业家西蒙广为德国人熟知，主要得归功于卡萝拉·韦德尔（Carola Wedel）所拍摄的《捐赠纳芙蒂蒂半身像的男人》这部以反映西蒙对于德国文化界的深远影响与重大贡献为主题的纪录片。这位女记者兼女导演在德国统一后，经由在著作和电视报道中探讨位于东柏林的博物馆岛的修建问题时，率先把西蒙这位无私的文物捐赠者介绍给广大的德国民众。韦德尔对于探索这位逐渐被世人淡忘的犹太富豪和他的人生怀有无法遏制的热情，经过长时间的研究与跨越半个地球的多次海外考察旅行，她终于找到少量西蒙留下的相片、亲笔信函以及一些与他有关的文件。韦德尔指出，佩加蒙博物馆关于近东古文明的展场一共有 28 个展厅，其中 26 个都有西蒙捐赠的文物。

詹姆斯·西蒙的父亲艾萨克·西蒙（Isaac Simon）原是柏林北

方勃兰登堡州的乌克马克（Uckermark）的裁缝师，他和弟弟路易斯（Louis）跑到柏林寻找发展的机会，后来因为做棉花贸易和开设纺织厂才富裕起来。美国南北战争爆发后，由于南方的棉花没人采收无法外销，因此国际市场的棉花价格暴涨，西蒙兄弟由于仓库里积存大量棉花而获利。致富后的艾萨克·西蒙深知自己身为犹太人在普鲁士社会中的处境，便特意让儿子詹姆斯·西蒙就读于市区一所由新教教会在中世纪天主教修道院"灰色修道院"（Graues Kloster）原址上兴办的精英文理中学。詹姆斯·西蒙在这所名校里开始对古希腊罗马文明产生兴趣，特别是考古学。不过，为了满足父亲殷殷的期待，他后来放弃进入大学主修古典语文学（指古希腊文和拉丁文）的机会，25岁便进入家族企业，从基层的学徒一路爬升到管理阶层。在他成功的经营之下，这家由他父亲所创立的商行已经成为欧洲大陆最大的棉花公司，在德意志帝国时期景气繁荣的年代，每年营业额约5000万帝国马克，净利润在600万帝国马克左右。由于经营有成，西蒙跃升为柏林的超级富豪之一，德皇定期举办的"绅士晚会"，还会邀请他和柏林一些犹太银行家及企业家出席，这群犹太裔富商巨贾后来还被以色列首任总统哈伊姆·魏茨曼（Chaim Weizmann）讥称为"帝国犹太人"（Kaiserjuden）。

考古界的"东方热"

在世纪之交，西蒙当然感受到一股弥漫于德国贵族和中产阶级的东方热。威廉二世对于英、法这两个殖民强权在海外的考古成果相当不服气，于是派出一支考古队到希腊的科孚岛（Corfu）进行探勘挖掘，希望德意志帝国在这方面的表现能与这两国并驾齐驱。在德国皇帝的祝福下，西蒙和一些志同道合者出资成立德国东方学会（Deutsche Orient-Gesellschaft），这个组织后来被历史学者视为“德意志帝国文化发展的考古学先锋”。西蒙对于东方学的追求是基于自身的求知欲以及对艺术的感受力与鉴赏力，这个出发点让他和当时那些醉心于东方文明的人士显得很不一样。身为犹太人，他希望能探究犹太民族起源的近东地区，希望能在先知亚伯拉罕走过的地方闲步漫游。西蒙不仅领导德国东方学会，还独力赞助该学会的首席考古学家路德维希·博尔夏特（Ludwig Borchardt）的文物挖掘计划。号称“柏林博物馆界的俾斯麦”的艺术史学家威廉·冯·博德（Wilhelm von Bode）曾在柏林参与筹划多个博物馆的设立，“二战”过后，东柏林市政府为了纪念他的贡献，还把他生前主持的腓特烈皇帝博物馆更名为“博德博物馆”。在这位知名的博物馆馆长从前到西蒙的位于蒂尔加滕公园旁的豪华别墅拜访他时，西蒙经常让这位馆长自行挑选东西放在他所主持的博物馆（现在的博德博物馆）收藏并展出。总之，西蒙在购买艺术品和展开考古挖掘活动时，都可以征询那个时代最优秀的专家们的意见。

博尔夏特率领德国东方学会的考古队，在开罗南方 300 多千米的阿马尔奈遗址发现了一座 3000 多年前的埃及艺术家工作室，里面摆放着许多为当时在位的法老王阿肯那顿（Akhenaten）和他的家人制作的完成及未完成的雕像，其中包括后来成为德国古埃及文物藏品象征的王后纳芙蒂蒂半身塑像。1912 年 12 月 6 日，博尔夏特在他的田野日记中简短地写下这个令他兴奋不已的发现：“雕像的颜色好像刚着上一般，做工精细极了！无法用文字形容，必须一睹为快！”博尔夏特为每件登记过的文物都附上了草图，不过由于他拙劣的素描技术，这些草图看起来就像 6 岁儿童的漫画涂鸦一般，看起来有些可笑。

这尊埃及王后的半身塑像于1912年在尼罗河畔出土，却直到1924年才首次在柏林公开展出。西蒙身为该项考古挖掘计划的赞助人，当他第一次看到纳芙蒂蒂半身像时，便已看出它的美感与价值，不过起先他还不明白，为何博尔夏特警告他，不宜公开展示这件雕塑。这位与他同为犹太裔的首席考古学家向他解释，展出这件如此精美的埃及王后塑像，可能会招引埃及当局的追讨，而让德国考古队在埃及的挖掘工作无法顺利进行，西蒙于是采纳了他的建议。西蒙后来曾邀请威廉二世到他的别墅参观美丽的纳芙蒂蒂半身塑像，不过，当时西蒙夫妇心里却很矛盾，他们一方面欢迎威廉二世来访，另一方面则提心吊胆，因为如果这位帝国皇帝看上家中某件文物并对它赞不绝口时，身为臣民者除了忍痛割爱把它献给皇帝，实在别无选择。为了避免这种情况发生，西蒙便预先定做了一个纳芙蒂蒂的复制品，准备把它送给德国皇帝。

流传下来的文献资料显示，纳芙蒂蒂塑像曾摆在西蒙书房的案头达两年之久。韦德尔在拍摄西蒙的纪录片时，还特地请人模拟出西蒙留下的档案相片中没有出现的场景：西蒙坐在别墅的书桌前，桌面的斜前方就摆着那尊埃及王后的半身像。我们现在只能臆测，3000多年前的埃及美女的魔力，是如何影响西蒙对于文化事业的愿景，以及他在这张书桌上的工作的。总之他心里很明白，自己绝不会私自收藏这个宝物。1920年，他把纳芙蒂蒂半身像——其投保的价值相当于现在的3.9亿欧元——和其他从埃及阿马尔奈遗址出土的精美文物，捐赠给柏林的埃及博物馆。虽然，他的棉布纺织厂当时因为人造丝和黏胶丝这些人造纤维已席卷国际织品市场而陷入营运危机，不过他从没有把他身边这些价值不菲的珍贵文物当成一种投资预备在财务危机时拿来变现应急。

乐善好施的犹太企业家

如果韦德尔的纪录片仅记录了西蒙在文物捐赠方面的事迹，那么她只片面呈现出这位不同凡响的企业家的故事。西蒙的祖母曾告诉过他一项犹太人的古老传统：把十分之一左右的获利用于慈善事业。西蒙在事业有成后，不仅乐善好施，而且捐赠的善款远远超出十分之一的收益：他每年至少把四分之一的收入用于社会救济和收购一些预备捐赠给柏林各大博物馆的文物及艺术品。他一生所捐献的文物与艺术品的质与量正是他如今再度受人缅怀的原因。不过人们往往忽略了一个重要的事实：西蒙另一个更重要的身份其实是热心公益的慈善家，他在世时把大部分的捐款用于社会救助，而非用于丰富柏林各博物馆的馆藏。他会出资为柏林的工人举办柏林爱乐乐团的特别音乐会，门票价格只有 30~80 芬尼，也就是说低收入者花不到 1 马克，就可以欣赏顶级的古典音乐演出；他还拿钱在波罗的海海滨为工人子弟兴建了一座休闲娱乐中心，并在柏林西南的泽伦多夫区（Zehlendorf）为当时的童工修盖了一座大型宿舍；而且他还为无法定期沐浴的柏林贫民修建了超过 6 座国民澡堂。除此之外，他还出资在犹太民族的发源地巴勒斯坦设立幼儿园、中小学、师范学校，及海法职业技术学院（Haifa Technical College）。

“一战”过后，欧洲政局动荡不安，西蒙注意到东欧发生了一些杀害犹太人的暴行。身为“德国犹太人救助协会”（Hilfsverein der deutschen Juden）理事长，他出钱出力帮助大批犹太人逃离俄国、罗马尼亚，以及波兰和乌克兰交界的加利西亚地区。这些人一旦进入火车的货运车厢，该车厢就必须上锁，以避免里面的犹太人在途中遭受攻击，列车一路往西穿越德国，直到抵达汉堡港附近的火车站才开锁，这些犹太人下车后，会有人安排他们搭船前往美国与近东的巴勒斯坦。10年后，当纳粹在德国以及其他被他们占领的欧洲国家大规模地迫害犹太人时，成群的犹太人依旧把上锁的货运车厢塞得满满的，只不过这次乘坐列车逃难的方向刚好相反，目的地是仍未被纳粹染指的苏联。

西蒙关闭他的棉布纺织厂后，曾把两件他所收藏的最有价值的艺术品拿到美国拍卖，即17世纪荷兰画家弗兰斯·哈尔斯（Frans Hals）和扬·弗美尔（Jan Vermeer）的油画，这两幅画作现今就挂在纽约中央公园旁的弗里克收藏馆（Frick Collection）里。西蒙把售出这两幅油画的款项以及他大部分的私人资产捐作员工的退休基金。他一向信守自己的座右铭，从不期待别人感激自己的付出："感激是一种负担，任何人都不应该把这种负担加在别人身上。"他后来还卖掉了自己在柏林蒂尔加滕公园旁的那栋豪华别墅，改以承租的方式继续住在里面。他的妻子阿格内斯（Agnes）过世后，他在别墅的一楼独居了几年，最后搬进皇帝大道〔Kaiserallee，即现在的联邦大道（Bundesallee）〕旁的一间公寓里。我们可以从西蒙晚年的一张相片看到，他最后的住所的客厅被许多书籍、画作和家具塞得满满的，这间公寓对于他从豪华别墅里搬来的部分仅存的私人物品与家具而言显得格外狭小。1932年，西蒙在这间公寓里逝世，而半年后，纳粹党赢得德国国会大选，希特勒上台执政。

后来柏林曾流传一则谣言：因为希特勒很欣赏那尊纳芙蒂蒂半身像，所以西蒙的亲人得免于被纳粹押往集中营。然而事实是，西蒙的儿子海因里希（Heinrich）和他的家属当时想方设法地及时逃往美国，然而海因里希的女儿海伦妮（Helene）当时并未随行，因此后来她必须为了活命而向纳粹苦苦哀求。西蒙的外曾孙女伊雷妮·巴德尔（Irene Bader）

在 2013 年接受德意志广播电台（Deutschlandfunk）的采访时，曾谈到自己的母亲海伦妮在纳粹统治时期的命运："依照纳粹颁布的'种族法'，我的母亲据说拥有 96.5% 或 97.5% 的犹太血统，她最后在 1945 年 1 月被下令前往位于捷克的特雷津集中营（KZ Theresienstadt）。她当时心生一计，留下了一封遗书，假装自己准备投水自尽。后来经由朋友的协助，偷偷地躲在农家当一名干粗活的女帮工。"由此可见，纳粹并没有因为犹太人西蒙对于柏林的巨大贡献而放弃杀害西蒙的遗族。

除此之外，纳粹还刻意清除所有关于西蒙文物捐赠及慈善救济的资料，其中包括博物馆岛的新博物馆阿玛纳大厅墙壁上的西蒙纪念牌、与西蒙的捐赠有关的文献资料以及相关报道，因为对于纳粹来说，对于柏林的博物馆文化最有贡献的人物，不应该是一位犹太人。"二战"结束后，博物馆岛因位处东柏林而由民主德国政府管理，当局并没有太大兴趣让它的人民追念一位属于资产阶级的犹太富豪。只有一次例外，柏林画廊的一位女馆长曾在 1982 年为西蒙举行了一场纪念会。德国统一 10 年后，柏林人才逐渐发现这位曾为这座城市的慈善事业与艺术发展付出许多心血的城市之子。

所有权争议

自从纳芙蒂蒂塑像于 1924 年首次公开展出后，它就成为埃及和德国争执的焦点，这件珍贵文物的归属权问题至今仍悬而未决。双方当时所依据的法律，就跟殖民时期埃及的管辖权一样复杂。博尔夏特率领的德国考古队在埃及进行地下文物挖掘时，埃及还是英国的殖民地，然而古文物管理部门却是由几位法国籍的官员负责的。受西蒙资助的德国东方学会在阿马尔奈遗址展开挖掘之前，已和埃及殖民政府签订契约，并取得了官方的挖掘许可证。这份合约的内容为：出土文物的分配经由古文物管理部门的一位法国籍官员的监管与审核后，一半由德国考古队带回德国，另一半则归埃及所有。

在古文物管理处工作的法国籍官员古斯塔夫・勒费弗（Gustave Lefebvre）当时在审核阿马尔奈遗址的出土物时，决定把一座很特别的折叠式祭坛留在埃及国内，祭坛上面的石碑还刻有法老王阿肯那顿、王后纳芙蒂蒂，及其生下的 4 个女儿的图案。由于勒费弗对于这座祭坛情有独钟，因此把纳芙蒂蒂塑像让给德国人，而犯下了让他一辈子愧疚难安的天大错误，这个错误的决定也注定引发一连串的控告、推测和诋毁，而且每隔几年就会重演一次。不过也有专家认为，勒费弗因为着迷于那座古埃及的折叠式祭坛，而忽视纳芙蒂蒂塑像的说法并不真实，因为勒费弗当时主要是根据德国考古队拍摄的黑白照片下判断，以至于无法精确地识出纳芙蒂蒂半身像杰出的艺术价值。况且德国人从埃及带走这尊塑像时，做法并不光明正大，他们为了不被海关挡下，还特地把黏土涂抹在塑像上面，让它看起来比较不起眼。

勒费弗的继任者皮埃尔・拉科（Pierre Lacau）在第一次世界大战中曾和德军交战，他发表过仇恨德国的言论，也是埃及政府直到今日仍不断向德国索讨纳芙蒂蒂像的发难者。拉科根据他自己的研究结果，在 1925 年夏天公开承认，德国东方学会当时交给埃及当局的阿马尔奈遗址考古文物清单完整而又精确，每件单品的档案照片画面清晰，整份资料相当齐全。“这和我们自己的过失有关……我认为从法律层面来看，我们无法控告德国。”尽管拉科坦然承认，德国方面在这项考古挖掘计划上并没有欺瞒与过失，不过他却在纳芙蒂蒂塑像首次公开展出的那一年，禁止德国东方学会继续在埃及进行考古挖掘工作，西蒙害怕发生的事果真还是发生了。

到了纳粹执政时期，德国人仍在讨论是否该返还纳芙蒂蒂像。1933 年 10 月 4 日，时任普鲁士邦总理的纳粹二号人物赫尔曼·戈林（Hermann Göring）决定把这尊古埃及王后塑像赠送给当时的埃及国王福阿德一世（Fuad I.）。然而，戈林的提议遭到了希特勒的否决。这位纳粹领袖认为，纳芙蒂蒂像属于第三帝国，不仅不能送还埃及，他还打算为这件珍贵的古文物兴建新的博物馆！

1981 年萨达特（Sadat）遇刺身亡后，穆巴拉克（Mubarak）继任为埃及总统。穆巴拉克政府的文物事务部部长扎伊·哈瓦斯（Zahi Hawass）在 2011 年 1 月再度跟德国催讨纳芙蒂蒂像。哈瓦斯部长指出，这尊塑像当时被德国考古人员刻意涂上黏土，是非法走私出境，况且 1912 年阿马尔奈遗址出土文物的分配，只是德国东方学会和法国籍殖民官员所达成的协议，埃及人从未参与其中。

尽管国际埃及学界现在都普遍认同，柏林的犹太企业家西蒙是这尊塑像的合法持有者，但不久之后，埃及的第一位民选总统穆尔西（Morsi）的政府任命的一位古董管理员再次向德国提出了相同的控诉和要求，这次可能会有更具说服力的论据。

目前出现在埃及学界的一个争论，又让一些流传已久的谣言再度沸沸扬扬：埃及科学家最近把那座号称有 3000 多年历史的折叠式祭坛，送进开罗一间实验室做检测，结果显示，这件古埃及“文物”根本是伪造品。对此，德国的埃及学家迪特里希·威尔冬（Dietrich Wildung）并不认同，他认为，这座由德国考古界前辈博尔夏特所发掘的文物应该不是赝品，而是一件古埃及匠师的艺术劣作。不过，另一位德国埃及学家克里斯蒂安·勒本（Christian Loeben）却赞同埃及科学家认为该座祭坛是伪造品的说法，更何况一些与博尔夏特有关的文献资料还显示，这位考古学家当时在埃及从事地下文物挖掘时，曾和当地的古文物仿制者有接触，这一点更加深了人们的疑虑。如果这项怀疑获得证实的话，考古学家博尔夏特很可能会在全世界文物造假者排行榜上“名列前茅”。

无论如何，这方面的争执并没有持续下去，不过关于纳芙蒂蒂雕塑所有权归属的故事，已足以让人们用来编织那些没完没了的阴谋论故事。《明镜周刊》的一位记者曾请教柏林公立博物馆群总监赫尔曼・帕辛格（Hermann Parzinger）：“现在难道不是该把埃及的文化遗产慷慨地还给埃及人的时候吗？”而帕辛格鼓足勇气地回应：“纳芙蒂蒂塑像是人类文化遗产的一部分，只是基于慷慨而把它还给埃及，我认为这种做法并不合理。”

帕辛格当然知道，纳芙蒂蒂半身像的所有者西蒙在 20 世纪 20 年代已准备用该件塑像和开罗的博物馆交换相同等级的文物。西蒙当时认为，只有把这尊塑像送回埃及，德国东方学会才有可能在当地重启未完成的考古挖掘计划。女导演韦德尔在她的纪录片里，拍摄了西蒙在 20 世纪 20 年代写给柏林埃及博物馆馆长的一封书信，在这封信件中，西蒙提醒这位馆长，他已答应埃及当局，要把纳芙蒂蒂像送回开罗。身为信誉良好的商人，他必须信守自己向埃及官方做出的承诺，如果柏林埃及博物馆不愿把纳芙蒂蒂像归还埃及，他甚至打算威胁馆方，收回他先前捐给柏林埃及博物馆的所有文物。柏林埃及博物馆的馆长当时也表示愿意让这尊塑像重返埃及。然而媒体对于纳芙蒂蒂即将回归埃及的报道却激怒了德国民众，由于德国当时的民意强烈反对把这尊举世闻名的文物雕塑送回埃及，因此接受西蒙许多文物捐赠的柏林埃及博物馆事实上已无法遵照西蒙的意愿行事。当西蒙知道馆方的决定后，觉得内心深受伤害。当时博物馆岛的佩加蒙博物馆开幕在即，西蒙出于对柏林博物馆界的失望，决定退回邀请他们夫妻出席该博物馆落成典礼的两张邀请卡。

纳芙蒂蒂像合法的所有人西蒙曾打算把这件柏林博物馆岛现今最受瞩目的文物归还埃及，这件事直到今天仍让德国人民感到不解与气恼。《每日镜报》的文化新闻编辑伯恩哈德·舒尔茨（Bernhard Schulz）曾于2012年12月3日在该报发表文章表示，西蒙在魏玛共和时期愿意用纳芙蒂蒂像交换其他的埃及文物，很可能是因为他错估当时的殖民地情势。西蒙那时可能还不知道，第一次世界大战过后，在殖民地出土的考古文物已不再依照殖民帝国考古队和殖民地政府一分为二的原则进行分配。这位醉心于艺术品和古文物的雅士显然未因能获得这件全世界最受瞩目、最有价值的艺术品而感到自豪。他从事艺术品与文物的收藏和捐赠，似乎比较在意这些珍贵物件的历史关联性，及展出时的呈现方式。对于西蒙而言，纳芙蒂蒂像无疑是古埃及阿马尔奈文化最杰出、最受世人喜爱的出土文物，不过他更关心德国东方学会能否继续在埃及进行考古挖掘，自己能否继续为柏林的博物馆提供有价值的收藏品，让这些博物馆能名副其实地成为国际重量级的博物馆。

以西蒙为名——铜像、画廊与街道

直到2012年，即纳芙蒂蒂出土100周年暨西蒙逝世80周年，犹太富商西蒙对于首都柏林的伟大贡献才获得肯定。德国知名律师、艺文赞助者彼得·劳厄（Peter Raue）与《每日镜报》的编辑舒尔茨，在2006年成立了詹姆斯·西蒙基金会（James-Simon-Stiftung），希望通过这个组织让这位慈善家和文物捐赠者的善行能成为柏林城市记忆的一部分。该基金会已在柏林米特区花园街（Gartenstraβe）那座几十年前由西蒙出资兴建的市立游泳池旁，设立了一座西蒙的半身铜像，并在墙面上嵌入一块西蒙纪念牌。

为了纪念西蒙对于博物馆岛各馆馆藏的卓越贡献，预定于 2017 年落成的博物馆岛主要入口建筑便以他命名，即“詹姆斯·西蒙画廊”（James-Simon-Galerie）。这栋建筑物由英国知名建筑师大卫·奇普菲尔德（David Chipperfield）规划设计，里面不只有特展的展场，还设有游客服务中心、礼品部、餐厅和咖啡馆等。位于博物馆岛顶端的博德博物馆到目前为止只设有一小间“詹姆斯·西蒙陈列室”，以纪念这位曾大量捐赠藏品给该博物馆的赞助者。这间陈列室里展出了两块由西蒙赠送的意大利文艺复兴时期的瓷制浮雕，室内的一块解说牌上还写着，西蒙曾捐给该博物馆数百件藏品，不过并没有进一步说明这些藏品现在究竟被收藏在哪里，在何处展出。此外，该基金会还试图争取柏林市中心能有一条街道以詹姆斯·西蒙命名，不过这项提案却因为柏林米特区区议会曾做出的一项特别的决议而无法通过——原来区议会基于男女平权的考虑，该区以女性姓名命名的街道在未达到以男性姓名命名的街道数量之前，不会考虑以男性姓名作为街道名称。

此外，在纳芙蒂蒂像的故事里，还有另一位英雄。柏林现在既然对捐赠这尊美女雕像的犹太慈善家表达高度敬意，那么也应该感谢一位默默无闻的美国军官沃尔特·I. 法默（Walter I. Farmer），因为如果没有他的协助，这尊半身像在纳粹投降后很可能无法继续留在德国。这位军官本行是建筑师，“二战”结束那一年，这位 30 岁的军官是美军驻联邦德国中部的威斯巴登市（Wiesbaden）文物集中管理处（Central Collection Point）的处长，负责文物保护事务。“二战”结束后，美军在占领区搜出数百箱被纳粹存放在防空洞、隧道和矿坑坑道里的艺术品，诸如油画、铜雕版画、雕塑品和贵重的私人遗物等。

在这堆木箱中，有一只中等体积的箱子，上面用德文写着“艳丽的王后”（Die bunte Königin）。

1945 年 11 月 6 日，白宫对美军的威斯巴登市文物集中管理处发出一道命令：准备将 200 件来自柏林画廊和旧国家画廊的画作运往美国华盛顿。法默对于这道命令感到相当愤怒，因为把战争中取得的艺术品归还合法所有人是美国占领军政府的原则。在接到命令的第二天，法默召集了几乎所有在该处负责文物保护的军官共 32 人，联名发出一封给白宫的抗议信，其主要内容如下：“我们在此声明，不应该让不正当的历史行为继续制造事端，继续衍生诸多‘合理的’苦难，例如将据他国文化遗产为己有视为理所当然，即使这种占有可以被诠释为战胜国应得的奖赏。”

然而，这封发给白宫的抗议信函未能阻止这些德国美术馆收藏品被运往华盛顿，身为美军文物集中管理处处长的法默，当时只能尽量不让著名的纳芙蒂蒂像在下次被指定运往美国。幸运的是，这件事后来出现了一个美好的结尾：当威斯巴登市的美军军官的那封联署抗议信刊登在美国的《纽约时报》及其他报纸上后，美国社会一片哗然，强烈挞伐的舆论后来迫使当时刚上任的杜鲁门总统放弃夺取德国艺术品的行动。4 年后，美国总算同意物归原主，把这 200 幅画作运回德国。

1997 年，法默在过世前不久，曾到德国一游。他当时接受采访时，曾回忆从前他在威斯巴登市照管一些德国博物馆藏品的情形，特别是那尊纳芙蒂蒂半身像。他当时经常在夜里花好几个小时观赏这位来自埃及的美女，年逾 80 岁的他认为，与纳芙蒂蒂王后独处始终是他人生中最感动的时光。

28 如何纪念犹太人？

浩劫纪念建筑建设最大的困难就是如何从诸多设计方案中，挑选出最适合的。当时的诸多设计建议是天真的象征主义、内疚的良心、狂妄自大和乡村美学的混合，这似乎把许多参赛者的头脑搞得一团糟。

颠覆传统的展览

一位美国朋友在两德统一后不久来柏林找我，他说柏林的新气象给他留下了深刻的印象，但他对这座城市如何处理过往的历史感到担忧，因为他那几天在柏林四处闲逛时几乎没有发现任何关于纳粹屠杀犹太人的纪念碑。我立刻反驳了他的看法，柏林有 100 多座犹太人纪念碑，这在德国的所有城市中是绝无仅有的（当时德国对于是否在柏林勃兰登堡门附近兴建欧洲受难犹太人纪念碑园区仍未定案）。我充当了城市导游，在带他参观了几个犹太人纪念碑后，终于恍然大悟——这些纪念碑上的碑文绝大多数只以德文写成，所以外国游客通常无法察觉它们的存在。

两德统一之后，柏林的追思文化，就如同柏林所有其他事情一样，也出现了急遽的变化。至今我还记得，1993 年柏林市文化局内部曾发生过的一场争执：当时舍讷贝格区希望通过一场新形态的展览，向曾经居住于该区的 1.6 万名犹太人表达追念之意。该展览的策划人卡塔琳娜·凯泽（Katharina Kaiser）希望这场展览能有一些创新，比方说展览海报不宜再有同类展览普遍会出现的关于犹太人被集体屠杀的可怕照片——成堆的尸骸、头发和鞋子，取而代之的是一位年轻女性的脸庞，这个展览要以个案的方式，呈现出这位年轻女性是如何被剥夺基本人权、遭受屈辱，最后被送往集中营的。这个展览还准备以这种方式，再现其他定居于舍讷贝格区的数百个犹太家庭。总之，这场展览希望有别于以往的犹太人纪念展览，不以他们的死亡或濒死状态为重点，而是展现受迫害者的生活经历，这种把受难者个体化的表现方式是希望让形象鲜活的犹太人个体不再被湮没在关于犹太人被谋杀与被放逐的冰冷的统计数据中。

在这场展览展出期间，我采访了策展人凯泽小姐。她向我透露，这个新颖的展览概念曾引发策展团队内部强烈的争执，在开会时有人为此流泪，有人口出恶言，成员之间的情谊因此而破碎，她的新概念当时无疑被一些同事视为一种背叛，因为它似乎在质疑截至当时为止，柏林追思文化中最神圣的部分，即借由呈现屠杀的恐怖与当时的集体犯罪罪行，向未来潜在的仿效者施以必要的震撼教育，不断告诫大家历史悲剧不能再度发生。然而凯泽却认为，突显犹太受难者个人及其家庭的生活比呈现犹太受害者的总人数，更能唤起参观者的同理心。事实上，在“二战”结束后长达30年的时间里，联邦德国追思犹太受难者的文化几乎完全被可怕的图像所主导。当人们想到那些关于犹太人的书籍、纪录片和展览时，只会想到犹太人被杀害的惨况，而不是这些受害者生前所面临的种种处境。这种纪念方式直到20世纪70年代末期，美国电视剧《大屠杀》（*Holocaust*）在联邦德国电视台播出后，才有所改变。这部美国电视剧呈现了德国犹太裔的魏斯（Weiss）家族和嫁入这个家族的一位非犹太女性——由女星梅里尔·斯特里普（Meryl Streep）饰演——的故事。这个家族大部分的成员在纳粹的长期迫害下，逐渐丧失人权，最后死于波兰南部的奥斯维辛集中营（KZ Auschwitz）的毒气室里。联邦德国民众起先觉得，这部美国连续剧是对他们的挑衅，是在揭他们的历史伤疤。当时的联邦德国舆论则普遍认为以一个犹太家庭的故事呈现纳粹的世纪罪行并不恰当。但是，这部连续剧后来的高收视率，正说明了以这种戏剧性的方式呈现这个悲惨的历史事件，其实是更好的方式。联邦德国人民也首次在这部电视剧的带动下，放下内心因罪恶感而产生的回避，对从前纳粹屠杀犹太人的暴行展开热烈而又广泛的讨论。

凯泽在舍讷贝格区举办的展览吸引了大批民众入场参观，而且还改变了柏林人对于这类展览的一些既定的印象与想法。这场名为“纪念的方式”（*Formen der Erinnerung*）的纪念展览现在已成为该区的常态展，并已更名为“他们曾是我们的邻居：犹太证人的传记”（*Wir waren Nachbarn: Biografien jüdischer Zeitzeugen*），展场的德文解说还附有英文译文。

> 这场展览的重点是131本记录了滕珀尔霍夫区和舍讷贝格区犹太市民生命史的纪念册。这些个人纪念册里的相片和档案可以让这些受难者脱离匿名性，生动地展现他们在希特勒上台之前的生活，以及后来被纳粹排挤、被迫流亡或被送往集中营，最后惨遭谋杀的受难过程。

我个人觉得比较可惜的是，策展人凯泽这个创新性的展览观念几乎没有在柏林的中小学校园做进一步的推广。我在“二战”结束后不久开始上小学，当时的小学生对于纳粹的第三帝国，及这个邪恶政权对犹太人犯下的罪行根本一无所知；反观现在，德国教育当局虽然提供给中小学生们大量关于纳粹恐怖行动的资料，然而这种教育方式不一定能起作用。德国有不少学童早在 8 岁或 10 岁的年纪，便已看过那些在奥斯维辛集中营拍下的恐怖的照片。德国中高年级的学生至少会在生物、历史和德文这三门课程里接触到纳粹屠杀犹太人的内容。然而，据我长期的观察，德国中小学生对于犹太人在 20 世纪所经历的浩劫经常显得很无知，这个历史教育失败的原因，并非课堂上缺少这方面的教导，而是教导的方式有问题：学生的脑袋往往被一些恐怖的资料塞满——现场虽然有老师为学生解释纳粹的企图——而且这些可怕的信息还会引发学生的罪恶感与心理抗拒。他们在这么小的年纪就已知道，德国曾存在一个由违法者、狂热的种族主义者和愿意配合的命令执行者所构成，而且能及时扼杀每一个初露端倪的反抗行动的高效率的谋杀体系。这种教学方式导致德国中小学生对于知名的纳粹战犯的熟悉程度，远远胜过一些曾帮助犹太人藏身的平民英雄。为何史蒂文·斯皮尔伯格在《辛德勒的名单》里偏偏要用一位形象并不完全正面的德国人作为男主角？辛德勒虽然和纳粹牵扯不清，却还能救出 1000 多名犹太人！显然，史蒂文·斯皮尔伯格想借由这位在纳粹党里并不具有代表性的人物，向他的观众揭示，即使在一个运作“完美”的恐怖政权里，人们私底下还是可以拥有小小的自我选择权，而且总是有一部分的人做了这种有良知的选择。

“少即是多”

这几年，柏林的追思文化开始采用“少即是多”的原则。柏林目前新设立的犹太纪念碑，大多着重于表现城区的追思文化的独特性，并且刻意和那些既存的、多得无法胜数的纪念碑区别开来，其中以雷纳塔·斯蒂（Renata Stih）和弗里德·施诺克（Frieder Schnock）这个柏林艺术家双人组所设计的纪念路牌最有创意。他们曾于1992—1993年，在昔日柏林犹太精英聚居的拜恩社区的80盏路灯的杆上，安装路牌。路牌的一侧画上简单的物品，诸如面包、蔬菜、手提袋和温度计等图案，以显示从前在这个区域存在的各种行业。这些路牌的另一面则写上纳粹时期德国制定的一些反犹太族群的法律条文，比方说："只有受到尊敬的、具有德意志民族血统或与德意志民族属于相同种族的人民才可以拥有小园子。1938年3月22日。"这些路牌一开始曾让当地居民误以为是新纳粹分子选定这个社区，作为展示这些反犹太路牌的场所，而纷纷打电话报警要求处理掉这些路牌。这些作为公共艺术的路牌在引发一阵公愤之后，这两位柏林现代艺术家只好暂时把它们取下，在每块广告牌上添加了一小段解说文字后，才重新把它们安装回去。

"绊脚石"（Stolpersteine）是另一个值得注意的艺术计划，它起源于柏林而后扩及全欧洲。当概念艺术家冈特·得姆宁（Gunter Demnig）在1996年展开这项计划时，还被柏林当局认定是违法行为。这位艺术家当时开始在柏林的犹太受难者从前居住的住宅门前的人行道上嵌入"绊脚石"——即覆上黄铜厚片的铺路石块——上面刻着原屋主的姓名、被驱离的年份，以及被杀害的集中营或被处死的地点。他每次在进行这项概念艺术活动时都必须忍受现任屋主以及其他立场不同的人士的抗争。当时德国犹太人中央委员会（Zentralrat der Juden in Duetschland）副理事长夏洛特·克诺布洛赫女士（Charlotte Knobloch）公开支持得姆宁的计划，并提醒人们要多加注意，因为依据犹太文化的传统，人们是不可以踩到这些嵌在路面上的"小碑石"

的。经过好几年的抗争，得姆宁的“绊脚石”纪念行为在2000年终于获得当局的肯定并被认定为合法的活动。这位艺术家至今大约已在柏林嵌入了3000个，在全欧洲嵌入了3.5万个“绊脚石”。他的身边还有一些志愿者专门研究纳粹受害者的传记，并负责处理募款事宜，每个“绊脚石”的制作与施工成本约为120欧元。

浩劫纪念碑的缘起与争论

2005年，位于勃兰登堡门附近的浩劫纪念碑正式落成。德国社会对于这个纪念建筑的辩论前后长达17年。这是一场充满了激情、狂野、平淡、怪诞、雄心壮志，富有哲思的华丽辩论，没有被迅速驳倒的论点，也没有左派或右派固定的阵线，无论是犹太人阵营还是非犹太人阵营都有各自的“叛逃者”。一些犹太知识分子公开表示，他们并不需要纪念建筑，觉得这个建筑计划根本是多余的，甚至会带来负面的影响；而另一群人则认为，它早就该有了。有些反对修建纪念建筑的人一夜之间改变了主意，第二天就变成了狂热的支持者，反之亦然。

这场长期的论辩基本上环绕着三个议题：第一，我们是否需要这样一个大屠杀纪念建筑，“我们”又代表着谁？设立纪念建筑是否会把人们的追思活动“集中化”，反而让人们忽视了纳粹的集中营才是德国和全欧洲真正的纪念场所？第二，这个纪念建筑应该有多大的规模？真的有必要以整片勃兰登堡门以南的广阔区域建设纪念建筑物来展现犯罪的规模吗？人们在设计这座大屠杀纪念建筑时，是否可以加入一些具有审美趣味的元素？第三，这座纪念建筑是否只限于纪念在纳粹时期受迫害的犹太人，还是也可以同时纪念那些被纳粹送入集中营处死的其他族群，如辛提人、罗姆人、同性恋者、耶和华见证人

（Zeugen Jehovas），以及波兰和苏联的战俘？如果答案是否定的，那么柏林市政府是否也应该为这些非犹太受难者设立属于他们的纪念场所？尤其是第三个议题后来还引发了一场相当尖锐的争论。柏林市议员彼得·拉敦斯基（Peter Radunski）曾极力主张，浩劫纪念碑应该只纪念被谋害的犹太人，犹太裔记者亨利克·布罗德尔（Henryk Broder）则质问他，为什么在他的价值量尺里"获得诺贝尔奖的犹太人会高于罗马尼亚的吉卜赛小提琴手，如果这二者具有相同的生命价值，那么就没有理由在追思纳粹的受难者时只选定某一类人，或把受难者分成高低不同的等级"。

向来以团结著称的犹太族群对于这个问题的态度却非常暧昧。一方面，德国犹太团体的发言人强调，浩劫纪念碑是德国人，而不是犹太人的建筑计划，所以必须尊重德国社会的主流民意；另一方面，德国境内的犹太人则理所当然地表示，他们希望这个纪念建筑仅用于纪念在纳粹大屠杀中丧生的犹太人。如果当时德国犹太人中央委员会理事长伊格纳兹·卜比斯（Ignatz Bubis）能公开支持纪念建筑应该不单纪念蒙难的犹太人，还应该追思那些当时同样被纳粹迫害致死的其他族群，我相信他的这番大公无私的言论会受到德国社会普遍的赞许。

除了以上这些争议，浩劫纪念建筑建设最大的困难就是如何从诸多设计方案中，挑选出最适合的。当时的诸多设计建议是天真的象征主义、内疚的良心、狂妄自大和乡村美学的混合，这似乎把许多参赛者的头脑搞得一团糟。其中有一位建筑师的设计模型是一座大型的旋转木马，只不过上面那些前后摆动、不停转圈的木马，被改成了专门载运犹太人到奥斯维辛集中营的火车货运车厢。我有一位友人曾参与了相关的委员会会议，有一天他告诉我，他终于和一个工作小组找到为纪念建筑挑选合适方案的依循准则。他们在讨论中得出一个结论：

最契合其精神的设计风格应是简单、质朴和真诚的。当我接下来从他口中听到，最恰当的、不带装饰性的设计竟是一根100多米高、不断冒烟的大烟囱时，我试着掩饰自己内心的震惊，问他：“这些烟该从哪里来？应该燃烧什么？”他看着我，哑口无言。另一个设计草案是一块倾斜的，约一个足球场大小的纪念碑，上面刻着所有被屠杀的犹太人的姓名。此外，德国艺术家约亨·格尔茨（Jochen Gerz）计划架设39根电线杆，代表欧洲各地的犹太人所使用的39种语言和方言，每根电线杆上都挂着霓虹灯制成的不同语言的单词“为什么”。入园的参访者可以把他们的答案镌刻在那些铺于地面的石板上。这些石板属于园区设计的一部分，总面积可以让14.5万人在上面留言，经过数年或数十年，这些石板上就会刻满入园参观者针对纳粹暴行及犹太人苦难给出的答案。

前面提到的斯蒂和施诺克这两位艺术家提出的“非纪念碑式”建筑构想，在诸多呈现美学与道德的提案中反而显得很突出。这两位艺术家并不想在勃兰登堡门附近修建纪念碑，他们只想在那里盖一座长途巴士站，该站会定期发车到德国及欧洲各地的纳粹集中营以及一些恐怖的处决机构，搭乘的民众可以在路途中体会犹太人当时被迫走向死亡的悲惨心境。

进入决选的设计竞图都是一些令人印象深刻，并且有可执行性的提案，最后在相关委员会的讨论与投票表决后，由纽约建筑师彼得·艾森曼（Peter Eisenmann）和理查德·塞拉（Richard Serra）的设计方案胜出。然而这两位美国建筑师所提出的规划草图，后来因为当时的德国文化部长米夏埃尔·瑙曼（Michael Naumann）的一项建议，而必须做部分修正。这位部长认为，这个纪念园区既然被定位为一座具有迫切必要性的博物馆，就必须在园区内再设置一个游客信息服务中心。也因为如此，原来设计草图上的4000个碑石必须削减为2711个。这个建筑方案的共同设计者塞拉因为不希望自己的作品被更改，而退出这个纪念碑园区的设计工作。1999年6月25日，德国联邦国会通过兴建提案，2005年5月10日顺利完工，正式落成启用。

浩劫纪念碑早已成为柏林市的地标，这个纪念园区在筹备与兴建的过程中虽然出现许多抱怨、警告、恳求，以及激烈的甚至伤害他人情感的赞成或反对意见，然而在纪念碑落成后，前来参观的访客都认为这是一个很出色的纪念园区。令人讶异的是，浩劫纪念碑只采用简单的设计，便让从前所有批评的声浪几乎就此平息。人们简直无法想象，如果换成另一个设计方案会变成什么样子。

这个位于市中心的园区虽然占地颇大，却能融入周边的环境，一点儿也不显得突兀。进入这个大屠杀纪念碑园区的参观者完全没有感受到愧疚感或任何一种象征手法带来的压迫感。克劳斯·莱格维（Claus Leggewie）和埃里克·迈耶（Erik Meyer）这两位德国学者曾在他们共同撰写的著作《一个人们喜欢去的地方》（*Ein Ort, an den man gerne geht*）中，下了一个结论："这个地方不适合举行国家仪式，人们也更容易把它当作某种消极的国家纪念。"外面旁观的民众看到参观的游客们站在园区不平坦的、似乎会摇晃的地面上时，似乎觉得他们身处一片可以被风吹动的、深灰色的石碑林里。入园的访客们穿过这片碑林时可以随意想任何事情，不论是纳粹对于犹太人或非犹太人的集体屠杀，还是自己即将面临的离婚或结婚，或是最近这一次到夜店波海恩玩乐的景象。

美国在20世纪80年代曾召开过几个关于犹太种族的研讨会，与会人士当时都在议论，犹太人和德意志人是否还能在德国共同生活。当时一些历史学家认为，这两个民族的纠葛早已成为旧事陈迹，他们往后应该不会再有什么瓜葛。

根据德国犹太人中央委员会的统计，自从两德统一之后，已经有 22 万名犹太人移民德国，随着这波移民的涌入，柏林犹太协会已成为全世界会员增长速度最快的犹太人组织。柏林犹太博物馆馆长琪莉·库格尔曼女士（Cilly Kugelmann）在接受我的采访时曾提到，柏林犹太协会的会员已多达 1.2 万名，这个数字还不包括跟库格尔曼女士一样未加入犹太协会的数千位犹太裔柏林市民。一些在柏林发行的报纸曾报道，这个首都城市总共有 1.7 万 ~ 1.8 万名犹太人。库格尔曼女士则认为，柏林媒体所报道的犹太居民人数有夸张之嫌，不过她已证实，海外的犹太人最近对于这座曾是纳粹大屠杀起点的城市很感兴趣。她对于这种现象提出一个很务实的解释："现在的德国人已不像从前有那么重的德国味，目前住在德国的犹太人也不像从前的犹太人那样固守那种犹太式的生活方式。所以从这方面来说，德国人和犹太人当然可以拥有共同的未来。"她还谈到，自从纳粹倒台、"二战"结束之后，属于西方阵营的联邦德国已成为自由开放的社会，这个转变让生活在联邦德国的世俗化犹太人愿意公开承认他们的犹太身份，并正面看待自身的民族身份。

依据德国现行的法律规定，世界各地的犹太人如果可以证明他们的祖父母或父母曾被纳粹逐离德国，就有权利向德国当局申请德国护照。除此之外，在苏联解体后，俄罗斯还与德国签有一项协定：一个俄罗斯家庭中只要有一个人是犹太律法哈拉卡（Halacha）或俄罗斯国籍法所定义的犹太人，这个俄罗斯家庭就可以移民德国。在德国，当地有组织的犹太社区会负责同化他们。然而，只有大约一半讲俄语的犹太人，能真正成为这些团体的成员。首先，他们不得不——并且想要——弄清楚成员身份对他们来说意味着什么； 最终，他们中的许多人对与犹太机构建立长期的联系不感兴趣。

库格尔曼女士在受访时曾提到，不同时期从斯拉夫地区迁入德国的犹太移民的特质：“二战”过后，从东边移入德国的犹太人，大多是东欧的集中营的幸存者，他们对于犹太教的信仰，比当时离开苏联的犹太移民还要虔诚；在美苏冷战期间，每当德国东边的国家发生严重的政治危机时就会有一批犹太难民涌入德国。到20世纪90年代，犹太复国主义的精神几乎贯穿各国犹太社群，许多犹太人在情感和思想上都支持这个羽翼未丰的以色列国家，一些人捐款，一些人甚至移民到那里。

然而，对于德国那些说俄语的犹太移民而言，犹太复国主义和犹太人建立的国家以色列，已不是他们关注的焦点。他们在德国快速地学会德语，希望能在自己成长的这个新世界里有出色的表现，往后能在德国社会出人头地。“二战”过后，犹太人热衷于探讨与分析犹太复国主义和犹太人被迫害的历史，不过这种现象早已被越来越强烈的宗教寻根意识所取代。冷战结束后，全世界各宗教的基本教义派都在逐渐壮大，犹太人追寻犹太教的根源正是这种宗教发展趋势的一环。在当下的柏林，我们可以观察到犹太人的圈子已出现强烈的宗教倾向，哈西德派查巴德－卢巴维奇集团在柏林最为活跃，拥有越来越多的追随者；此外，受到美国当代犹太教影响的犹太教自由派对于柏林的犹太人也很有号召力，亦日渐壮大。

自从两德统一以后，中欧、东欧和俄罗斯的犹太人纷纷涌入柏林。那些在苏联解体后从斯拉夫地区大量移入柏林的犹太人，相较于“二战”后离开苏联及东欧的西柏林犹太移民，早已成为柏林犹太族群的多数，这两个犹太次族群在柏林犹太协会所占的比例颇为悬殊，大约是4∶1，后来他们之间还发生了激烈的权力斗争。据说，柏林犹太协会现在的成员以说俄语为主。该协会从前的领导曾指控现任理事长吉迪恩·约费（Gideon Joffe）所领导的那批说俄语的干部，以类似发动政变的方式，通过选举的舞弊取得该协会的主导权。这两派势力起初是为了该协会的职员退休金而发生争执。在已故的理事长海因茨·加林斯基（Heinz Galinski）在任时期，协会的职员在退休后，除了领取退休金，还可以额外支领一份高额的退休津贴，这是柏林市公务员所没有的福利。最近这几年，柏林犹太协会职员人数呈爆炸式增长，因此该协会由柏林市政府所担保的退休金支出也随之暴增。柏林市政府曾数次通知该协会注意自身的负债状况——据说已高达 2000 万～4000 万欧元。此外，于 2008 年成为理事长的前任理事长拉拉·聚斯金德（Lala Süsskind）和现任说俄语的理事长约费，在一些问题上还存在无法协调的意见分歧，由于彼此的矛盾日益加剧，双方人马不只在集会时大打出手，甚至发生械斗。当一位在场人员用手机摄录这个冲突的过程时，理事长抢走了他的手机，并删除了那段录像资料。由于当时的场面很混乱，人们只好请警察入场维持秩序。理事长出言威胁要取消这名会员的会员资格，后来他果真被逐出柏林犹太协会。记者克劳迪娅·凯勒（Claudia keller）想起了 20 世纪 20 年代，当时“来自夏洛滕堡区的被同化的犹太人不想与来自东柏林谷仓区的‘东欧犹太人’有任何关系”。

库格尔曼女士在采访中指出，柏林犹太协会的规模已开始缩小。她解释道，它的人数增长并非因为犹太社群出生率的提高，而是柏林墙倒塌后，犹太移民大量迁入柏林的缘故。当移民潮的高峰期已过，而且犹太社群的死亡率大大高于出生率时，犹太协会的会员人数便呈减少的趋势。另外，德国官方自 2005 年开始收紧犹太移民政策——根据德国最新的法律规定，只有犹太律法所认可的犹太人才自动享有入境德国的权利，也就是指父母双方有一方具有犹太血统的犹太人。

在这项新的规定之下，比方说俄罗斯国籍法所定义的犹太人，便已无法再移民德国。这也是每年犹太移民的数量降低的其中一大原因。

犹太人的新一代思维

依据自己多年对于德国犹太社群的观察，库格尔曼女士深信，德国的犹太人正迈向一个新的阶段。对于新一代的犹太人而言，命运共同体的观念以及犹太族群作为纳粹受难者的象征，早已是历史的往事，他们并不按照父母的思维模式来定义自己。另一方面，现在的德国社会对于犹太人的兴趣也日渐消失，尽管战后的联邦德国人民一向对犹太人关注有加。总人口达 8000 万的德国社会混杂着许多外来族群，德国目前所面临的族群问题跟以前大不相同，对此，库格尔曼女士在采访中表示："德国的犹太人身为境内的少数族群，必须在许多人数更庞大的少数族群中找到自己特有的定位，不然他们会因为人数过少，而成为可以被忽略的少数，以致最后被德国社会边缘化。"

我在采访中还询问库格尔曼女士，身为犹太裔德国人是否曾在生活中遭遇过一些反犹太的负面经历。她告诉我，她在柏林极少碰到这种不友善的对待。不过，在她举办的一场晚宴上，她遇到了柏林某家大型出版集团的首席执行官，这位首席执行官曾捐给她所主持的犹太博物馆一笔款项，为了表达感谢之意，她便写信向他致谢，并邀请他参加那场自己举办的晚宴。她后来接到这家出版集团婉拒的回函，回函上却没有署名，后来这位回函的男士竟出现在这个晚宴上，并主动跟她自我介绍，不过他却没有依照常理向她解释为何他先前要婉拒出席，而只是对她说："啊呀，您难道不知道，自己书桌的下方有一个按钮吗？您只需要按下那颗按钮，然后说'这是给犹太人的'，就会有钱冒出来！”这算是她最近一次遭遇的这种负面经历。

2012年8月底，阿拉伯和犹太族群的暴力冲突也在德国首都上演。生长于联邦德国的德国犹太拉比丹尼尔·阿尔特（Daniel Alter）当时在柏林舍讷贝格区的弗里登瑙遭到一群阿拉伯裔青少年的袭击。这帮小伙子首先探问他：“你是犹太人吗？”当他承认之后，他们便立刻当着他身旁7岁女儿的面对他进行围殴。事后，附近的民众立即把他送往医院急救。案发当天，立即有数百名群众聚集抗议这起暴力攻击事件。稍后几天，柏林市民为了抗议这起事件，还举办了一场大型集会，犹太拉比阿尔特脸颊包裹着白纱布来到现场，站在1000多位民众面前并高声说道：“他们这些人可以打断我脸部的颧骨，却无法阻挡我致力于不同宗教之间的对话。”阿尔特在现场还特地感谢一些市民在他受攻击后的那几天，勇于表现自己的勇气，给予他许多温暖的支持。该年年底，阿尔特接受柏林犹太协会的委任，为该会处理一些外界的反犹太的思想与活动。

反犹太与种族仇恨的攻击事件还是跟从前一样存在于德国社会，而且它们在未来依旧不会消失，然而和德国刚统一那几年的暴力犯罪状况相比较，现在的情况已经有所改善，一旦有暴力事件发生，德国的公众就会马上作出激烈的回应并进行谴责，不会再像从前那样只是消极以对。当然，我们还需要特别注意，这位犹太拉比所遭受的攻击，也代表一种新形态的反犹太主义的萌芽。2014年7月，以巴冲突再次升级，主要的导火线是3名以色列青少年在约旦河西岸遭到绑架与杀害，以色列政府当时认定这是巴勒斯坦执政党哈玛斯所为，便立刻宣布对巴勒斯坦的加沙地带发动大规模的陆空袭击，前后一共造成2000多名巴勒斯坦人死亡。以色列这次攻击的目标还包括加沙地带的学校、孤儿院和医院，这场惨烈的军事行动所杀害的人竟超过半数是儿童，因而引发了国际社会强烈的谴责。伦敦、巴黎、法兰克福和柏林纷纷出现抗议以色列军事暴行的示威游行，参与这些抗议的人士以该城市的巴勒斯坦移民占大多数，他们有节奏地高喊一些对犹太人充满敌意的口号，诸如“以色列是杀害儿童的凶手”“该死的犹太人，我们会逮到你们”“犹太猪，有种就站出来”，等等。

世界各地的政治评论家对欧洲这一连串抗议以色列的示威活动感到很大的震撼，他们认为这是一股新兴的反犹太浪潮，而且这股浪潮还席卷了背负屠杀犹太人历史罪过的德国社会。研究反犹太主义的德国学者沃尔夫冈·本茨（Wolfgang Benz）则呼吁国际人士能详加辨明，这次在德国发生的反犹太的示威活动是由移民所主导的，与大多数属于德意志民族的德国人无关，况且根据德国官方每年进行的调查，德国具有反犹太主义倾向民众的比例，许多年以来一直稳定维持在总人口的20%，并没有增加。这位学者大声地提醒大家，应该辨别德国典型的反犹太主义和境内移民的反犹太主义的不同。不过，这样的呼吁在当时的氛围下，却被认为是刻意在为德国人辩解，因而显得“政治不正确”，随后便遭到批判。德国政府机构的外籍移民融合督察官向来只是友善地劝导他们那些有反犹太行为的辅导对象，但是2014年夏天爆发的那场移民激烈抗议犹太人的示威活动，突然让这些督察官不知该如何面对与处理。总而言之，德国的公民社会目前正面临一项挑战：必须对境内众多的阿拉伯移民的反犹太主义保持警觉，并及时遏止这股势力的兴起与壮大。

29 柏林的以色列人

当时我并没有料到，柏林这个城市后来竟摇身一变，成为被纳粹屠杀的犹太受难者的孙子和曾孙的梦想城市。

世间唯一的绿洲

有几位朋友告诉我，克罗伊茨贝格区的弗里森大街（Friesenstraße）有一家小型烘焙店，他们要我无论如何一定要去一趟，因为那里有柏林最好吃的咸味蝴蝶面包（Brezel），以及配方和蝴蝶面包相同，只是形状不同的饼干棒（Laugenstangen）。我从不爱吃这两种传统的德国烘焙食品，不过我还是开车到这家朋友介绍的小店一探究竟，我想我应该会对它的老板比较感兴趣。

一提到弗里森大街，大多数柏林人都会想到一些不愉快的记忆。这条街与于特博格大街（Jueterboger Straβe）交接后的南半段，是柏林汽车监理站的所在地。柏林每一位汽车驾驶人要新领或报销汽车牌照或办理其他相关业务，都必须在这个机构沉闷单调的空间里，排队枯等好几个小时。当我开车经过这个不讨喜的管理机构时，觉得或许开车来这里并不是什么坏主意，或许那家蝴蝶面包专卖店内，正坐着一群心情沮丧的司机，他们在等候了数个小时，终于拿到号码牌后，能在这家店里吃到一块还残留着炉温的蝴蝶面包，似乎生命已获得了救赎。

弗里森大街的长度并不短，我一边开着车子，一边看着路旁的门牌号码，距离那家朋友推荐的蝴蝶面包专卖店还有 200 多号。弗里森大街就像柏林许多的街道一样，会突然由一条马路分隔成一个自成一格的街区。当我一路往北行驶，在经过弗里森大街南段的汽车监理站那栋砖红色大楼后，便进入一个不同的世界。街道两旁尽是一些美轮美奂的旧式楼房，一楼有许多小型商店、酒吧和只提供站位的小吃店，狭窄的人行道上有一些地方摆着桌椅，人们可以在那里聊天休息。这里很少有汽车经过，顶多只有一些年轻人骑自行车、溜直排轮或滑着滑板经过，这一点令我有些意外。当我继续行驶，几乎要开到弗里森大街的尽头，也就是北端与伯格曼大街（BergmannStraße）交会处时，才在路旁发现那家传闻中的蝴蝶面包店。

这家蝴蝶面包店的营业面积有 30~40 平方米，外观看起来似乎跟分散在柏林各城区的上百家蝴蝶面包店没什么两样。小店前面有几级台阶，吧台后方那块墙面上的板架是店主自己钉上的，墙面因为涂了泥灰而有一种粗犷的视觉效果。吧台的后方还设有一间铺有深蓝色地毯、挂着枝状吊灯的小室，让客人可以坐在里面的皮沙发椅上，享受他点的蝴蝶面包或盐棍面包。老板把这个小室叫作“阅读沙龙”，不过第一次进到这间“阅读沙龙”里的客人，总禁不住要留意有哪些可以阅读的读物，后来却一本也没发现。这里的顾客们应该可以察觉到，这位来自以色列的店主在店铺内部的装潢摆设上，刻意表现一种罕见的混搭风格：在一个普通的面包店里掺杂一些宫殿的室内布置元素。

欧仁·杜鲁欧（Oren Druor）是这家蝴蝶面包店的老板，身材瘦小、精力充沛、眼神锐利，微笑时显得很有魅力。他告诉我，他在 14 年前从以色列的特拉维夫来到柏林落脚。他的祖父是来自汉堡的犹太人，为了逃避纳粹追捕，曾于 1941 年从汉堡港搭乘一艘开往亚洲的船只，一路往东航行到中国上海。他说，他的祖父每次谈到德国时，总会区别德国纳粹和德国人。杜鲁欧在以色列上中学时，曾有一次来德国找他的两位表兄弟玩。他在成年后，也就是 14 年前，便跟一位朋友结伴来德国，当时原本只打算在柏林稍作停留，因为他们那趟欧洲之行的真正目的地是阿姆斯特丹。后来他的朋友因爱上一位柏林女孩而决定留在柏林，他则因为不知道自己如果继续飞往阿姆斯特丹该住在哪里，因此也跟着在柏林住了下来。

他起初在柏林米特区的一家餐厅里，跟一些来自土耳其、摩洛哥和加纳的劳工一起当洗碗工和服务生。当时餐厅的顾客们会因为他较黑的肤色以及不流利的德语，经常问他一个对他而言很自然却也很恐怖的问题："你是哪里人？"通常这些德国客人会猜他是摩洛哥人、阿拉伯人或意大利人，当他告诉他们他来自以色列时，有些德国人会对他说，他是他们认识的第一个以色列人。杜鲁欧对我说："这是 14 年前柏林的情况，现在早就不是这样，现在柏林已经有好几千个以色列移民。"他离开那家餐厅后，一开始先在米特区施普雷河畔沿岸的酒吧区拿着篮子兜售蝴蝶面包。当时这条河流两岸的酒吧一家接着一家开张，客人往往空腹喝着高酒精浓度的鸡尾酒，杜鲁欧拿到现场贩卖的蝴蝶面包正好可以满足他们肚腹的需求。他透过那里的人际接触，顺利地建立了自己的顾客群，后来改做外送服务，最后还拥有自己固定的店面。他的面包质量以及一些自行研发的、不同于传统蝴蝶面包的新口味，如糖粉蝴蝶面包和他从美国学来的青葱起司蝴蝶面包等，已在柏林建立了好口碑。

他还特意对我提起，在他的一些主顾中，来自拜恩的客人来买他的蝴蝶面包时，总对他说，蝴蝶面包是拜恩人发明的；来自施瓦本的客人则宣称，施瓦本才是蝴蝶面包真正的起源地。不管真相到底如何，让他很得意的是这两位来自德国南部的客人都是他的主顾，而且都跟他打包票说，他做的蝴蝶面包就跟他们家乡的蝴蝶面包一样好吃。

“所以你在柏林就这样从一个洗碗工变成了一位百万富翁？”我半开玩笑地对他说。“从一个洗碗工变成一位很幸运的人。”杜鲁欧纠正我的说法。我当然知道，他不是百万富翁，而且他也没有企图要成为百万富翁，因为他并没有打算要扩张自己的事业版图。他目前雇用 12 名员工从事外送服务和经营这家蝴蝶面包吧，他们来自不同的国家，是一支多元族群的工作团队。杜鲁欧对于现状感到满意，他很高兴自己现在已经成为雇主，不再是一名餐厅的洗碗工。

我还问他，在柏林是否曾因为犹太人的身份而遭到辱骂。他无奈地摇头说，曾经有人在店内的餐桌上刻下“注意！这里有犹太人！”这句话，并在下面画上了纳粹标志。他把这个被破坏的桌面用手机拍下来，并把这张照片贴在自己的脸书上，他随即在脸书上获得数百人的声援。他也从这些柏林人的热情支持中证实了自己的感觉：柏林已是他的第二个家乡。

以色列财政部长的失言

以色列前财政部长亚伊尔·拉皮德（Yair Lapid）前些时候曾在脸书上批评以色列的年轻人：“有些国民已经准备把这个唯一的犹太人国家丢进垃圾桶里，因为柏林的生活更舒服，对于这些人，我并没有多少的耐心。”我问杜鲁欧：“你就是移民柏林的以色列人，对于这位祖国财政部长的批评，有何感想？”“他是个傻瓜，”杜鲁欧答道，“以色列的生活消费很高，年轻人必须身兼两份工作才有办法支付房租，维持温饱，而他坐在部长的宝座上，却不关心年轻人在以色列实际的生活状况。我也跟其他的以色列青年一样，想选择另一种生活，后来我发现，柏林是一个让我觉得很舒服的城市。对我而言，它是这个世间唯一的绿洲，唯一的安顿之所。在柏林，人们可以在平静中自在地生活，可以保有自己的方式，不仅可以自由地呼吸，还可以把充足的空气吸进肺里。”

我还记得自己曾在20世纪80年代到美国华盛顿参加的一场国际研讨会，其中有一场讨论至今仍让我印象深刻。当时以色列历史学家摩西·齐默尔曼（Moshe Zimmermann）在该研讨会中提出了一个命题：因为纳粹大屠杀，德国人和犹太人已不可能再正常地相处。我那时在会场虽然对这位以色列历史学家的观点表示尊重，不过我还是依据我个人亲身的经验谨慎地进行反驳。我当场表示，就我在西柏林的所见所闻，有些犹太人和德国人之间甚至存在着深厚的友谊，这个事实正好否定了齐默尔曼对于德、犹族群关系的判断。我当时提出的论据虽然并不充分有力，甚至为会场带来些许尴尬的气氛，不过与会人士都已注意到我的说法，即使带着明显的怀疑态度。

然而，当时我并没有料到，柏林这个城市后来竟摇身一变，成为被纳粹屠杀的犹太受难者的孙子和曾孙的梦想城市。美国和加拿大一直都是打算移民的以色列人理想的移居地。然而这几年，柏林也高居以色列人移民目标城市排行榜的前几名。曾有媒体报道，柏林的以色列移民已经达到1.7万~1.8万人，他们主要是年轻人且大多是工程师、高科技专家、学者、艺术家、文艺工作者。然而，德国社会却迟迟未察觉这批外来移民的存在，直到2013年以色列财政部长在推特上的发文引发轩然大波后，德国民众才注意到住在柏林的这批以色列移民。

在柏林的以色列青年对于这位财政部长发表在脸书上的言论，实在无法苟同，他们非但不觉得自己愧对祖国，还异口同声地批评他，甚至辱骂他。《国土报》(*Haaretz*)这份在以色列很有分量的报纸，当时还在社论中提醒这位部长，准备面对国会内部另一波抗议以色列高昂的生活费用、教育费用、房价和房租的浪潮："财政部长拉皮德不应该公开为难那些已经决定离开以色列的国民，而是应该致力于改善以色列人民的生活状况。他贵为财政部长，所领导的政党在国会还占有 19 个席位，他应该运用手中握有的权力，逐步改善以色列的经济环境，而不是通过网络向人民抱怨什么。"

来自以色列的高科技专家丽絮·李·阿芙娜(Lish Lee Avner)小姐现年 27 岁，目前在柏林工作，她对于以色列财政部长那番很具争议性的言论也深不以为然："我离开以色列并不是金钱的缘故，例如高涨的物价和房租。我原本住在特拉维夫，不过后来被一家跨国公司的柏林分公司录取到柏林任职，这是个很棒的工作。在真实的生活里，人们必须有能力抓住眼前的机会，特别是一份收入优渥的、可能促成重要的社会发展的工作。"

阿芙娜小姐在采访中，还接着批判以色列财政部长对于国民移居柏林的指责："许多以色列人民的家族史都跟德国有关，到德国了解家族的往事，难道不是许多以色列人民内心的渴望？当他们有机会到德国工作，可以得偿所愿时，我们不应该支持他们吗？或者，我们难道应该要求他们不要前往那个曾经屠杀犹太人的国家，而继续守着以色列？无论如何，所有的事情总是指向纳粹大屠杀，德国首都柏林也就自然而然地成为以色列人的禁忌。其实每一位拜访过柏林的人都知道，这座城市本身就是一个追思犹太受难者独一无二的、庞大的纪念场所。柏林的生活可以让以色列人了解纳粹大屠杀的历史，并同时提醒他们什么是犹太认同。犹太人和以色列人都可以在柏林生活，这难道不是一件好事？柏林让他们不只可以追念受难的先祖，还可以体验摩登的都市生活。以色列人在柏林开设餐厅并成立组织机构，7000名脸书社群成员互相帮助，一起和德国官方的行政部门打交道并致力于维护德国和以色列两国人民的友谊及双边关系。柏林的以色列人其实就是以色列的大使。”

陆续移入柏林的以色列人对于柏林的感觉和认知，自数年前开始就比较不受这座城市过往历史的影响，他们更着眼于它的现在与未来。十几年前，柏林的以色列人并不多，只有几百位，以色列女作家、海法大学历史系教授法尼娅·奥兹－扎尔茨贝格尔（Fania Oz-Salzberger）当时发表了著作《柏林的以色列人》（*Israelis in Berlin*），书里有这么一段话：“这些生活在柏林的以色列人无法不断地听到先祖们绝望的叫喊声，或是被关押在波兰占领区的普拉佐集中营（KZ Plaszów）的犹太母亲们，在听到将她们的孩子送往奥斯维辛集中营的火车开动时，所发出的凄厉的叫喊声。在我看来，这些柏林的以色列年轻人真是令人无法理解。”实际上，柏林年轻的以色列移民或游客并不觉得犹太先祖们受纳粹迫害的历史对他们来说有什么迫切性，他们内心甚至对这段惨痛的往事已经没什么疙瘩，因此奥兹－扎尔茨贝格尔后来也在该书中表示：“我们犹太人尚有能力觉察，在这些悲惨的叫喊声以外还存在什么东西……这个犹太民族的新现象就是我这本报道性著作探讨的基础。”

另一位接受我采访的以色列青年是沙伊·霍夫曼（Shai Hoffmann），他目前任职于柏林市奥托·魏德盲人工厂，他的父亲曾参加过1967年的六日战争，即第三次中东战争。他不太能接受以色列财政部长对他们这些在柏林生活的以色列年轻人的指责，因为以色列的情况就是这样：每次他回以色列探亲，只要一登上返回柏林的班机，他就觉得压力减轻了许多。谁能责怪以色列的年轻人为了远离以色列生活的紧张和压力，而选择留在柏林一段时间，让自己可以获得充分的休息？许多以色列青年在服完义务性兵役后，都会搭机出国度假，从前他们喜欢飞往澳大利亚和新西兰，现在则改以柏林为目的地。

现在的以色列年轻人在想法和作风方面已不同于他们的父、祖辈，他们愿意亲近德国，用开放的态度面对德国，这是不用怀疑的事实。他们对于柏林尤其情有独钟，因为他们发现，德国没有一座城市能像柏林这样设立这么多的纪念碑和纪念场所，来悼念被纳粹谋害的犹太人，也就是他们的先人，他们对于这座首都城市能勇于面对迫害犹太人的不光彩历史，给予高度的肯定与赞许。除此之外，柏林丰富的夜生活，以及有利于文化创意产业发展的投资环境，也让这些以色列青年深受吸引。那些从以色列的特拉维夫来到这座尚未完全定型、尚未被金钱掌控的中欧大都会的以色列人，很快会发觉，柏林的生活让他们有家的归属感。不过，如果有人表示，新一代的犹太人和德国人之间，已经产生了一种新的共同生活的方式，我会认为，这样的说法可能过于乐观和草率。

此外，许多以色列青年喜欢到柏林旅行，不只是因为柏林有丰富且精彩的城市生活，还因为棘手的以巴问题让他们在以色列的生活持续处于警戒状态，而希望找到一个纾解压力的出口。身为柏林市民，我认为以色列人涌入柏林这件事对于柏林而言几乎是一项奇迹，同时也是一个很好的历史机遇。德国人从没有料到，他们在战后为修复和犹太人的关系所做的努力，在半个世纪过后竟会出现这么正面的结果。亲爱的读者朋友，如果您接触了这几位接受我采访的以色列青年，我相信，您一定也会被他们身上散发的能量、乐观，以及他们对于生活的渴望所感染。

30 柏林的春天

"柏林人不友善、自以为是、粗野无礼而且冷酷无情；柏林喧闹嘈杂、令人厌恶、使人感到空虚无望，所在之处所到之处，都在塞车，都在施工；尽管如此，我还是替所有无法在柏林生活的人感到惋惜！"

冬去春来

柏林冬天阴冷的天气总让人想不开，这个季节的自杀率较高，并不会因为德国统一和东、西柏林合并而有所改变。寒冬里，有时要隔好几个星期柏林人才偶尔会看到一束孤寂的阳光划破天空厚重的灰云，直泻而下。1806年，拿破仑率领法军占领柏林后，曾脱口说了这一句话："六个月下雨，六个月下雪，这就是普鲁士人口中的祖国？"

在日照较短的冬季月份，人们在天色昏暗的柏林，举办那些长达48小时的狂欢派对和一些文化活动，其实是为了安慰处于阳光不足的冬日中的心情低落的柏林人。当柏林人还悲观地认为漫长的冬天会没完没了地持续下去而忘记季节会转换时，住宅后院出现的乌鸫的啼声便是在提醒他们，严冬已经结束。春天来临后，柏林的餐厅会把餐桌椅摆在人行道旁，新年度第一批坐在户外的顾客会穿着大衣、围着围巾，坐在街道旁的餐桌椅上享用一杯白酒，并微仰着头，让许久未经阳光浸润的脸庞迎向正午的暖阳。即使户外依旧凛寒，呼出的气体化成了阵阵往上飘动的白烟，他们还是会尝试用破嗓子引吭高歌，欢喜地告别晦暗的长冬。自行车好手以汽车行进的速度猛踩踏板前进，得意地超越了还有余雪残留在后备厢车盖的敞篷车。那些骑着自行车的异类和开着敞篷车到处招摇的人，却被身穿黑皮衣的重型摩托车族甩在后面，这些人可以在数秒内把车子飙到时速 100 千米，却只为提早在 200 米外的红灯前停下。天气刚放暖的头几天，柏林人即使环保意识强烈，还是免不了要来一场南欧人的仪式：谁如果有机会骑摩托车，就该让它在路上威风地呼啸着。

全世界没有一座城市像柏林这样，在过去半个世纪之内持续发生转变，而且还是正向的转变。柏林墙的倒塌和东、西柏林的合体，不仅加快柏林的脉动，还为它注入了新的生命能量。这座曾被美苏冷战撕裂的城市似乎已重新获得了未来，那是柏林墙时期东柏林人所热切期望的未来，却也是失望的西柏林人认为不会降临的未来。如果我们要印证这个首都城市发生了多么激烈的文化变迁，最简单的方式就是观察那些以柏林为舞台的政治人物。德国出现了第一位女性总理，而且这位总理还出身德东地区；现在的德国总统（2012—2017）——德国的虚位元首——也是前民主德国的公民，而且史无前例地和没有婚姻关系的同居女友，住在施普雷河畔的总统官邸贝尔维尤宫（Schloss Bellevue）；在欧债危机中成为国际媒体焦点的德国财政部长沃尔夫冈·朔伊布勒（Wolfgang Schäuble）是坐轮椅的残障者；德国的国防部长不仅是一位女性，还是一位育有 6 名子女的母亲。

德国总理默克尔经常光顾柏林一家意大利餐厅，不过在那里我这位常客远比她资格还要老。当这位女总理出现在那家餐厅时，入口的大门旁并没有停放黑头车，穿着便衣的维安人员只是坐在餐厅后方的餐桌旁，喝着他们的啤酒，根本不会引起顾客们注意。这位女总理总是坐在同一张靠窗的桌子前，脸面向入口，不过如果有客人走进餐厅或经过她身边，她并不会抬头看他们，免得还要跟他们打招呼。她轻声而又专注地和一位、顶多两位坐在她对面的人交谈，她也会倾听对方说话而沉默许久。不过，尽管这位女总理作风如此低调，还是会受到其他顾客的注意。其他餐桌的客人通常不会因此而窃窃私语，顶多只是稍微使个眼色，表示餐厅里有一位不寻常的贵宾，并随口说着："不过，现在不要往那个方向看！"我还记得，当我第一次在这家我经常用餐的意大利餐厅看到默克尔时，曾在惊讶之余脱口说了一句："这就是我向来想象的公民社会乌托邦景象！"当然，我那时刻意压低了音量。

安静的文化革新

即使是在日常生活中，我们也可以发现柏林这几年已出现一些小小的进展。虽然，我们总是会碰到一些自以为是的驾驶人把车窗摇下，用脏话大声地指责那些他认为违反了交通规则的人，不过这类莽汉在柏林似乎已逐渐减少。柏林人很久没有听到的"对不起"，以及被认为已经消失、只有英国人还在使用的敬语——比方说"您请先走"或"我可以为您开门吗"——似乎又腼腆地重新出现在柏林人的日常用语当中。或许这应该归功于许多柏林的新移民，其中当然包括德国西南部的施瓦本人。这几年来，我甚至越来越常听到柏林的游客称赞柏林人如何友善、有礼貌，这个说法突然让我怀疑，他们不是在谈论柏林，而是在描述一个我不熟悉的城市。我觉得，自己对柏林的印象显然有一部分还停留于围墙时期的西柏林。没办法！人们对于某些事物的第一印象显然就跟孩童们的愿望一样，如此固执，如此一厢情愿。

这股安静的文化革命似乎也出现在柏林的宠物饲主身上。人们突然间可以看到牵着狗的人，不论男女，如果他们的狗宝贝在路上拉屎，他们会立刻把深色塑料袋套在手上，勇敢地把这些排泄物捡起来，并找垃圾桶丢弃。一位养狗的女性友人告诉我，柏林市民在这方面会变得比较文明，应该归功于网络上贩售的一种针对宠物饲主需求设计的塑料袋。自从这种用于捡拾狗粪的深色塑料袋在购物网站开卖后，柏林的宠物饲主才终于养成在公共空间随时清理狗大便的好习惯。有些柏林人还推测，这种习惯的改变是由聚集在普伦茨劳贝格区的施瓦本新移民所带动起来的。然而，在这种良好的新风气下，宠物饲主们也开始抱怨，公园里和街道旁设置的垃圾箱不够密集，有时手上要捏着狗粪走上一段路，才看到垃圾桶。无论如何，我脑海中那个西柏林数十年以来特有的街景——踩到狗粪的行人在人行道的镶边石上刮除粘在鞋底的狗粪——现在已经相当罕见了。

那么柏林的鸽屎该如何处理呢？数十年前，我初到柏林时看到大量的鸽子，现在它们已少了许多。当我发现这种现象时，我猜测，柏林市政府可能背着动物保育人士偷偷投药毒杀市区一批批的鸽群。然而，我追查发现，柏林鸽数大幅降低，其实是环保局采取的一种非杀生的复杂措施所带来的结果。工作人员连续数年在这些鸽子的饲料中掺入不孕药，如果还有鸽子下蛋，便暗中把真鸽蛋换成石膏仿制的鸽蛋，让母鸽孵不出雏鸟，围墙的上方或墙面外突的部分都装上尖锐的铁刺，让鸽子无法在那里降落，以便控管它们下蛋的地点。市政府环保局在 2000 年估计，柏林大约有 4 万对孵育雏鸟的鸽子，2012 年，当环保局的主任秘书在市议会答复基督教民主党市议员的询问时，证实柏林孵育雏鸟的鸽数已减少至 4827 对。柏林鸽群最可怕的威胁就是它们主要的天敌——柏林的苍鹰。根据《柏林晨报》2012 年 5 月 27

日的报道，该市的苍鹰在柏林墙倒塌后，数量快速攀升，每年可以捕食约 1.9 万只鸽子。不过，我还是搞不懂，相关的工作人员是如何正确算出这两种鸟类的数量的。这一点大家其实不用讶异，因为柏林人都知道，柏林市政府管理树木的单位还可以巨细靡遗地把柏林市区的树木总量，精确地算到个位数。

“我们的小伙子”

我从未成为足球迷，这大概是因为我这一代的德国知识分子厌恶大型活动。不过，德国代表队在 2014 年世界杯足球赛中勇猛而又精彩的表现，却软化了我对足球这门运动的保留态度。在这期间还有许多德国女性突然热衷于足球赛事，她们聚集在餐馆和酒吧四处摆放的液晶电视荧幕前，对于某些足球员越位的情况，甚至比在场的裁判看得更清楚。如果我们暂且不论那些疯狂的足球迷和他们身上的刺青，而持平地看待足球这种球类运动，其实它不也是一门需要精湛技巧的艺术？

当德国足球队在巴西获得世界杯冠军后，我便离开那家可以收看现场球赛转播的酒吧，走到选帝侯大街观看庆祝胜利的盛大的游行车队，才没过几分钟，车队便停住不前，驾驶人此起彼落地按喇叭，现场气氛热烈，一片欢天喜地。虽然当时柏林下着蒙蒙细雨，车队中的敞篷车却没有一辆把车顶盖上。汽车里的驾驶人和乘客们，都把头、手伸出车窗和车顶的天窗外，随着合奏的喇叭声手舞足蹈地摇摆身体，庆祝这场集体的胜利。一些司机会把车挂上空挡，然后再猛踩油门，让车子发出巨大的轰鸣声，以表达他们的兴奋与激动。那场马路上的汽车派对很吵闹也很欢乐，不过并没有人喊出有失体统的口号，或使用什么下流的字眼。当时突然有人在我身后叫得比其他人还响亮：“德国！德国！”我转身一看，才发现是一位年轻的黑人小姐在叫喊，她和另外两人勾肩搭背地走在一起，三个人身上各穿一种颜色的衣服，凑在一起刚好就是德国国旗的黑、红、黄这三色，当这位黑皮肤的小姐察觉到我在看她后，还摆出一副准备挑战我的表情看着我：有何不可？我这个黑人也在庆祝德国队获得冠军！

隔天，德国一些八卦报上突然出现自纳粹倒台后，德国人已避用长达数十年的字眼，如“胜利”和“英雄”等。不过，我在酒吧里和大家一起看实况转播时，并没有听到有人使用这类词汇。我在德国队获得冠军那一夜碰到的德国同胞，也没有人称呼国家代表队的球员是“英雄”，而是称他们为“我们的小伙子”。

隔天早上，一家意大利通讯社的女记者打电话问我，是否认为德国队的胜利带有威胁性和危险性；德国队的胜利是否应该归功于那些令人敬畏的德国传统美德，比方说钢铁般求胜的意志、严谨的纪律、毫不留情的坚持、个人绝对服从“领袖”发出的命令；德国队在决赛时以 7∶1 大胜巴西队，是否表现出日耳曼民族古老的性格特征——执拗顽固、自大狂和毁灭的意志；如果换成一支独立自主的民间足球队，而不是国家代表队，这些德意志球员是否在取得保守的胜利之后——比方说 4∶1 ——就肯罢休。

前一晚为了庆祝德国队荣登世界冠军的宝座，我喝了许多伏特加，当我在电话中接受这位女记者的采访时，我试图集中精神用意大利语思考，并断断续续地用意大利语回答她。首先，我先反问：“世界上有哪支足球队会为了维持形象的体面，而放弃射门得分的机会？有谁可以要求一支足球队不准再踢球射门，只因为该队已射进三四个球，已处于稳定的领先状态？德国队真的这么傲慢吗？当他们在足球场上把巴西队踢爆之后，难道没有在赛后安慰这支主场国球队吗？德国队总教练勒夫甚至在赛前曾提醒他的球员们，不可以不通人情地侮辱对手！”我继续在电话中表达自己的意见，醉意也越来越强烈：“请您在报道中这么写，德国队能赢得这次足球世界杯的冠军，或许是因为这支球队奉行民主原则，而不采用以明星为重心的运作系统。这位国家队教练把从错误中学习的谦逊和意志，当成训练球员的中心思想与策略，他所看重的是互助合作的原则和团队的精神，而不是巴望那几位国际职业足坛的明星，能在国家队中有天才式的耀眼表现！德国队这次当然运气不错，不过德国代表队在这次足球世界杯中的胜利，难道不是象征民主精神在足球界的胜利？”

在我把电话挂断后没过几分钟，那位刚和我通话的女记者又拨电话给我：“我的上司建议使用德国国歌的歌名‘德意志高于一切！’（*Deutschland über alles!*）作为你这篇访谈报道的标题，这真的让我很困扰。可不可以请您告诉我，我该对他说些什么才可以让他明白这么做根本是牛头不对马嘴？”我当下干脆在电话中这么说：“告诉他，他还活在德国纳粹投降后的那个时代！”

继 1990 年第三次荣获世界杯冠军后，时隔 24 年，德国队第四次取得世界杯的冠军荣衔，全国上下欢欣鼓舞，40 万名足球迷欣喜若狂地聚集在柏林勃兰登堡门旁，庆祝德国队的胜利。然而，当时那种德国式的载歌载舞已经得意忘形，完全没有经过大脑的判断与过滤，而是完全由小脑直接控制肢体表达。在场疯狂的群众喊出“伦巴、伦巴、塔塔拉”（Rumba rumba tätara）和“我们是世界第一”这两句口号，以模拟足球场上彼此对峙的球迷喊出的两种不同的加油声。不过，在这场欢迎德国国家代表队载誉归国的群众集会里，有一段代表队球员的表演引发了争议，包括德国队的进球王米洛斯拉夫·克罗泽（Miroslav Klose）和在冠军赛中射进致胜关键球的马里奥·格策（Mario

Götze）在内的 6 名在代表队中属于同一个生活小组[①]的球员，在勃兰登堡门下用蹲低弯腰的舞姿，讽刺被他们打败的阿根廷队，嘴里还唱着：“阿根廷的高桥人[②]（Gauchos）这么走路，高桥人就是这么走路！”然后再挺起身躯高唱：“德国人这么走路，德国人就是这么走路！”很显然，这几名国家队足球员已经兴奋过头，失去了分寸，他们在那场即兴的演出里看起来就跟捣蛋胡闹的青少年没什么两样。这其中真正值得忧虑的是，这些德国青年兴高采烈地表达内心的欣喜时，竟无法有更高水平的表现。德国的流行女歌手海伦妮·菲舍尔（Helene Fischer）登台献唱了《今夜令人喘息》（*Atemlos durch die Nacht*）这首热门德语歌曲，这更是加深了这种负面的观感，因而使得某些人士开始质疑：“一个在历史上曾经孕育出一批世界上最伟大音乐家的民族，为何在大型庆祝会上会使用如此低级的语言和庸俗的旋律来表达他们的雀跃之情？”

未来前景可期，但诸多挑战仍在

2013 年夏天，当柏林市政府的执政团队出现在电视荧幕中时，执政团队的每个人脸上都挂着笑容，原来他们是为了柏林市年度财政

---

① 德国国家足球队在 2014 年巴西世界杯期间，下榻于大西洋岸的圣安德烈（Santo André）的巴伊亚运动度假村（Campo Bahia）。这是德国队有史以来首次未把队员们安置在各自的房间，而是把他们分成四个生活小组，让他们在度假村的四个小型居住单位里过团体生活。这种住宿方式的安排主要是为了促进队伍的团结，不仅可以预防来自不同职业球队的队员发生冲突，还可以整合那些未在比赛中获派上场的球员。——译者注

② 高桥人是指阿根廷的牛仔。他们是西班牙人和印第安人混血的后代，头戴黑色西班牙帽、穿着灯笼裤、披着印第安披肩，在彭巴大草原过着游牧式生活。——译者注

收支在战后终于出现首次盈余——金额为 7.5 亿欧元而喜出望外。依据财政局的推算，2016 年柏林市政府的财政赤字便可以从 630 亿欧元下降至 618 亿欧元。万岁！柏林市的负债只剩下 618 亿欧元！不过，电视机前头脑清醒的德国民众可能会疑惑：为什么像美国底特律这样的城市，当财政赤字高达 170 亿美元时，就必须宣告破产，而德国柏林市的负债金额是底特律的 4 倍，市政府团队只因为负债情况稍微好转，就为此开心不已？

这确实是事实，柏林市早已负债累累，却不用宣告破产，这是因为国际社会相信柏林是一座重要的城市，以外国在德国的直接投资而言，柏林州高居第二名，仅次于鲁尔区所在的北莱茵－威斯特法伦州（Nordrhein-Westfalen）。根据某项针对全世界最具潜力、最有可能孕育出像谷歌、脸书这类企业的三大城市的调查项目的结果来看，柏林虽然位居排行榜第十位，落在北京、旧金山、上海及其他几个国际城市之后，却是德国唯一入选的城市。此外，柏林在信息科技领域的竞争力，位居世界第四，仅次于美国的硅谷、以色列的特拉维夫和东南亚的新加坡。由于柏林在国际间的看好度颇高，许多人士预测，尽管柏林市政府债台高筑，财政赤字已高达城市 GDP 的 3.5%，市政府还是不会缩减研究和教育的支出，因为从长期来看，这些都是很合算的投资。现今世界各地的企业家在思考他们的投资策略时，都非常看重当地是否拥有足够的教育与培训机构。柏林拥有两所表现出色的著名大学——柏林自由大学及洪堡大学——和另外一些高等院校，16 万名大学生正是柏林最大的竞争优势。

柏林这个首都城市即使未来很有前景，仍需要面对许多挑战。光是 2012 年，城市人口便增加了 4.5 万名，2013 年则增加了 5 万名。如果柏林的居民人数不断攀升，柏林在 2030 年就将增加大约 25 万人，相当于一个行政区的总居民数。所幸柏林并不缺少可以安置居民的土地，因为柏林市区有其他国际城市所没有的大量空地，柏林的土地空间其实还可以再容纳 100 多万名移民，然而现在柏林的房地产市场已出现严重的房屋荒，柏林由于短缺 10 万间公寓，因此房价与房租出现上涨，柏林市政府却迟迟未展开兴建平价住宅的计划。除此之外，柏林还要面对人口增加所造成的社会问题，柏林市民以 80 岁以上的老年人口数量增加最快。根据市政府的估计，到 2030 年，柏林将会增加将近 12 万名老年人口，这个数量几乎占该年度预估柏林人口增加总数的一半；然而新生儿的增加量却很少，柏林 6 岁以下的儿童仍稳定维持在 20 万名左右。由于外来移民持续涌入，柏林的中小学生在该年度会增加 6.4 万人，总数将会达到 40 万人，约为两德统一后头几年柏林学生的总数。

当然，柏林市目前最需要的外来移民，是拥有专业技术和高知识水平的移民，市政府最近这几年还积极发展幼儿托育和学校教育，以吸引这类外来移民。此外，柏林也需要它的移民投入并融合进社会各个层面。这座首都城市还需要更多土耳其裔、波兰裔和俄罗斯裔的移民来担任社工人员、老师、警察及市议员，谁说短期内柏林不会出现具有移民背景的市长？

还有，本人要在此预告，柏林人日后一定会怀念已主动在 2014 年 12 月下台的市长沃韦赖特。这位在任 13 年的柏林市长，最后栽在柏林国际机场迟迟无法完工的这场政治灾难中，而且还倒地不起。对于这座不知何时才能落成启用的大型机场，柏林人早就套用民主德国首位领导人及兴建柏林墙的执行者乌尔布里希特，在柏林墙尚未修筑之时说过的“没有人打算建造柏林墙”这句话来评论道：“没有人打算启用这座机场！”沃韦赖特市长其实无法胜任为柏林打造一座大型国际机场的任务，他当时担任机场控股公司董事长就是一个错误。当他于2014年8月宣布将于该年12月从市长职位引退时，我还特地问他，在离开市长职位后他已理所当然不再是机场控股公司的董事长，为什么还要再次进入这个董事会。他毫不迟疑地回答我：“基于责任感！”柏林市政府毕竟是这座国际机场的共同所有人，因此必须承担这座国际机场无法落成启用的责任。

一位不懂也无法掌握机场大型建设项目的政治人物，却偏偏因为身兼机场控股公司董事长，而必须担下这座机场无法竣工的政治责任，这当然有些荒谬。如果我们撇开这项重大的公共建设的错误不谈，我们其实应该感谢沃韦赖特市长自2002年上任后为柏林市所做的一切。他在三届市长任期内所做出的政绩大家有目共睹，其中包括大幅降低柏林市曾屡创新高的失业率，减缓柏林市的负债状况，并让柏林出现数十年来第一次显著的经济增长。人们可能会争论，沃韦赖特是否真的是柏林诸多进步的催生者，不过至少他没有妨碍这些情况的改善。沃韦赖特的言论与表现就像一位典型的柏林人，在柏林身居要职的政治人物当中，没有一位能像他如此体现出属于柏林的怪异、狂妄，以及不合常规。他穿着T恤衫的样子，看起来总是比穿着黑色西装、白衬衫，系着领带还要好看。如果沃韦赖特的继任者也做这样的打扮，柏林市民一定会想起他们那位来自柏林南边利希滕拉德区（Lichtenrade）的前市长。

逐渐融合的两德文化

此外，柏林处理两德区域整合的成效，也胜过德国其他的城市和地区。在柏林墙倒塌之前，柏林是唯一一座因为美苏冷战而分裂的德国城市，柏林市民每天都必须面对“二战”过后，两大超级强权在柏林的对峙局面，而今柏林已是目前最能团结德东与德西人民的德国城市，不过这并不表示，柏林人已经成功地消除这两个分治长达40年的德国社会之间的分歧。

人们如果认为两德统一之后，德东地区除了还保有交通信号灯旁挂的那块绿色右转标志（警告驾驶人禁止在红灯时右转），其余部分已彻底被德西地区同化，就大错特错了。事实上，德东的德西化和德西的德东化，彼此早就旗鼓相当。近几年来，德东艺术家和文学家卓越的表现便证明了这个趋势：以尼欧·劳赫（Neo Rauch）为首的一群莱比锡画家因得力于几位能干的艺术经纪人，而在纽约艺术市场上大获成功；一些展现两德分裂时期的重要小说和电影的创作者，几乎都成长于民主德国；许多重要的艺术及文学奖项被德东的艺术家和文学家收入囊中，他们德西的同行当然对此感到不悦；在统一后的德国，所有重要竞赛的评审委员会、处理专门事务的委员会、许多学术研究协会以及高等院校，都有能干的德东人士位居要津。尽管德西人对于德东人喜以人情建立人际交换关系的习惯——即侍从主义——感到恼怒与不满，不过，他们却不得不同意这个说法：“有谁会否认，那些因为民主德国瓦解而必须面对天翻地覆的生活转变的德东艺术家，在两德统一之后，比德西那些不受波及、只是旁观的艺术家，内心有更多想要诉说的东西？”

就连在德国政界，也有许多民主德国人——在两德统一后被视为“时代的失败者”——后来出乎社会意料地爬到政府的高层。这股势力的第一个象征就是出身民主德国的默克尔总理。目标明确的默克尔会留意对手政党——社会民主党——的诉求和主张，并采借其中一些贴近民意的想法，这种无所顾忌的“剽窃行为”让统一后的德国社会的价值系统渐次往民主德国的价值体系漂移。在默克尔的影响之下，基督教民主党也纷纷喊出一些原先由社会民主党所提出的诉求，而让许多忠贞的社会民主党员不再坚持投票给自己所属的政党。默克尔后来便以灵活的政治手腕争取到多数选民的支持，并成功削弱基督教民主党党内的保守势力。简言之，在所谓的“柏林共和国”里，旧有的方向与定位已无法再提供任何的保证！

在经过一连串的改变所带来的纷杂与混乱之后，柏林的文化资产保护人士始终坚持着文物保护的信念。这群人在“二战”过后，眼睁睁地看着执政当局是如何全面拆除柏林米特区那些具有历史意义的建筑物，而不是进行复原与重建的。在两德统一之后，这些文物保护者便公开表示，希望无论如何都能保留位于亚历山大广场后方，那几栋由民主德国御用建筑师所设计的集合式住宅高楼，而且应该尽量维持其原貌，不宜更动和修改建筑设计。因为在他们的眼中，这些外观单调的钢筋水泥高楼正是民主德国时期的代表性建筑，它们也属于这个城市建筑史的一部分，因此政府应该把这些大楼列为柏林市文化资产的保护对象。

在经历许多变迁之后，柏林人还是保有他们灵活敏捷的反应、求生存的意志力及包容力。针对柏林目前的状况以及柏林人倔强固执的生存意识，或许没有人能比社工人员安内利泽·波德克尔（Anneliese Bödecker）描述得更传神更贴切，她曾随口说道：“柏林人不友善、自以为是、粗野无礼而且冷酷无情；柏林喧闹嘈杂、令人厌恶、使人感到空虚无望，所在之处所到之处，都在塞车，都在施工；尽管如此，我还是替所有无法在柏林生活的人感到惋惜！”①

① 该书个别篇章的文字有小幅度删减。——编者注

注释

03 建筑师之争

23 “我要抵制”：Daniel Libeskind, “Berlin Alexanderplatz：Ideologies of Design and Planning and the Fate of Public Space,” *The Journal of the International Institute* 3, no. 1, Fall 1995.

04 波茨坦广场

39 “柏林人最憎恶的建筑计划”：Manfred Gentz, interview with the author, November 2012.

48 怀尔德当时为了让他衬衫的赛璐珞胸襟：Hellmuth Karasek, *Billy Wilder: Eine Nahaufnahme* (Hamburg：Hoffmann und Kampe, 1992), 59.

05 柏林皇宫与共和国宫

67 培胥肯和汉斯·维尔纳·克鲁纳：Goerd Peschken, Hans-Werner Klünner, FritzEugen Keller, and Thilo Eggeling, *Das Berliner Schloss: Das klassische Berlin*, 4th edition (Berlin：Propyläen, 1998).

67 西德勒在该文中阐明，与其他的欧洲城市不同：Wolf Jobst Siedler, *Abschied von Preußen* (Berlin：Siedler Verlag, 1991), 122.

75 “如果由我主政，我不会重建这座皇宫”：Helmut Schmidt in “Was soll das eigentlich?,” an interview by Louisa Hutton, *Die Zeit,* February 7, 2013.

06 工业化与现代主义建筑

78 "如果我们要让不临街的公寓采光及通风足够"：James Hobrecht quoted in Ulrich Zawatka- Gerlach, "Magistralen und Mietskasernen," *Der Tagesspiegel*, August 2, 2012.

78 "市中心这些看起来像军事要塞"：Peter Schneider, *The Wall Jumper,* translated by Leigh Hafrey (Chicago：University of Chicago Press, 1998), 4.

79 我毫不费力地找到那间屋子：Christopher Isherwood, *The Berlin Stories* (New York：New Directions, 2008), 81.

82 虽然那些依照希姆莱的指示架设：Heinrich Himmler quoted in *Waldsiedlung Krumme Lanke* (Essen：GAGFAH Group in association with Landesdenkmalamt Berlin and Untere Denkmalschutzbehörde Steglitz- Zehlendorf, 2012), 12.

07 西柏林 vs 东柏林

87 "对于旧事物的敬畏与恐惧"：Quoted by Jörn Düwel in "Die Sehnsucht nach Weite und Ordnung：Vom Verlust der Altstadt im 20. Jahrhundert," *Berliner Altstadt: Von der DDR- Staatsmitte zur Stadtmitte*, edited by Hans Stimmann (Berlin：DOM Publishers, 2012), 49.

11 打造柏林的普鲁士建筑师

126 柏林目前所保存的最美的广场：More than any other architect, Karl Friedrich Schinkel, a multitalented contemporary of Johann Wolfgang von Goethe and Wilhelm von Humboldt, shaped the neoclassic center of Berlin in the first half of the nineteenth century.

12 爱在柏林（一）：黄金时代

141 第三部剧本里刊出一张：Jochen Brunow (ed.), Scenario 3：Film- und Drehbuch- Almanach (Berlin：Bertz und Fischer, 2009), 180.

13 爱在柏林（二）：分裂时期

149 “我们会定期到东柏林”：Quoted in Deniz Yücel, “Türkdeutsche und Ostdeutsche：‘Diese verfluchte Einheit,’ ” taz, October 1, 2010.

17 “没人打算启用”的柏林国际机场

191 有些反对设立新机场的民众：Alexander Fröhlich, “Lärmbelästigung beim Flughafenchef,” *Der Tagesspiegel*, August 20, 2012.

21 新野蛮主义

215 享受无缘无故攻击弱者：“U-Bahn-Schläger zu mehrjährigen Haftstrafen verurteilt,” *Süddeutsche Zeitung*, December 21, 2011.

215 2011 年 2 月 11 日：Various Berlin newspapers.

216 2011 年 4 月 23 日：Julia Jüttner, “U-Bahn- Schläger Torben P.：Hartes Urteil, milde Strafe,” Spiegel- Online, September 19, 2011.

216 2011 年 9 月 17 日：Kerstin Gehrke, “U-Bahnschläger streitet Hetzjagd ab,” Der Tagesspiegel, February 21, 2012.

217 2012 年 10 月 14 日：Sabine Rennefanz, “Gewalt in Berlin：Wem gehört Jonny K.?,” *Berliner Zeitung*, November 18, 2012; and various Berlin newspapers.

218 “这些青少年犯罪者的行凶动机”：Kirsten Heisig, *Das Ende der Geduld: Konsequent gegen jugendliche Gewalttäter* (Freiburg：Herder, 2010), 26.

22 柏林的土耳其人

224 我还清楚记得，那天是 1992 年 11 月 11 日：Necla Kelek, *Chaos der Kulturen: Die Debatte um Islam und Integration* (Cologne：Kiepenheuer und Witsch, 2012), 216.

227 从此以后，她便不再被允许：Necla Kelek, *Die fremde Braut: Ein Bericht aus dem Inneren des türkischen Lebens in Deutschland* (Cologne：Kiepenheuer und Witsch, 2005).

24 翻转吕特里中学

250 《法兰克福汇报》于 2008 年 9 月以“从耻辱转为品牌”为题：Mechthild Küpper, “Berliner Rütli- Schule：Vom Schimpfwort zur Marke,” *Frankfurter Allgemeine Zeitung*, September 2, 2008.

25 救命，施瓦本人来了!

255 “新论坛”：The New Forum was an alliance involved in the East German citizens’ movement. A proclamation titled “Die Zeit ist reif— Aufbruch 89” (The Time Is Ripe— New Start ’89) paved the way for the group’s founding on September 19, 1989. Initially signed by thirty individuals, by the end of 1989 it had garnered the signatures of hundreds of thousands of East German citizens. After reunification, part of the New Forum joined the Green Party as Alliance 90, while other members affiliated themselves with the SPD and the CDU.

257 你们奉献出自己的生命： Jörg Kuhn und Fiona Laudamus (eds.), *Der jüdische Friedhof Schönhauser Allee, Berlin: Ein Rundgang zu*

ausgewählten Grabstätten (Berlin：Jüdische Gemeinde zu Berlin, 2011), 14.

259 “来自德国西南部的施瓦本人”： Wolfgang Thierse quoted in “‘Schrippen— nicht Wecken’：SPD- Abgeordneter Thierse kritisiert Schwaben in Berlin,” *Focus Online*, December 30, 2012.

26 造访犹太公墓

266 举个例子：The information about the graves and those buried there is taken from Jörg Kuhn und Fiona Laudamus (eds.), *Der jüdische Friedhof Schönhauser Allee, Berlin: Ein Rundgang zu ausgewählten Grabstätten* (Berlin：Jüdische Gemeinde zu Berlin, 2011).

27 捐赠纳芙蒂蒂半身像的男人

272 德国陆续有几位历史学家和文物艺术品鉴赏专家：Cella- Margarethe Girardet, “James Simon, 1851– 1932：Größter Mäzen der Berliner Museen,” *in Jahrbuch Preußischer Kulturbesitz*, vol. 19 (Berlin：Gebr. Mann, 1982); Olaf Matthes, *James Simon: Mäzen im Wilhelminischen Zeitalter* (Berlin：Bostelmann und Siebenhaar, 2000); Bernd Schultz (ed.), *James Simon: Philanthrop und Kunstmäzen / Philanthropist and Patron of the Arts* (Munich/London/New York：Prestel, 2006).

276 如果韦德尔的纪录片仅记录了：Michael Zajonz, “Mäzen James Simon：Ein selbstloser Wohltäter,” *Der Tagesspiegel*, December 2, 2012.

279 德国东方学会当时交给埃及当局的阿马尔奈遗址：Julia Emmrich, “Neue Argumente im Streit um die Büste der Königin Nofretete,”

Westdeutsche Allgemeine Zeitung, November 24, 2012.

282 在殖民地出土的考古文物已不再依照：Bernhard Schulz, “100 Jahre Entdeckung der Nofretete: ‘Die bunte Königin,’ ” *Der Tagesspiegel*, December 3, 2012.

284 1997 年，法默在过世前不久：Kurt Buchholz, “Die Bunte, die da lag,” *Berliner Zeitung*, August 6, 2005.

28 如何纪念犹太人？

287 这场展览的重点是 131 本：“Wir waren Nachbarn: Biografi en jüdischer Zeitzeugen,” exhibition brochure (English edition), Berlin- Schöneberg town hall.

289 其中以雷纳塔·斯蒂和费里德·施诺克：Henning Tilp, “Orte des Erinnerns im Bayerischen Viertel, Berlin und Bus Stop—The Non-Monument, Projekt für das Denkmal für die ermordeten Juden Europas, Berlin von Renata Stih und Frieder Schnock” (contribution to an online project initiated by Dieter Daniels and Inga Schwede as part of their course “Mahnmale in Berlin” at the Hochschule für Grafik und Buchkunst Leipzig, 2004, available at www.hgb -leipzig.de /mahnmal /sischno .html) .

291 “获得诺贝尔奖的犹太人”：Henryk M. Broder, “Wer ein Menschenleben rettet, rettet die Welt,” *Der Tagesspiegel*, August 22, 1997, reprinted in *Das Holocaust- Mahnmal: Dokumentation einer Debatte*, edited by Michael S. Cullen (Zurich: Pendo, 1999), 167.

293 “这个地方不适合举行国家仪式”： Claus Leggewie and Erik Meyer, *“Ein Ort, an den man gerne geht”: Das Holocaust- Mahnmal und die*

deutsche Geschichtspolitik nach 1989 (Munich：Hanser, 2005), 309.

294 根据德国犹太人中央委员会的统计：The Central Council of Jews in Germany, "Twenty Years of Jewish Immigration to Germany," press release, September 22, 2009, available at www.zentralratdjuden.de/en/article /2693.twenty-years-of-jewish-immigration-to-germany.html .

296 双方人马不只在集会时大打出手：Claudia Keller, "Wüster Tumult in Berlin：Schlägerei im Parlament der Jüdischen Gemeinde," *Der Tagesspiegel*, May 24, 2013.

296 "来自夏洛滕堡区的被同化的犹太人"：Claudia Keller, "Nach der Schlägerei in Berlin：Tiefe Konflikte in der Jüdischen Gemeinde," *Der Tagesspiegel*, May 24, 2013.

298 "他们这些人可以打断我脸部的颧骨"："Rabbiner Alter：'Berlin bleibt eine tolerante Stadt,' " *Die Welt*, September 2, 2012.

29 柏林的以色列人

306 "财政部长拉皮德不应该"： Yair Lapid quoted in "Yair Lapid's Short- term Memory," *Haaretz*, October 3, 2013.

306 "我离开以色列并不是金钱的缘故"：Lish Lee Avner, "Israeliness Alive in Berlin," ynetnews.com, October 17, 2013, available at www.ynetnews.com /articles /0, 7340, L -4441984 ,00 .html .

306 "许多以色列人民的家族史都跟德国有关"： Ibid.

30 柏林的春天

312 市政府环保局在 2000 年估计："Die Zahl der Tauben in Berlin ist drastisch gesunken."

312 根据《柏林晨报》：Sebastian Leber, “Tauben in der Stadt：Sie wollen nur turteln,” *Der Tagesspiegel*, May 27, 2012.

317 根据某项针对全世界最具潜力：“Die Zahl der Tauben in Berlin ist drastisch gesunken,” *Der Tagesspiegel*, October 22, 2012.

317 柏林在信息科技领域的竞争力：Moritz Döbler, “IHK-Präsident Eric Schweitzer：‘Arm und sexy – das ist vorbei,’ ” *Der Tagesspiegel*, September 16, 2012.

318 然而新生儿的增加量却很少：Anja Kühne et al., “Die Zukunft der Hauptstadt：Berlins Agenda 2030,” *Der Tagesspiegel,* December 30, 2012.

321 她曾随口说道：Anneliese Bödecker quoted in Carmen Schucker, “Fernes Heimweh— Heimliches Fernweh：20 Gründe (zurück) nach Berlin zu ziehen,” *Der Tagesspiegel.* February 7, 2013.

致谢

在我完成这本书期间，有很多人为我提供了灵感和相关信息，并纠正了一些错误，我对你们每一个人都深表感谢。他们包括（按照他们出现的先后顺序）：伦佐·皮亚诺、曼弗雷德·根茨、福尔克尔·哈塞默、因卡·巴赫、威廉·冯·博迪恩、沃尔夫冈·蒂尔泽、丹卡·戈特弗里德和阿纳托尔·戈特弗里德、汉斯·史迪曼、克里斯托夫·克伦赞多夫、克劳斯·于尔根·普法伊费尔、罗兰·雅恩、安妮塔·卡汉、妮可拉·克莱克、海因茨·布希科夫斯基、西格弗里德·阿恩茨、卡萝拉·韦德尔、卡塔琳娜·凯泽和琪莉·库格尔曼。

感谢我的孩子莉娜（Lena）和马雷克（Marek），他们以20~29岁年龄段人群的视角为我提供了对这座城市的看法。感谢克丽斯塔·施密特（Christa Schmidt），正是她陪着我整晚整晚地待在柏林的俱乐部。感谢克莉丝汀·贝克（Christine Becker），她陪着我长途跋涉逛完了众多的博物馆，当时冬天已经到来，博物馆十分冷清。感谢萨宾·达姆（Sabine Damm），她用自己来往滕珀尔霍夫机场的经历丰富了我的观察。

感谢我的经纪人史蒂夫·沃瑟曼（Steve Wasserman）。感谢我的编辑乔纳森·加拉希（Jonathan Galassi），感谢他在我创作这本书的时候对我的鼓励。感谢艾克·威廉姆斯（Ike Williams）进一步推进我经纪人的工作。非常感谢米兰达·波普基（Miranda Popkey），她总是不停地对这本书加以赞叹，为了弄清某一点，她会以非常可爱的方式提出细致的要求，并且以一丝不苟的态度来审校稿件。感谢威尔·哈蒙德（Will Hammond），感谢他在格式方面提出的极具价值的建议。衷心感谢苏菲·施隆多夫（Sophie Schlondorff），她不仅以自己的智慧和严谨对我的文本进行了调整，并且为稿件的改进提出了建议并进行了调研。

最后，我想感谢柏林的居民，他们永远在那里，并且他们永远是他们。他们就如同我的化身，将我对这座城市的观点、偏见和热爱汇聚起来，直到如今，不发一问，不出一言。